GENDER TROUBLE

性别麻烦

Judith Butler

[美]朱迪斯·巴特勒 著

宋素凤 译

岳麓书社

目 录

i

序（1999）

　　十年前我完成《性别麻烦》的稿子，送到劳特利奇出版社（Routledge）出版。我不知道这本书会有这么广大的读者，也不知道它会对女性主义理论构成具有挑衅意味的"介入"，以及被引为开创酷儿理论的文本之一。这本书的生命超出了我的意图，这当然部分是因为对它的接受的语境不断改变的结果。如同我曾经写的，我知道自己成为一些形式的女性主义攻击批评的对象，与之处于一种对立的关系，即使我认为这文本是女性主义的一部分。我是在一种内部批判的传统下书写的，希望能够激发对它所属的思潮运动的基本词汇作批判性的检视。过去和现在都有正当的理由从事这样模式的批评，而且我们要能够区别可以为这个运动带来更民主、更具有包容性的生命的愿景的自我批评，以及企图从根底破坏这个运动的批评。当然，总是有可能把前者误读为后者，但我希望《性别麻烦》不会是这样的情形。

　　1989那一年我最关注的是批判女性主义理论里普遍存在的一种异性恋假设。我试图对抗那些对性别的界限和适当性做一些自以为是的假定，并把性别限定于一般所接受的男性与女性的概念的观点。过去和现在我都认为，任何以其实践先决条件为由而限制性别意义的女性主义理论，都在女性主义内部设立了排除性的性别规范，而且往往带有恐同症的后果。过去对我来说如此，现在仍然如此：女性主义应该小心不要理想化某些性别表达，这将反过来产生新的等级与排除的形式。特别是，我反对那些真理体制（regimes of truth），反对它们规定某些形式的性别表达是错误的或后天衍生的，而另一些则是正确的和原初自然的。重点不在于提出一种新的性别化的生活方式，以为本书的读者提供一个可能的典范。相反，本书的目的是为性别打开可能性的领域，而不是强制规定什么形式的可能性应该被实现。也许有人会好奇"打开一些可能性"最终有什么用处，然而，没有一个了解在社会世界里，以一种"不可能的"、难以读懂的、无以实现的、不真实的和不合法的状况生活是什么滋味的人，会问出这样的问题。

《性别麻烦》试图揭露我们对性别化的生活有些什么可能性的思考本身，如何从一开始就被某些习以为常的、暴力的假定给扼杀了。本书也试图瓦解所有一切挥舞着真理话语的大旗，剥夺少数性别实践与性实践的合法性的努力。这并不是说所有少数实践都要被容许或给予褒扬，但我认为在对它们下任何性质的结论之前，我们应该先要能够对它们作思考。最让我忧心的是，面对这些实践的恐慌是如何使它们成为不可想的。打破比如说性别的二元框架，难道真的这么恐怖、这么吓人，因此必须从定义上把它当作是不可能的，而在意义的探索上把它从思考性别的一切努力中剔除？

我们可以在当时所谓的"法国女性主义"中找到一些这样性质的假定，它们在文学研究学者以及一些社会理论家当中广受欢迎。即使我反对我认为是性差异原教旨主义核心的异性恋主义，我也援引了法国后结构主义来论证我的观点。我在《性别麻烦》里的研究，结果成为某种形式的文化翻译（cultural translation）。后结构主义被拿来影响美国的性别理论，并改变女性主义的政治困境。即便后结构主义在它的一些表象里以形式主义的面目呈现，超然于社会语境和政治目的等问题，但在较晚近美国方面对它的挪用，情形并非如此。事实上，我的重点不是把后结构主义"应用"到女性主义上，而是以明确的女性主义立场重新表述那些理论。尽管一些后结构主义形式主义的辩护者，对后结构主义在《性别麻烦》之类的书里，竟然被如此公然赋予"主题"倾向大表失望，但在文化左派内部对后结构主义的一些批判，却对那些认为它的前提能够产生任何政治上进步的结果的主张表示强烈的怀疑。然而在这两种理论立场里，后结构主义都被当作是统一的、纯粹的以及铁板一块的。近年来，那个理论，或说那一套理论，已经演变为性别与性研究、后殖民与种族研究了。它失去了它早先发展的形式主义，在文化理论领域获得了新的、移植的生命。关于我的研究，或是霍米·巴巴（Homi Bhabha）、盖娅特里·斯皮瓦克（Gayatri Chakravorty Spivak）、斯拉沃热·齐泽克（Slavoj Žižek）的研究，究竟属于文化研究还是批判理论仍有争论，但也许这样的问题只是显示了两个研究领域的严格区分已经被打破。有一些理论家会宣称上述所有的理论都属于文化研究，也会有从事文化研究的学者不愿把自己界定在任何理论立场内〔不过值得注意的是，斯图尔特·霍尔（Stuart Hall）——英国文化研究的创始者之一——不在其列]。但是论辩的双方有时候忘记了，理论的面貌正因为一些文化的挪用而有所改变。理论有了新的发展场域，它必然是不纯粹的，理论于文化翻译中浮现，而且就是文化翻译事件本身。这不是以历史主义来取代理论，也不是简单地对理论进行历史化，以揭露它的一些概念化主张其实有着历史偶然性的局限。更确切地说，这是理论从不同文化地平线的交会之处浮现，在此翻译的需求急迫，而它能成功与否并不确定。

《性别麻烦》根植于"法国理论"，而法国理论本身是一个奇异的美国建构。只有在美国一地，这么多不同的理论被结合在一起，好像它们形成了某种统一的整体似的。虽然本书已经被翻译为多种文字，在德国对有关性别与政治的讨论产生了特别重大的影响，但它在法国的出现——如果最后成真的话——将比其他国家要晚得多。我提出这点是要强调这本书表面的法国中心主义，跟法国以及法国实际的理论现实有着明显的距离。《性别麻烦》倾向以一种融合的方式，同时解读不同的法国知识分子（列维-斯特劳斯、福柯、拉康、克里斯特娃、维蒂格），他们彼此之间少有联系，而且在法国他们各自的读者群即使有也极少同时阅读另外几人的作品。事实上，本书知性上的混杂性恰恰标志了它的美国性，因此对一个法国的语境来说它是外来的。同样地，它对"性别"研究的英美社会学与人类学传统的强调，也与衍生自结构主义研究的"性差异"话语有极大的不同。如果本书在美国有被指控为欧洲中心主义的危险，那么在法国对于那些为数极少、考虑过这个文稿的法国出版商来说，它有着令人不安的"美国化"理论的倾向。[1]

当然，"法国理论"不是本书唯一的语言。它来自与女性主义理论，与关于性别的社会建构特质的论辩，与精神分析和女性主义，与盖尔·鲁宾关于性别、性欲与亲属关系的卓越的研究成果，与以斯帖·牛顿关于扮装的开创性研究，与莫尼克·维蒂格杰出的理论和小说写作，以及与人文学科中的男同志和女同志观点的长期交流。许多 20 世纪 80 年代的女性主义者想当然地认为女同志主义与女性主义在女同志–女性主义（lesbian-feminism）里合流，然而《性别麻烦》却力图否定女同志实践例示了女性主义理论这样的观念，而在两个词语之间建立一个比较麻烦的关系。本书里的女同志主义不代表回归到所谓作为一名女人最重要的特质；它并不神圣化女性特质，或者指向一个女性中心的世界。女同志主义并不是对一套政治信仰的情欲实现（性欲与信仰以远为复杂的形式彼此关联，而且两者经常是互相冲突的）。事实上，本书诘问的是，非规范的性实践如何使性别作为一个分析范畴的稳定性受到质疑？某些性实践如何驱使我们提出这样的问题：女人是什么？男人是什么？如果性别不再被认为是通过规范性欲获得巩固的，那么有没有某种性别危机是独属于酷儿语境的呢？

1　在这版付印的时候，有法国出版商考虑翻译这本书。不过，这只是因为狄狄耶·艾里本（Didier Eribon）和其他人在目前法国关于是否给予同性伴侣关系合法认可的政治辩论中，引用了书的一些论点。

性实践有能力使性别变得不稳定，是我从阅读鲁宾的《交易女人》所产生的想法，而我试图证明规范的性欲强化了规范的性别。扼要地说，根据这个架构，一个人之所以是女人，是因为在主导的异性恋框架里担任了女人的职责；而质疑这个框架，也许会使一个人丧失某种性别归属感。我把这看作是本书的第一个"性别麻烦"的表述。我试图去理解一些人因为"变成同性恋"而承受的一些恐惧和焦虑，以及害怕跟某个在外表上"同"性别的人发生关系后，会丧失自己的性别归属，或不知道自己将变成什么的忧虑。这构成了在性欲与语言两个层次上所经验到的某种本体的危机。当我们考虑到在跨性别主义（transgenderism）与变性性欲、女同志与男同志的抚育权、T（butch）与P（femme）新身份等主张下浮现的各种新的性别形式时，这个问题变得更加尖锐。比如说，什么时候、又为什么，一些做了家长的T-女同志成为"爸爸"，而另一些却成了"妈妈"？

凯特·伯恩斯坦（Kate Bornstein）提出的概念又如何呢？她说：变性人不能用名词"女人"或"男人"来描述，而必须以能彰显"作为"不断变化的新身份，或者更确切地说，能彰显那使性别化身份的存有受到质疑的"中间状态"（in-betweenness）的主动动词来说明其意义。虽然有些女同志认为T跟"作男人"无关，但另一些人却坚持他/她们（译者按：在此代名词的性别成为问题）的T性不过是或曾经是达到他/她们想望的男人身份的一条途径。这样的悖论在近几年无疑又增多了，提供了一些本书原来没有预期到的关于性别麻烦的例证。[2]

那么我试图凸显的性别与性欲的关联究竟是什么？当然，我无意宣称一些性实践形式生产了某些性别，而只想说明在规范异性恋的情境下，对性别的管控有时候是用来维护异性恋制度的一个方法。凯瑟琳·麦金农（Catharine MacKinnon）对这个问题提出一套论述，跟我的论点不谋而合，但同时我认为我们之间也有关键性的、重大的不同之处。她写道：

> 静止下来作为人的一个属性，两性不平等表现为社会性别的形式；流动起来作为人与人之间的关系，它表现为性欲的形式。社会性别是男人和女人之间的不平等被性化后的凝结形式。[3]

根据这个观点，性别等级生产并巩固社会性别；生产、巩固社会性别的并不是异性恋规范，而是所谓支持异性恋关系的性别等级。如果性别等级生产并巩固社会性别，而且，如果性别等级预设了一种社会性别的运作概念，那么社会性别就成了社会性别

2　关于这个问题我写过两篇短文：《T/P：女同志性别之秘》（*Butch/Femme: Inside Lesbian Gender*）的后记，萨利·曼特（Sally Munt）编，伦敦：卡塞尔出版社，1998年；另一篇是我为《跨性别在拉丁美洲：人物，实践与意义》（*Transgender in Latin America: Persons, Practices and Meanings*）所作的后记，刊载于《性》（*Sexualities*）杂志1998年的特刊（卷5，第3期）。

3　凯瑟琳·麦金农，《正宗的女性主义：生命与法律论述集》（*Feminism Unmodified: Discourse on Life and Law*），剑桥：哈佛大学出版社，1987年，第6—7页。

产生的原因，这个论述最后成了套套逻辑。也许麦金农只是想概述性别等级的自我复制机制，但她表达出来的并非如此。

"性别等级"是否足以解释社会性别生产的条件？在何种程度上，性别等级为了一个或多或少是强制性的异性恋机制服务？而社会性别规范又如何经常地受到管控以支撑异性恋霸权？

当代法律理论家凯瑟琳·弗兰克（Katherine Franke）富有创意地运用了女性主义与酷儿观点，她指出通过假定性别等级优先于社会性别生产，麦金农也接受了一个假定的异性恋模式来思考性欲。弗兰克提出不同于麦金农的一种性别歧视模式，有力地论证了性骚扰是性生产的一种范式性寓言。不是所有的歧视都可以理解为骚扰；有一些骚扰行为的情况可能是有人被"打造"为某个性别，但是还有其他强加性别的方法。因此就弗兰克而言，对性别歧视与性歧视的权宜区分是很重要的。举例来说，同性恋者也许会因为他们的"外表"无法符合一般所接受的社会性别规范而在职场上受到歧视；而对同性恋者的性骚扰之所以发生，很可能不是为了支持性别等级，而是为了推行社会性别规范。

虽然麦金农对性骚扰提出了强有力的批判，但她也制定了另一种形式的规则：拥有某个性别意味着已经进入了一种异性恋的臣服关系。在分析的层次上，她提出的等式与占主导地位的恐同论述形式有异曲同工之处。这些论述的一个观点是规定并批准以性来总领性别秩序，认为是真男人的男人就一定是直的（straight），是真女人的女人就一定是直的。而另外有一些观点，包括弗兰克的，批判的正是这种形式的性别管控。因此在性别与性欲的关系上，性别歧视者与女性主义者之间的观点有所不同：性别歧视者宣称女人只有在异性恋性交行为里——在其中臣服成为她的快感——展现女人性（从女人被性化的臣服中散发并获得肯定的一种本质）；而女性主义观点则主张必须推翻、消灭性别，或者使它变得极为暧昧，因为性别一直是女人的一个臣服的符号。后者承认前者的正统描述所具有的力量，承认前者的描述已经成为强大的意识形态运作着，但是试图与之对抗。

我不辞冗长说明这点，是因为一些酷儿理论家在分析上对性别与性欲作区分，拒绝接受它们之间有因果上或结构上的联系。从某个观点来说这很有道理：如果这样的区分的用意在于表明异性恋规范**不**应该规定性别秩序，而且这样的秩序安排应该被反对，那么我坚定地支持这个观点。[4] 但如果它的意思是（从叙述上来说）性别并没有受到性的管控，那么我想恐同症运作的一个重要——但并非唯一——的维度，没有为那些无疑是投入了最大的热忱与之战斗的人们所察觉。然而重要的是我也得承认：性别颠覆的表演对性欲或性实践来说可能并不代表什么。性别可以变得暧昧，而丝毫不造成对规范性欲的干扰或使它有所调整。有时候性别暧昧正好可以起到抑制非规范的性实践或使之转向的作用，从而保持规范性欲不受到破坏。[5] 因此，我们不能在比如说扮装或是跨性别与性实践之间画

4　可惜《性别麻烦》的出版比伊芙·科索夫斯基·赛奇维克（Eve Kosofsky Sedgwick）的《衣柜认识论》(*Epistemology of the Closet*，伯克利与洛杉矶：加州大学出版社，1991年）早了几个月，因此我这里的论证没能受益于她在那本书的第一章里对性别与性欲的细致的讨论。

5　乔纳森·高德博尔格（Jonathan Goldberg）让我相信这点。

上任何相应的关系，而我们也不能预先绘测出性别扭转或改变的历程里，异性恋、双性恋和同性恋倾向的分布。

近几年我很多工夫都花在澄清和修改《性别麻烦》里所概述的操演性（performativity）理论上。[6]要说明操演性到底是什么是有难度的，这不仅是因为对"操演性"可能有什么含义，我自己的看法随着时间而改变——大多是为了回应一些杰出的评论[7]，也因为许多人采用了这个概念并对它作出自己的阐述。我原先从德里达对卡夫卡《在法律门前》的解读中得到了如何理解性别的操演性的灵感。在小说中，等待法律的主人公坐在法律大门之前，赋予他所等待的法律一定的力量。期待某种权威性意义的揭示，是那个权威得以被赋予、建立的方法：期待召唤它的对象，使之成形。我怀疑对于性别，我们是不是也役于类似的期待，认为性别以一种内在的本质运作，而有朝一日也许会被揭露。这样的期待最后的结果是生产了它所期待的现象本身。因此首先，性别的操演性围绕着这样进一步转喻（metalepsis）的方式运作，我

6　有关我的作品的大致书目，以及对我的研究的引用，参见加州大学尔湾分校图书馆网页上埃迪·耶格何颜（Eddie Yeghiayan）的杰出的工作成果：http://sun3.lib.uci.edu/~scctr/Wellek/index.html。

7　我特别感谢比迪·马丁（Biddy Martin）、赛奇维克、齐泽克、温迪·布朗（Wendy Brown）、塞迪亚·哈特曼（Saidiya Hartman）、曼迪·莫尔克（Mandy Merck）、林·雷屯（Lynne Layton）、提摩西·考夫曼-欧斯波恩（Timothy Kaufmann-Osborne）、杰西卡·本杰明（Jessica Benjamin）、塞拉·本哈比（Seyla Benhabib）、南希·弗雷塞尔（Nancy Frazer）、黛安娜·法斯（Diana Fuss）、杰·普芮塞尔（Jay Presser）、丽莎·达根（Lisa Duggan）以及伊丽莎白·格罗茨（Elizabeth Grosz），他们对操演理论提出了见解深刻的批判。

们对某个性别化的本质的期待，生产了它假定为外在于它自身的东西。其次，操演不是一个单一的行为，而是一种重复、一种仪式，通过它在身体——在某种程度上被理解为文化所支持的时间性持续存在——这个语境的自然化来获致它的结果。[8]

针对这个学说有一些重要的问题被提出，其中有个问题特别值得在此提起。认为性别是操演性的观点，试图指出我们所以为的性别的内在本质，是通过一套持续的行为生产、对身体进行性别的程式化／风格化而稳固下来的。这样看来，它显示了我们以为是自身的某种"内在"的特质，其实是我们期待并通过某些身体行为生产的；推到极致来说，它是一种自然化的行为举止的幻觉效果。这是否意味着我们所理解的一切有关心灵的"内在"的概念因而都被抽空，而那内在性是一个谬误的隐喻？《性别麻烦》在前面的部分对性别抑郁的讨论，明显引用了内在心灵的隐喻，但是这个重点并没有带入对操演性的思考本身。[9]《权力的精神生命》(The Psychic Life of Power)与我最近讨论精神分析主题的一些文章，都试图解决这个问题，而这个问题是许多人认为本书前后

8　关于操演的仪式维度的概念，与皮埃尔·布尔迪厄（Pierre Bourdieu）的习性（habitus）的概念类似，我是直到写完本书以后才了解到这点。我事后对这点共鸣作了一些说明，参见《一触即发的言语：操演行为的政治》（ Excitable Speech: A Politics of the Performative，纽约：劳特利奇出版社，1977 年）最后一章。

9　杰奎琳·罗斯指出了这本书前后章之间的断裂，让我受益良多。前面部分探究性别抑郁的心理建构，而后面部分似乎遗忘了一开始的精神分析探讨。也许这说明了最后一章的某种"狂热"症候，弗洛伊德把这种心理状态定义为否认丧失的机制之一，也就是抑郁症。《性别麻烦》在它结束的篇章里，似乎忘记或否认了它才刚清楚表达的丧失。

几章出现不一致的症结之所在。虽然我否认全部的心理内在世界只不过是一套程式化／风格化的行为的结果，但我仍然认为把心理世界的"内在性"当作是理所当然的，是一个重大的理论上的错误。世界的某些特征，包括我们认识和失去的人们，的确成为自我的"内在"特征，但它们是通过那个内化（interiorization）的过程转化的，而那个内在世界——用克莱恩学派的说法——的建立，正是心理实行内化的结果。这表示完全可能有某种心理的操演理论在运作，需要我们做深入的探究。

虽然本书并没有回答身体的物质性是否完全是建构的这个问题，但我后来的许多研究都以此为焦点，而我希望这能为读者澄清一些问题。[10] 操演理论是否能够移用到种族议题这个问题，已经有一些学者进行了研究。[11] 在此，我要强调一些种族的假定总是

10　见《身体之重》（ *Bodies That Matter*，纽约：劳特利奇出版社，1993 年），以及卡伦·巴拉德（Karen Barad），《变成真实：科技实践与真实的具化》[*Getting Real: Technoscientific Practices and the Materialization of Reality*，收录于《差异》（ *Differences* ），卷 5，第 2 期，第 87—126 页] 一文，她在文中作了出色、有趣的批判，把《身体之重》所提出的一些问题与当代科学研究联系起来。（译者按：此处书名采用李钧鹏的翻译，上海三联书店，2011 年）

11　塞迪亚·哈尔特曼（Saidiya Hartman）、丽莎·罗伊（Lisa Lowe）和多琳·侃多（Dorinne Kondo）这些学者的著作影响了我。许多目前对"蒙混过关"（passing）的研究也探讨了这个问题。我自己在《身体之重》一书讨论内拉·拉尔森（Nella Larson）"蒙混过关"的文章中，尝试对这个问题提出初步的探讨。当然，霍米·巴巴对后殖民主体的模仿分裂（mimetic splitting）的研究，在几个方面跟我的研究有近似之处：对强调少数群体身份如何在被宰制的情形下既被生产也被撕裂的操演性概念而言，关键的问题不只是被殖民者对殖民"声音"的挪用，也包括认同的分裂状况。

以某些方式支持性别话语，这点我们需要探究清楚。另外，我也要强调种族和性别不应该被简单地拿来类比。因此，我认为我们要探讨的问题不是操演理论是否可以移用到种族上，而是当它尝试处理种族问题时，这个理论会发生什么变化。这些论辩大多集中于"建构"的特质上，探讨种族建构的方式是否与性别一样。我的观点是任何单一的建构论述都是不够的，这些范畴总是互为彼此的背景而运作，而且它们往往从彼此身上找到最强有力的表达。因此，种族的性别规范的性化（sexualization）需要同时从多个角度来解读，而这样的分析必定会使性别作为独一的分析范畴的局限无所遁形。[12]

虽然我列举了激发此书写作的一些学术传统和论辩，但我无意在这短短的篇幅里提出一份完整的说明书。有关这本书的生产情境，有一个方面总是没有被人理解：它不仅是从学院里，也是从我参与其中、风云际会的各种社会运动里，并且是在美国东岸——在本书写成之前，我在那儿居住了十四年之久——的女同志、男同志社群的语境里产生的。尽管这个文本身体力行了对主体中心位置的解构，这儿有个人在：我参加过许多会议，到过

12 柯比那·莫尔色尔（Kobena Mercer）、肯达尔·托马斯（Kendall Thomas）和霍顿斯·斯皮勒尔斯（Hortense Spillers）的研究，对我在《性别麻烦》之后对这个主题的思考有莫大的助益。我也希望尽快发表一篇有关弗兰茨·法农（Frantz Fanon）的文章，探讨他的《黑皮肤，白面具》里关于模仿（mimesis）与夸张（hyperbole）的问题。我感谢葛雷格·托马斯（Greg Thomas），他刚完成他在伯克利的修辞学博士论文，探讨美国种族化的性欲问题，他激发并丰富了我对这个重要交集的理解。

许多酒吧，参与过许多游行抗议，看到许多种类的性别，了解到我自己徘徊在其中一些的十字路口上，而且在性欲的一些文化边缘上与之相遇。我认识许多人，他们试图在某个争取性/性别认可和自由的重要运动里找到他们自己的道路，成为那个运动的一分子，随着那个运动带来的希望与其内部的分歧而感到鼓舞和挫折。在我安身于学院的同时，我也在学院之墙外过着生活。虽然《性别麻烦》是一本学术著作，但对我而言，它起自某个跨界的念头：发生在我坐在瑞合博斯海滩，想着我是不是可以把我生活里不同的各个面向联系起来的时候。我想，我能以某种自传的模式来书写，并不是把我这个主体重新归回一个中心的位置，但是它也许能给读者某种安慰：有某一个人在这里（我暂且悬置了这个某人是产生于语言的这个问题）。

这本书直到今天仍持续在学院外流传，这是最令我感到鼓舞的经验之一。这本书被"酷儿国"（Queer Nation）组织所采用，而它关于酷儿自我呈现的戏剧性的反思，与"爱解"组织（Act Up）（译者按：1987 年于纽约成立的艾滋病解放力量联盟［Aids Coalition to Unleash Power］，Act Up 为词首缩写）的策略互相呼应。同时，它也是促使美国精神分析学会和美国心理学会成员重新评价他们目前关于同性恋的规条的材料之一。操演性性别的问题也以各种不同的方式应用在视觉艺术里，其中包括惠特尼美术馆以及在洛杉矶欧特斯艺术学院的展出。本书关于"女人"的主体以及性欲与性别的关系的论述，也在维姬·舒尔茨（Vicki Schultz）、凯瑟琳·弗兰克和玛丽·乔·弗拉格（Mary Jo Frug）

的著作中，进入了女性主义法学以及反歧视的法律学术研究范畴内。

相应地，由于我自己的政治参与，我也被迫对《性别麻烦》里的一些立场作出修正。在这本书里，我倾向以完全负面而且排除性的框架来理解"普遍性"的主张。然而，当我作为国际男同志与女同志人权委员会——这个组织在广泛的人权议题上为性少数群体争取权益——的理事会成员之一，接着又成为该组织的理事长（1994—1997），与一群杰出的活动家共事之后，我开始看到正因为这个词语是一个非实体、开放架构的范畴，它本身具有重要的策略使用价值。在那里我开始了解对普遍性的主张可以是预期性和操演性的，它召唤一个还不存在的现实，让尚未相遇的文化地平线之间有交会的可能性。因此，我对普遍性有了第二种观点，我把它定义为一种以未来为导向的文化翻译工作。[13] 最近，在与厄内斯托·拉克劳（Ernesto Laclau）和齐泽克合写的一本书里，我必须把我的研究与政治理论，再度与普遍性的概念联系起来。这本书讨论霸权理论以及它对理论上的行动主义左派所具有的义涵（预计于 2000 年由伏尔索出版）。

我的思考产生的另一个实践的维度与精神分析有关，是学术同时也是临床的一个工作计划。我目前与一群思想进步的精神分析治疗师共同策划一本新的杂志，《性别与性欲研究》(*Studies in*

---

13 我在后来的写作里提出了一些对普遍性的反思，最显著的是在《一触即发的言语》的第二章。

Gender and Sexuality），试图使临床与学术的研究在性欲、性别与文化等问题上开始进行建设性的对话。

《性别麻烦》的评论者和读者朋友都注意到了它的文体非常艰涩。看到这样一本书，从学术标准来说不容易消化而难以"普及于大众"，的确会让人感到不解，也令一些人恼火。有人对此感到惊讶，那可能是因为我们低估了大众对阅读复杂的、挑战性的文本的能力与欲望，尤其是当那个复杂性并不是毫无理由的，当那个挑战是为了质疑那些被视为理所当然的真理，当对那些真理的想当然的态度的确带来压迫的时候。

我想文体是一个复杂的领域，不是我们可以因着一些自觉想达成的目的而单方面选择或控制的。詹明信在他早期讨论萨特的书里对这点说明得很清楚。当然，一个人可以练习文体，但你所能用的文体不完全是一件可以选择的事。此外，文法也好，文体也好，都不是政治中立的。学习那些决定什么是可理解的言语的规则，是一种反复灌输、引导到规范化的语言的一个过程，而拒绝遵守规则的代价是丧失了可理解性本身。如同在阿多诺（Adorno）的脉络下，杜拉希拉·科内尔（Drucilla Cornell）让我注意到的：常识是没有任何激进性的。如果认为一般所接受的文法是表达激进观点的最佳媒介，那将会是一个错误，因为文法对思想，更确切地说，对什么是可想的本身强加了诸多限制。然而，一些扭曲了文法，或者对命题意义的主语-动词的要求隐含了质疑的表述，显然刺激了某些人。这样的表述为读者制造了额外的负担，有时候读者对这样的要求感到不快。那些感到不快的人是不是在正当要求作者"说平实的语言"？还是，他们的抱怨来自对知性生活的一种消费期待？是否也许有某种价值可以从这样艰涩的语言经验里获得？如果如莫尼克·维蒂格所论证的，性别本身通过文法规范而获得自然化，那么要在最根本的认识论层次上改造性别，其中一部分就要从挑战那使性别得以成形的文法来进行。

对清晰的要求，让人忘记了表面"清晰"的观点背后运作的伎俩。阿维塔尔·罗内尔（Avital Ronell）记得那个时刻，尼克森望进全国人民的眼睛，说着"让我把一件事彻底说清楚"，然后开始说谎。在"清晰"的符号下暗渡的是什么？当清晰度已经宣告达成，而我们没能调动某种批判的怀疑精神，我们将付出什么代价？谁设计了"清晰"的准则，这些准则又是为了谁的利益服务？坚持透明度是所有沟通的必要条件，这样狭隘的标准排除了些什么？"透明"又隐蔽了什么？

我在成长的过程中对性别规范的暴力有所体会：一位叔叔因为他解剖学上不正常的身体而受到监禁，被剥夺了亲人与朋友，在堪萨斯大草原上的一所"收容所"里度过余生；同性恋表亲因为他们的性倾向——不管是真的还是想象的——而被迫离家；我自己16岁那年的出柜风暴；以及后来成年生活里，遭遇的失掉工作、爱人、家庭的景况。这些都让我遭受了严厉而足以带来创伤的谴责，所幸，它们并没能阻止我去追寻乐趣，以及坚持为自己的性/性别生活寻求合法的承认。正因为性别在被暴力地管控的同时，也如此地被当作是理所当然的，因此要让这样的暴力进入大众的视野很困难。它不是被认定为生理性别的一个自然展现，就是被认定为一种文化上恒常不变的事物，没有人为的力量能够改变它。我对被排除的生命所承受的暴力也有所体会，这样的生命不能以"活着"名之，它的幽闭状态意味着某种生命的剥夺，或者某种持续的死刑。我想，这本书展现的顽强的使性别"去自然化"的努力，是来自一种强烈的欲望：对抗理想性别形态学（morphologies of sex）所意味的规范暴力，同时根除一般以及学术性欲话语所充斥的那些普遍存在的自然的、理当如是的异性恋假设。这个去自然化的书写，不是如一些批评者所臆测的那样，只是出自一种玩文字游戏，或是提出戏剧性的花招来取代"实质的"政治的欲望（就好像戏剧与政治总是截然区分的一样！）。它来自一个要生存下去，要让生命可能，以及重新思考这些可能性的欲望。如果我叔叔能够在有家人、朋友或者另外一些扩大意义上的亲属的陪伴下生活，世界会变成什么样的呢？我们必须如何重新思考理想的身体形态学对人类加诸的各种限制，而使那些无法趋近标准的人不至于被宣判虽生犹死？[14]

有些读者问《性别麻烦》寻求拓展性别的可能性领域，是不是因为某个原因。他们问这样去设想新的性别设定是出于什么目的，我们应该如何对它们作出评价。这个问题通常是先有

---

14 参见北美间性人协会（The Intersex Society of North America）的重要出版材料，这个协会比其他组织付出更大的努力，致力于让大众注意到身体性别异常的初生婴儿以及孩童所遭到的严酷与暴力的性别管控。想要了解更多的信息，请拜访以下网址跟他们联系：http://www.isna.org。

了一个前提，也就是，本书没有着墨于女性主义思想规范性（normative）或者规定性（prescriptive）的一面。在这个批评交战里，"规范"无疑有两层意义：我经常使用这个词语，主要是拿来描述某些形式的性别理想在日常生活中所行使的暴力。我通常把"规范性的"当作"与管理性别的规范有关的"的同义词使用。但是"规范性的"也与伦理的合理化有关：它是如何建立的，从这儿又产生了什么具体的结果？有一种对《性别麻烦》的批评诘问是，我们如何在此书提出的理论叙述的基础上，对性别应该如何被活出来进行判断？我们在反对"规范的"性别形式的同时，不可能不涉及某种关于性别化的世界应该如何的规范性观点。然而我要指出的是，本书即使有提出任何积极、规范性的见解，它不是也不可能是一种规定性的形式："照我说的方法颠覆性别，生活就会变得美好。"

那些作出这样的规定，或者那些乐意去判定什么是颠覆性的、什么不是颠覆性的性别表达的人，他们的判断建立在某种描述的基础上：性别以这样或那样的形式呈现，然后根据那些呈现于眼前的，对那些性别面貌作出规范性的判断。但是什么条件决定了性别面貌的领域？我们可能会有作以下区别的诱惑：对性别的**描述性**解释是对什么使性别可以被理解的一种思考，探究性别成为可能的条件；而**规范性**解释则试图解答哪些性别表达是可接受的、哪些是不可接受的问题，并对如此区分这些表达提出让人信服的理由。然而，什么可以有资格成为"性别"这个问题本身，就已经证实了广泛存在的规范性权力的运作——一种偷换概念的运作，在"事实是什么"的陈述说明下，暗转为"情况会是什么"的判断。因此，对性别领域的描述本身，绝不是先于或者是能够与它的规范性运作的问题分开的。

我没有兴趣对什么是颠覆性的，而什么不是颠覆性的作出一些判断。我不仅认为这样的判断不能脱离语境来作出，也认为如此作出的判断经不起时间的考验（"语境"本身就是假定的一种整体，历经时间的流变而显露了其本质上的不统一）。就如同隐喻随着时间的流逝凝结为观念而丧失了其隐喻性，同样地，颠覆性的表演也由于一再地重复，而且最重要的是，由于它们在商品文化——在其中"颠覆"具有市场价值——里的重复，一直有着变成僵死的陈腔滥调的危险。举出何谓颠覆的标准的努力终究都会失败，也应该要失败。那么我们使用这个词语到底是着眼于什么？

一直以来我最关注的是下列这样的问题：什么构成、什么又不构成一种可理解的生活？有关规范的性别与性欲的假定，如何事先决定了什么才可以是合格的"人"，以及"可以过"的生活？换句话说，规范性的性别假定如何运作，限定了我们用以描述人的领域本身？什么方法可以使我们认识到这限定性的权力，而我们用以改变它的手段又是什么？

《性别麻烦》里为了解释性别的建构和操演的维度而对扮装所作的讨论，并非就是颠覆的**一个范例**。把它当作颠覆行动的范式，甚至是政治能动性的一个模范，将会是个错误。其中的要义其实是很不同的。如果一个人认为他看到的是一个男人像女人一样穿着打扮，或者一个女人像男人一样穿着打扮，那么他就会把这两个认知的第一个词都当作是性别的"真貌"；而通过这样的明喻修辞法引入的那个性别则不具"真实性"，被认为是一个虚假的表象。在这样的认知中，一个表面的真实与一个"非真实"并连在一起，而我们认为我们知道什么是真实，而把次要的那个性别面貌当作不过是幌子、游戏、谎言以及幻觉。但是，什么样的关于"性别真貌"的意识建立了这样的认知方式？也许我们以为我们知道这个人的解剖学上的特征是什么（有时候我们没有认识到，而且以前也的确没认识到过解剖学描述层次上存在的变异）。或者，我们从那个人的衣着，或是穿着的方式得到那个认识。这是自然化的认知，即使它是建立在一系列文化推论的基础上；而这些推论有一些是非常不正确的。事实上，如果我们把例子从扮装换成变性，我们就无法再从遮盖以及表达身体的衣着上得出稳定的解剖学的判断了。那个身体可能是手术前的、转化中的或是手术后的身体；即使"看到"了那个身体也不一定解决得了问题：因为**我们用来观察的范畴是什么呢**？当一个人稳固的、习以为常的文化认知不足以应付的时候，当一个人不能肯定地判读他看到的身体的时候，正是一个人不再确定他面对的身体是一副男人的还是女人的身体的时候。在范畴之间的犹疑不决，正是我们所讨论的身体所经历的经验。

当这样的范畴成为讨论的问题的时候，性别的**真实**也陷入了危机：如何区别真实与非真实变得不再清晰。这也是一个契机，使我们得以了解那些我们以为是"真实"者、我们援引为自然化的性别知识者，实际上是一种可变的、可修改的真实。管它叫颠覆还是其他什么！虽然这个洞见本身并不构成一种政治革命，但是如果对于什么是可能的、什么是真实的，人的观念上没有一个根本的改变的话，是不可能有政治革命的。而有时候这样的改变的发生，来自某些还没有在理论上得到清楚论述的实践，它们促使我们重新思考一些基本的范畴：性别是什么？它如何被生产、复制？它的可能性是什么？在此，对积淀、物化的性别"真实"领域的理解是，它也许可以改头换面，而且是以较不暴力的方式被改变。

　　本书的重点不在颂扬扮装，把它当作一种正确的、模范的性别表达（即使对不时发生的贬低扮装的情形予以反抗是很重要的），而在说明自然化的性别认识对真实构成了一种先发制人的、暴力的限制。就性别规范（理想的二元形态、身体的异性恋互补性、有关正确的和不正确的男性特质和女性特质的理想和规则等，许多都得到种族纯粹的法规以及反对异族通婚的禁忌的支持）确立什么会是、什么不会是可理解的人的特质，而什么会、什么不会被认为是"真实的"这个意义上来说，它们建立了使身体可以得到合法表达的本体领域。如果《性别麻烦》有一个积极的规范性任务的话，那就是坚持把这个合法性拓展到那些一直以来被认为是错误的、不真实的以及无法理解的身体上。扮装是一个例子，意在证明"真实"并不像我们一般所认定的那样一成不变。这个例子的目的在于揭露性别"真实"的脆弱本质，以对抗性别规范所施行的暴力。

　　在本书以及其他地方我试图了解：假如不能跟它由以形成的

那个权力动能（the dynamics of power）分离的话，那么政治能动性可能会是什么？操演的重复性是一种能动理论，而这理论不能否认权力是构成它的可能性的条件。本书并没有从社会、心理、物质以及时间性等方面对操演性做充分的解释。从某些方面来说，我为了回应许多杰出的批评而持续做的澄清工作，主导了一大部分我后来发表的文章。

过去十年间也出现了对此书的其他关注，我已试图通过不同的文章——解答。关于身体的物质性的特质，我在《身体之重》一书里对我的观点作了一些思考和修改。关于"妇女"的范畴对女性主义分析的必要性的问题，我在《偶然性的基础》（*Contingent Foundations*）一文里修改并拓展了我的观点，见我与琼·斯科特（Joan W. Scott）合编的《女性主义者理论化政治》（*Feminists Theorize the Political*）（劳特利奇出版社，1993年），以及与多位作者合著的《女性主义争论》（*Feminist Contentions*）（劳特利奇出版社，1995年）。

我不认为后现代主义导致了自传性书写的终结，但它的确使人们注意到"我"这个主体以它所能使用的语言来表达自身时遭遇的困难。你读到的这个"我"，部分是出自那个决定了语言可用的人称的文法的一个结果。我不在那个结构我的语言之外，但我也不全是由那使这个"我"成为可能的语言所决定的。就我所了解的，这是自我表达的困境，意思是，你永远无法脱离那个建立了我对于你的可得性（availability）的文法来理解我。如果我把那文法当作是清透的，那么我就不能警醒人们注意到语言建立同时又废除可理解性的这个方面；而这将使我在此对你所描述的、我致力于达成的研究计划面临挫败。我这里并非故作深奥，只不过是想让大家注意到某种困境，而没有这个困境的话，就不可能有任何"我"的出现。

当从精神分析的角度来思考时，这个困境呈现了一个独特的维度。我对探究语言中"我"的晦涩性的努力，在《性别麻烦》出版后越来越朝精神分析转向。一般对心理理论与权力理论的两极化，在我看来对其目的是适得其反之举，因为一些性别的社会形式之所以会如此具有压迫性，部分原因是来自它们造成的心理困境。我在《权力的精神生命》（斯坦福大学出版社，1997年）里尝试探讨如何可以把福柯与精神分析结合起来思考。我也运用精神分析来抑制我的操演性观点偶尔出现的唯意志论倾向，而不因此损及一个更整体性的能动性理论。《性别麻烦》有时候读起来像是性别不过是一种自我创造，或者，好像我们可以跳开某个性别呈现的表面而直接解读出它的心理意义。随着时间的推移，这两种假定都不得不作些修改。此外，我的理论有些摇摆不定，有时候把操演理解为语言性的，有时又把它设定为戏剧性的。我现在认为这两者一直是互有关联，而且是彼此错落出现的。把言语行为（the speech act）重新设想为一种权力的例示，让我们无法不注意到操演的戏剧性和语言性的维度。在《一触即发的言语》里，我试图指出言语行为是表演出来的（因此是戏剧的，呈现给观众、接受诠释），同时也是语言的，通过它跟语言惯例隐含的关系，促成一套结果的发生。如果有人对言语行为这个语言理论如何与身体的姿态产生联系感到不解，他只要把言语本身想成一种带来特定语言结果的身体行为就行了。因此，言语不独独属于身体表现，也不独独属于语言，而它同时作为言语和行为的特质必然是暧昧的。这种暧昧性对出柜实践、对言语行为的造反力量、对同时作为身体诱惑与伤害威胁的一个先决条件的语言来说，具有重要的影响。

如果要在现在的情况下重写这本书，我将会加入对跨性别（transgender）和间性（intersexuality）的讨论：理想的性别二元形态如何在这两种话语里运作；这些相关关注所支持的与手术介入（surgical intervention）的各种不同的关系。我也会加入对种族化的性欲的讨论，特别是，有关异族通婚的禁忌（以及对跨种族性交换的浪漫化）对性别所呈现的自然化以及去自然化的形式来说是如何重要。我持续期待性少数群体之间形成某种联盟，以能够超越简单的身份范畴，能够拒绝对双性情欲的抹除，能够对抗、消解限制性的身体规范所强加的暴力。我希望这样的联盟是建立在不可化约的性欲复杂性上，观照到它与各种话语和制度权力动能的牵涉；也希望不会有人急躁地把权力简化为等级，否定了它的一些生产性的政治维度。即使我认为在现今统治我们的法律、政治和语言话语里，寻求对性少数身份的承认是很艰难的一项工作，但我仍然认为它是求生存的一个必要之举。为了政治化的目的而调用身份范畴，总是面临身份将来可能成为我们所对抗的那个权力的一个工具的危险。这不构成不去使用身份以及被身份利用的理由。没有一个政治立场是纯粹而没有权力渗入的，也许就是因为这样的不纯粹性，才能产生具有打破、颠覆管控机制潜能的能动性。那些被认为"不真实"的人们仍然抓着真实不放，同声一气地紧抓，而那操演上出乎意料的情况产生了至关重要的不稳定性。此书的书写是一个集体奋斗的文化生活的一部分，这个奋斗在为那些生活于或者试图生活于性/性别边缘的人们扩展具有生活价值的生命的可能性上面已经有了一些成果，而未来它也将持续这个成果。[15]

朱迪斯·巴特勒

伯克利，加州

1999 年 6 月

---

15 我感谢温迪·布朗、琼·斯科特、亚历山德拉·查辛、弗朗西丝·巴尔特寇斯基、珍妮特·哈雷、米歇尔·费何尔、霍米·巴巴、杜拉希拉·科内尔、丹尼斯·瑞里、伊丽莎白·维德、卡佳·西尔弗曼、安·培勒格里尼、威廉·康纳利、盖娅特里·斯皮瓦克、厄内斯托·拉克劳、爱德华多·卡达伐、佛罗伦斯·多尔、大卫·卡散吉安、大卫·英格以及迪娜·艾尔-卡西姆，在这篇序文写成的 1999 年春季，他们给予了我支持和友谊。

序（1990）

当代女性主义对性别意义的论辩每每引起某种忧虑感，好像性别的不确定性最后可能将以女性主义的失败告终。或许麻烦并不一定是带着这样负面的价值意味。在我童年的主导话语里，捣乱是一件你想都不要想的事，因为那会使你惹上麻烦。叛逆的行为与对叛逆的训斥似乎陷在同样的框架里，这个现象使我对权力的微妙伎俩有了一些初步的批评见解：通行的法律以麻烦威吓人，甚至让人有身陷囹圄的麻烦，所有这些都是为了让人远离麻烦。因此，我的结论是麻烦是避免不了的，挑战在于如何最好地制造麻烦，什么是身处麻烦的最好的方式。随着时间的流逝，更多的疑义出现在批评视野里。我注意到麻烦有时候是用来委婉地表示某些根本上的神秘问题，而这通常与所有阴性事物所谓的神秘性相关。我拜读西蒙·德·波伏娃的作品，她解释说在一个男权主义的文化框架里做女人，意味着做一个对男人来说是神秘的与不可知的源头，而这在我读萨特的时候似乎得到了证实：对萨特来说，所有的欲望——非常成问题地被假定为异性恋的、男性的——都被定义为**麻烦**。当一个女性"客体"莫名地回视了一记眼光、逆转凝视、挑战男性位置的职权与权威时，对那个男性欲望主体而言，这出乎意料的干扰、未预料到的能动性，使麻烦成了不光彩的丑事。男性主体对女性"他者"极度的依赖，立时暴露了他的独立自主的虚幻性。然而，这样辩证的权力逆转并没有特别抓住我的注意力——虽然我的确留意到了其他事。权力并不只是关于主体之间的交换，或是主体与一个他者之间经常性的倒置关系；事实上，权力的运作似乎生产了我们用以思考性别的那个二元框架本身。我的问题是，什么样的权力设定建构了主体与他者、"男人"与"女人"之间的二元关系，以及这些词语内在的稳定性？什么样的限制在其中运作着？这些词语是不是只有遵从一个异性恋矩阵来设想性别和欲望，才不会造成困扰？当以异性恋为预设的认识体制（the epistemic regime）的面具被摘下，显示其实是它生产、物化了这些表面的本体范畴的时候，主体以及性别的稳定性又会有什么变化？

　　然而，如何能够对一个认识／本体体制予以质疑？什么是干扰那些支持性别等级（gender hierarchy）和强制性异性恋（compulsory heterosexuality）的性别范畴的最好的方法？想想"妇女病"（female trouble）——历史上对女人没来由、时不时犯小毛病的一种设想，这背后呼之欲出的观念是女人天生就是麻烦——的命运。尽管对女人身体的医疗是严肃的，但这词语也是可笑的；而能笑对严肃范畴，对女性主义来说是绝对必要的。毫无疑问，女性主义仍然需要有自己的严肃游戏的形式。《女人的烦恼》（*Female Trouble*）（译者按：电影译名均参照 IMDb 中文网的资料）是约翰·沃特斯（John Waters）的一部由蒂凡（Divine）领衔主演的电影，而蒂凡也是《变发》（*Hairspray*）的男／女主人公。他反串女人，隐含了性别是一种假冒为真的持久扮装的意义。她／

他的表演使得自然与人为、深层与表面、内在与外在的区分——这些几乎都是性别话语所一向赖以运作的——变得不稳定。扮装是对性别的模仿，还是，它戏剧化了性别所由以建立的那些意指性的姿态动作？作为女人是一种"自然事实"，还是一种"文化表演"？或者，"自然性"是由那些通过性别范畴、在性别范畴内生产身体，并受到话语限制的操演行为所建构的？尽管有帝凡的例子，男同志和女同志文化里的性别实践经常在戏仿的语境里以"天生自然"为主旋律，凸显了原初的、真实的性别的操演性建构。我们还可以指出什么其他的基础性身份范畴——生理性别、社会性别和身体的二元架构，揭露它们其实是一些创造自然、原初、不可避免的事物等结果的生产机制？

要想揭露生理性别、社会性别与欲望等基础范畴是某种独特的权力形式产生的结果，需要一种形式的批评探究方法，也就是福柯改造自尼采、定名为"系谱学"的方法。系谱学的批判方法拒绝追索那些受到压抑而深埋的性别的源头、女性欲望的内在真实以及纯正或真正的性/性别身份；相反地，系谱学探究的是，将那些实际上是制度、实践、话语的**结果**，有着多元、分散的起源的身份范畴，指定为一种**起源**或**原因**，这样做的政治着眼点是什么。本书将围绕着阳具逻各斯中心主义（phallogocentrism）与强制性异性恋等这些定义性制度的问题进行探讨，并试图去除它们的中心性地位。

正因为"女性的"不再是一个稳定的概念，它的意义与"女人"一样麻烦与不定，而且，由于两个词语只有在作为彼此相关的词语的时候才有麻烦的意指，这里的探讨以性别以及它所暗示的关系上的分析为重点。此外，认为女性主义理论应该试图解决首要的身份问题，才能进一步开展其政治任务这样的想法，已经不再是没有任何疑义的了。相反地，我们该问的是，对身份范畴进行激进的批判，它所造成的结果会带来什么政治上的可能性？当作为一个共同基础的身份不再限制女性主义政治话语的时候，会出现什么新的政治形式？而寻找一个共同的身份以作为女性主义政治的基础的努力，这在何种程度上排除了对身份本身的政治建构和管控的根本探究？

　　本书分为三章，从非常不同的话语领域对性别范畴进行一种批判式的系谱学探究。第一章"生理性别/社会性别/欲望的主体"，重新思考了"妇女"作为女性主义的主体以及生理性别/社会性别的区分。强制性异性恋与阳具逻各斯中心主义被理解为一种权力/话语体制，它们通常从非常不同的途径回应性别话语这个中心问题：语言如何建构生理性别范畴？"女性/阴性"（the feminine）是否抗拒语言中的再现？语言是不是被理解为阳具逻各斯中心的（露西·伊利格瑞的提问）？是否只有"女性"这一性是在一个混同了女性的（the female）与性的（the sexual）语言里被再现的（莫尼克·维蒂格的论点）？强制性异性恋和阳具逻各斯中心主义在什么点上、如何有着交集？它们之间的分裂点又在哪里？语言又如何生产了支持这许多不同权力体制的"生理性别"这个虚构的建构？在以异性恋为预设的语言里，什么样的连续性被认定是存在于生理性别、社会性别和欲望之间？这些词语是截然不同的吗？什么性质的文化实践产生了生理性别、社会性别和欲望之间的断裂与不一致，并质疑它们之间所谓的关联性？

第二章"禁制、精神分析与异性恋矩阵的生产"，选择性地检视了结构主义以及精神分析与女性主义关于乱伦禁忌的论点：也就是认为乱伦禁忌是试图在一个异性恋的架构里，强制实行截然区分的、具有内在一致性的社会性别身份的一种机制。在一些精神分析话语里，同性恋的问题总是与一些文化上无法理解的形式联系一起，而在女同性恋的情形里，又跟女性身体的去情欲化有关联。另外，琼·芮维尔和其他精神分析学者的研究，试图通过对身份、认同与伪装的分析，以精神分析理论来解释复杂的性别"身份"。当我们以福柯在《性史》里批判压抑假设的框架来思考乱伦禁忌，我们将看到那个禁制性的或司法性的结构，一方面在一个男权主义的性/性别经济里确立了强制性异性恋制度，另一方面使我们得以对那个经济提出关键性的挑战。精神分析是不是一种反基础主义的研究方法，它肯定某种性/性别的复杂性，而这复杂性事实上解除了僵化的、等级化的性/性别符码的管控？还是说，它仍然维持了某些未被察觉的关于身份基础的假定，而这些假定的运作对那些等级本身是有利的？

最后一章"颠覆的身体行为"，一开始批判性地检视了克里斯特娃对母性身体的建构，指出她的研究里所隐含的决定性别与性欲是否在文化上可被理解的一些规范。虽然福柯被援引来对克里斯特娃提出批判，但仔细检视福柯本身的一些著作，会发现他对性差异所表现的漠视是很有问题的。然而，他对性别范畴的批判提供了某种洞见，让我们可以深入了解为了确立单义的性别而设计的当代医学虚构的管控实践。维蒂格的理论与小说提出对文化建制的身体进行某种"解体"，她认为形态学（morphology）本身是来自霸权概念系统的一个结果。这章的最后一节"身体的铭刻，操演的颠覆"，援引玛丽·道格拉斯和克里斯特娃的研究成果，认为身体的疆界和表面是被政治地建构的。为了使身体范畴去自然化、重新对这些范畴进行意指，我采取的策略是描述并建议一系列建立在一种性别行为操演理论上的戏仿实践，这些戏仿实践打破身体、生理性别、社会性别与性欲等范畴，并且超越二元的框架来展现它们具有颠覆性的重新意指与增衍。

每个文本的源头似乎都超出了从它自己的框架内所能重建的。这些源头确立并启发了文本的语言，要对文本本身作透彻的剖析才能了解其中的来龙去脉，当然也不能保证这样的剖析有完结的时候。虽然我在这篇序文一开始提供了一个童年的故事，但它是一则寓言，不能简化为事实。事实上，此文一个大体的目的是，探索性别寓言如何建立自然事实这个错误命名并使之得以流传。要寻回这些文章的起源，找出使本书得以成形的各种不同的契机，显然是不可能的事。这些文章的集成是为了促使女性主义、男同志与女同志的性别观点以及后结构主义理论之间能够有政治上的交集。哲学是目前调动这个作者-主体（author-subject）的主导学术机制，虽然它即使有也极少脱离其他话语而单独存在。这篇研究试图对那些立足于学科领域的重要边界上的立场给予肯定。重点不在于保持边缘性，而是参与到从其他学科中心发展出来的各种网络或边缘地带；所有这些集结起来，构成了对那些权威的多元置换（displacement）。性别的复杂性需要一些跨学科的、后学科的话语，以便能抵抗学院对性别研究或妇女研究的驯化，并使女性主义批判的概念具有激进的特质。

这本书的写成是拜许多机构与个人的支持之所赐：美国学术团体协会在 1987 年提供了一笔新获博士学位者奖学金；普林斯顿大学高级研究学院的社会科学研究所在 1987—1988 学年期间，提供了奖学金、住房以及激励思考的论辩的机会；乔治·华盛顿大学的教师研究奖学金也于 1987 年、1988 年夏天资助了我的研究；琼·斯科特在我文稿写作的不同阶段，一直担任了一位重要而敏锐的批评者。琼·斯科特在批判、重新思考女性主义政治的预设框架上所作的不懈努力，给了我挑战，激发了我的灵感。由琼·斯科特所主导、于高级研究学院举办的"性别专题讨论会"上，经由我们集体思考的一些重要、具有挑战性的立场分歧，帮助我厘清并阐明了我的一些观点。为此，我感谢里拉·阿布-卢格霍德、叶斯敏·额尔格斯、堂娜·哈拉维、伊夫林·福克斯·凯勒、多琳·侃朵、雷那·拉普、卡罗尔·史密斯-罗森博格和路易丝·提利。我在 1985 年、1986 年分别于卫斯理安和耶鲁大学开设的"性别、身份与欲望"研究生专题课的学生们也是不可或缺的，因为他们总是不吝去想象一些另类的性别化的世界。我在普林斯顿大学的妇女研究研讨会、约翰·霍普金斯大学的人文研究中心、圣母院大学、堪萨斯大学、阿默斯特学院以及耶鲁大学医学院发表这本书的部分内容的时候，得到了各种批评回应，对此我深表感谢。我也要对下列人士致谢：琳达·辛格，她所坚持的激进立场弥足珍贵；桑德拉·巴尔特奇，谢谢她的研究以及适时的鼓励；琳达·尼克尔森，她给了我一些编辑上的建议和批评意见；还有琳达·安德森，谢谢她敏锐的政治直觉。我也要一并感谢以下个人、朋友和同事，他们帮助我的思考成形并给予支持：埃勒维兹·摩尔·阿格尔、埃内斯·阿萨尔、彼得·寇斯、南希·寇特、凯西·纳塔森、洛伊斯·纳塔森、莫里斯·纳塔森、斯德西·派斯、乔希·沙皮洛、玛格丽特·索尔坦、罗伯特·斯通、理查德·凡和埃茨提·沃透。我感谢桑德拉·施密特，她细心地帮助我整理了本书的文稿，还有梅格·吉尔伯特的协助。我也谢谢莫琳·麦克葛罗根，她以幽默、耐性和杰出的编辑指导，鼓励了这项以及其他的写作计划。

一如既往，我感谢温迪·欧文：她无与伦比的想象力、犀利的批评以及她的研究带给人的思想激励。

第一章

生理性别＼社会性别＼
欲望的主体

一个人不是生来就是女人，而其实是变成的。

——西蒙·德·波伏娃

严格地说，"女人"不能说是存在的。

——朱莉娅·克里斯特娃

女人没有一个性别。

——露西·伊利格瑞

对于性的调用……建立了性别这个观念。

——米歇尔·福柯

生理性别范畴是政治范畴，它创建了异性恋社会。

——莫尼克·维蒂格

第一节 "妇女"作为女性主义的主体

　　大体来说，女性主义理论假设存在有某种身份，它要从妇女（译者按：涉及自由主义女性主义政治范畴的"women"译为"妇女"，而在第二章、第三章精神分析话语及其他语境中则译为"女人"）这个范畴来理解，它不仅在话语里倡议女性主义的利益和目标，也构成了一个主体，为了这个主体追求政治上的再现。然而，**政治**（politics）和**再现**（representation）是争议性的词语。一方面，在追求拓展妇女作为政治主体的能见度与合法性的政治过程中，**再现**作为一个运作的框架；另一方面，再现是语言的规范性功能，被认为不是揭露就是扭曲了那些关于妇女范畴我们所认定的真实。对女性主义理论来说，发展一种全面或是足以再现妇女的语言，对促进妇女的政治能见度似乎是必要的。有鉴于在广泛的文化情境里，妇女的生活不是受到错误的再现，就是完全没有得到再现，这点显然很重要。

　　近来，这种普遍存在的认为女性主义理论与政治之间具有关联的观念，从女性主义话语内部遭到了挑战。对妇女主体本身的理解方式，不再限于稳定或持久的框架。有大量文章对"主体"作为再现——更确切地说是解放——的终极代表的可行性提出了质疑；但是，对于什么建构了或者应该建构妇女范畴，这些文章极少有一致的意见。政治和语言再现的领域先设定了一套主体形成的标准，结果只有被认可是主体者才能得到再现。换句话说，必须先符合作为主体的资格才能得到再现。

福柯指出权力的司法（juridical）体系**生产**主体，然后又再现这些主体。[1] 司法性的权力概念似乎以完全负面的方式来管控政治生活，也就是说，通过一些具有历史偶然性并可以撤回的选择的运作，对与那个政治结构相关的个人进行限制、禁止、管制、控制，甚至"保护"。然而，受到这些结构管控的主体，由于它们服从于这些结构，因此是根据这些结构的要求而形成、定义以及再生产的。如果这样的分析是正确的话，那么把妇女再现为女性主义"主体"的语言与政治的司法建构，它本身就是话语建构的，是某种特定形式的再现政治的结果。结果女性主义主体成了那个原本应该是推动其解放的政治体系的一个话语建构。如果这个体系证实了是根据一种统治的分化轴线来生产性别化的主体的，或是生产那些被认定为男性的主体的话，那么从政治上来说这就大有问题。在这样的情形下，不加批判地诉诸这样的一个体

<hr>

1　福柯，《死的权利与掌控生命的权力》(*Right of Death and Power Over Life*)，收录于《性史》(*The History of Sexuality*)，卷 1，导论。罗伯特·赫尔利（Robert Hurley）译，纽约：温提子（Vintage）出版社，1980年。此书原来以"性史：认知的意志"(*Historire de la sexualité: La Volonté de savoir*) 为名（巴黎：伽利玛出版社，1978 年）。在最后一章，福柯讨论了司法性和生产性律法的关系。福柯关于律法的生产性的概念明显出自尼采，虽然与尼采的权力意志并不完全相同。这里对福柯的权力的引用，并不是简单地把福柯"应用"到性别议题上。如我在本书第三章第二节"福柯、赫尔克林与性别不连贯的政治"里所说的，从福柯自己的研究框架来思考性差异，我们发现了他理论的一些重大矛盾之处。最后一章也对他关于身体的观点作了批评。

系来"解放"妇女，显然是自砸阵脚。

"主体"的问题对政治来说是至关重要的，特别是对女性主义政治，因为司法主体一律是通过某些排除性的实践生产的；这些排除实践在政治的司法结构建立完成之际就不再"彰显"。换句话说，主体的政治建构是朝向某些合法化以及排除的目的发展，这些政治运作被某种把司法结构当作基础的政治分析给有效地遮掩以及自然化（naturalization）了。司法权力无可避免地"生产"了一些东西，而宣称它只不过是再现它们而已；因此，政治必须关注权力的这个双重作用：司法的与生产的。事实上，律法生产"律法之前的主体"[2]这样的概念，而后又将之隐藏，为的是把这个话语结构当作一个自然化的基本前提调用，然后用它合法化律法本身的管控霸权。只探讨如何使妇女在语言和政治上得到更充分的再现是不够的；女性主义批判也应当了解"妇女"这个范畴——女性主义的主体——是如何被生产，又如何被它赖以寻求解放的权力结构本身所限制的。

事实上，妇女作为女性主义主体的这个问题提出了这样的可能性：也许并没有一个在律法"之前"的主体，等待在律法里再现，或是被律法再现。也许主体，和对一个时序上"之前"（before）的调用一样，都是被律法建构的，作为律法取得合法性

2　本书提及的律法之前的主体，是德里达阅读卡夫卡的寓言《在法律门前》（ *Before the Law* ）得到的推论，见艾伦·乌多夫（Alan Udoff）编，《卡夫卡与当代批评表现：百年的阅读》（ *Kafka and the Contemporary Critical Performance: Centenary Reading* ），布鲁明顿：印第安纳大学出版社，1987年。

的一个虚构基础。关于普遍存在的认为律法之前的主体具有本体完整性这样的假定，也许可以这样理解：它是自然本质的假设——那构成古典自由主义司法结构的基础主义（foundationalist）神话——残留于当代的痕迹。对一个非历史的"之前"的一再操演调用，成为保证人的前社会本体的一个基础前提；而个人在自由意志下同意被统治，从而构成了社会契约的合法性。

然而，除了支持主体概念的基础主义虚构以外，女性主义在假定**妇女**这个词代表了一个共同的身份这方面，也遭遇了政治上的问题：**妇女**绝不是一个稳定的能指，充分掌握了它要描述和再现的对象的同意；即使在复数的情形下，它也是一个麻烦的词语、一个争论的场域、一个焦虑的起因。如同丹尼斯·瑞里（Denise Riley）的书名"我是那名字吗？"所暗示的，这个提问正是从这个名词可能有的多重意指中产生的。[3] 如果一个人"是"女人，这当然不是这个人的全部；这个词不能尽揽一切，不是因为有一个性别化之前的"人"，超越他/她的性别的各种具体属性，而是因为在不同历史语境里，性别的建构并不都是前后一贯或一致的，它与种族、阶级、族群、性和地域等话语建构的身份形态交相作用。因此，"性别"不可能从各种政治、文化的交会里分离出来，它是在这些交会里被生产并得到维系的。

认为女性主义必定要有一个普遍的基础，而这个基础是建

3　丹尼斯·瑞里，《我是那名字吗？：女性主义与历史上"妇女"的范畴》（*Am I That Name?: Feminism and the Category of "Women" in History*），纽约：麦克米林出版社，1988年。

立在一个所谓跨文化的身份上的政治假设，通常伴随着这样的概念：对妇女的压迫有某种单一的形式，可以在父权制与男性统治的普遍或霸权结构里找到。近年来普遍父权制的概念广泛受到批评，因为它不能解释性别压迫在它们存在的具体文化语境里是如何运作的。这些理论考虑到了各种不同的语境，但这不过是为一个从一开始就预设的普遍原则寻找一些"例子"或"例示"而已。这种形式的女性主义理论建构受到批评，不仅是因为它试图殖民、窃用非西方文化，用以支持一个高度西方化的压迫概念，也因为这些理论有建构一个"第三世界"甚或一个"东方"的倾向，在其中性别压迫很微妙地被解释为一种本质的、非西方的野蛮性的症候。女性主义急切地想为父权制建立一种普遍性的特质，以强化女性主义所宣称的它具有代表性的表象，有时候这促使了女性主义者过于急功近利地祭出统治结构在范畴上或是虚构上的普遍性，而据此生产妇女共同的屈从经验。

虽然普遍父权制这样的主张已经不再像当初那么具有公信力，但是想要置换由这个框架推演出来的结果，也就是关于"妇女"的设想有某种普遍的共通性这样的概念，一直是要困难得多。当然，已经有很多相关的辩论：妇女之间是不是有某种共通性，而且是先于她们的压迫？或者，是否单单她们的压迫经验本身，就足以使"妇女"之间产生某种结盟？妇女的文化是不是有某种独特性，独立于迫使她们臣服的霸权、男权文化之外？妇女的文化或语言实践的独特性与完整性，是否总是以某个比较优势的文化结构为参照，因此也局限于这个框架？有没有"独特的女性"这样的领域，它不仅因此与男性领域区分，而且在这样的差异里，它可以从"妇女"的某种未标记的、假定的普遍性上辨识出来？男性／女性的二元分立不仅成为使那独特性可以被辨识出来的独一的架构，并且在所有其他方面，它也使得女性的"独特性"再度完全脱离了语境，并在分析上和在政治上与阶级、种族、族群等建构以及其他权力关系的轴线分隔开来，而这些权力关系既建构了"身份"，也使单数的身份概念成了错误命名。[4]

我认为一般所假定的女性主义主体的普遍性和统一性，实际上因为它所赖以运作的再现话语的种种限制而有所松动。过于急促而不成熟地坚持主张有某种稳定的女性主义主体——将之理解为一个严丝合缝的妇女范畴，必然造成对这个范畴的多重拒绝。即使这建构是为了解放的目的而精心设计的，这些排除的领域还是显示了这个建构的强制性与管制性所造成的后果。的确，女性主义阵营里的分歧，以及矛盾地来自"妇女"——女性主义宣称它所代表者——对它的反对，显示了身份政治必然具有一些局限性。有人建议女性主义可以试图扩大它所建构的主体的再现范畴，但反讽的是，由于这样的提议拒绝考虑这些再现主张的建构

4　桑德拉·哈定（Sandra Harding），《女性主义理论分析范畴的不稳定性》(*The Instability of the Analytical Catergories of Feminist Theory*)，收录于哈定与琼·欧巴尔（Jean F. O'Barr）编，《性与科学探究》(*Sex and Scientific Inquiry*)，芝加哥：芝加哥大学出版社，1987年，第283—302页。

性权力，结果使得女性主义的目标面临了失败的危险。以纯粹"策略"的目的而诉诸妇女范畴的做法，不会使这个问题得到改善，因为策略总是有超出其意图之外的意义。在这里的情形，排除就可以算作这样一种无意为之而适得其反的意义。为了符合再现政治上女性主义必须表达一个稳定的主体的要求，女性主义由此使自己受到了粗糙的错误再现的指责。

显然，我们的政治任务不是拒绝再现政治——好像我们可以做到一样！语言和政治的司法结构构成了当代的权力场域；因此，没有一个理论立场是外在于这个场域的，我们只能对它自我合法化的实践进行某种系谱学的批评。基于这样的情况，重要的出发点如马克思所说的是**历史的当下**。我们的任务是在这个建构的框架里，对当代司法结构所生产、自然化以及固化的身份范畴作出批判的论述。

或许在这个文化政治的关键时刻，在一些人所说的"后女性主义"的时代，我们有机会从女性主义观点的内部，对建构一个女性主义主体这样的指令进行反思。在女性主义的政治实践中，我们必须从根本上重新思考本体论的身份建构，才能够设想出一种可以在其他基础上复兴女性主义的再现政治。另外，为了使女性主义从必须建构一个单一或持久的基础这样的必要性里挣脱出来，我们也到了该考虑某种激进批判的时候了，因为单一或持久的基础不可避免地会遭到一直被它排除于外的那些身份位置，或是反身份位置的挑战。把女性主义理论建立在"妇女"作为主体这个概念上的排除性实践，是否悖论地破坏了女性主义拓展它所

主张的"再现"这个目标？⁵

问题也许要更为严重：把妇女范畴建构为一致的、稳定的主体，是不是对性别关系的一种不明智的管控和物化（reification）？这样的物化不是正好与女性主义的目的背道而驰吗？在何种程度上，妇女范畴只有在异性恋矩阵（the heterosexual matrix）⁶的语境下才获得稳定性和一致性？如果稳定的性别概念不再是女性主义政治的基本前提，我们现在也许可以期待某种新的女性主义政治来挑战性别和身份的物化，这种政治形式将把可变的身份建构当作一个方法上和规范上的先决条件——如果不是一个政治目标的话。

追溯那些生产并隐藏合格的女性主义司法主体的政治运作，正是一种探讨妇女范畴的**女性主义系谱学**的任务。在我们质疑

5　我想起了南茜·寇特（Nancy Cott）《现代女性主义的奠基／搁浅》(*The Grounding of Modern Feminism*)（新港：耶鲁大学出版社，1987年）一书题目所具有的潜在歧义性。她认为20世纪初期美国女性主义运动试图在某种框架上"立基础"，最后这个框架却造成妇女运动的"搁浅"。她这本历史论著隐含了一个质疑：这些不加批判而接受的基础，是否与"受压抑者的归来"（the return of the repressed）的运作如出一辙。建立在排除实践上、作为政治运动基础的稳定政治身份，也许不可避免地会受到来自基础主义行动所产生的不稳定性的挑战。

6　在本书中我用**异性恋矩阵**来指称文化理解的坐标图，通过它，身体、社会性别与欲望获得自然化。我援用莫尼克·维蒂格"异性恋契约"（heterosexual contract）的概念，其中少部分也援引了艾德丽安·瑞奇（Adrienne Rich）"强制性异性恋"（compulsory heterosexuality）的概念，来描述用以理解社会性别的一种霸权性的话语／认识模式，这个模式假定，身体要有一致性、有意义，就必须有一个稳定的社会性别来表达稳定的生理性别（阳刚表达生理上的男人，阴柔表达生理上的女人）；而社会性别是通过强制性异性恋的实践，以二元对立、等级的方式来定义的。

"妇女"作为女性主义主体的努力过程中，可以证明不加置疑地调用这个范畴，使女性主义作为一种再现政治的可能性从一开始就被**排除**了。把再现的对象扩及一些主体，而这些主体的建构是建立在排除那些不符合对主体的一些心照不宣的规范要求的主体之上，这有什么意义呢？当再现成为政治唯一的重心时，这在不经意间维系了什么样的统治与排除的关系？女性主义主体这个身份不应该成为女性主义政治的基础，如果主体的形成是在一个权力场域里发生，而由于对这个基础的主张，这个权力场域在一般的规律下是被掩盖的话。也许非常悖论地，只有不再一味认定"妇女"这个主体的时候，才能够显示"再现"对女性主义是有意义的。

第二节　生理性别／社会性别／欲望的强制性秩序

"妇女"无可置疑的一体性经常被援用来建构一种身份的团结意识，但是生理性别（sex）和社会性别（gender）（译者按："sex"与"gender"并列时，翻译作"生理性别"与"社会性别"，但个别出现的时候，由于不同理论家对这两个词语在概念使用上有一些差异，因此视情况以及语境的不同，"sex"翻译作性、性别或生理性别，而"gender"译作性别或社会性别）的区别却引发了女性主义主体的分裂。生理性别与社会性别的区分原本是用来驳斥生理即命运的说法，以支持这样的论点：不管生理性别在生物学上是如何地不可撼动，社会性别是文化建构的。因此，社会性别既不是生理性别的一个因果关系上的结果，也不像生理性别在表面上那样固定。这样的区分容许了社会性别成为生理性别的多元体现，因而已经潜在地挑战了主体的统一性。[7]

如果社会性别是生理上性别化的身体所获取的社会意义，那么我们就不能说某个社会性别以任何某种方式、从某个生理性别发展得来。从逻辑上推到极限，生理性别／社会性别的区分暗示了生理上性别化的身体和文化建构的性别之间的一个根本的断

7　关于结构主义人类学对生理性别／社会性别的讨论，以及女性主义对这个论点的挪用和批评，见第二章第一节，"结构主义的关键交换"。

裂。即使我们暂时假定二元生理性别具有稳定性，也不能因此断定"男人"这个建构绝对是男性身体衍生的自然结果，或者"女人"只能体现女性身体。此外，即使生理性别在形态和构造上毫无疑问是二元的（这将成为一个问题），我们也没有理由认定社会性别应该只有两种形貌。[8]二元社会性别体系的假定隐含地保留了社会性别与生理性别是某种模拟（mimetic）关系的信念：社会性别像镜子一样反映生理性别，或者从另一方面来说被它限制。当我们提出建构的社会性别身份根本上是独立于生理性别这个理论时，社会性别本身成为一个自由流动的设计，结果**男人**（man）与**男性**（masculine）大可以意指女性身体，就像它们意指男性身体一样；而**女人**（woman）与**女性**（feminine）也大可以意指男性身体，就像意指女性身体一样。

社会性别化的主体在根本上的分裂也引发了另一系列的问题。我们能够指涉某个"特定"的生理性别或某个"特定"的社会性别，而不先探究生理性别和／或社会性别是通过什么手段、

8　有关美洲原住民文化的"贝尔达胥"（berdache，跨性别身份者）以及多元的社会性别设定的有趣研究，见沃尔特·威廉斯（Walter Williams），《灵与肉：美洲印第安文化里的性／性别多样性》（*The Spirit and the Flesh: Sexual Diversity in American Indian Culture*），波士顿：灯塔出版社，1988 年。另见雪利·欧尔特纳（Sherry B. Ortner）和哈里特·怀特黑德（Harriet Whitehead）编，《性／性别意义：性欲的文化建构》（*Sexual Meanings: The Cultural Construction of Sexuality*），纽约：剑桥大学出版社，1981 年。关于"贝尔达胥"、变性人以及社会性别二元区分的历史偶然性，苏珊娜·凯斯勒尔（Sizanne J. Kessler）和温迪·麦肯纳（Wendy McKenna）在《社会性别：一个民族方法学的探究》（*Gender: An Ethnomethodological Approach*，芝加哥：芝加哥大学出版社，1978 年）一书中提出了具有政治敏感度和挑战性的分析。

如何给定的吗？到底"生理性别"是什么？它是自然的、解剖学的、染色体的，还是荷尔蒙？女性主义批评家要如何评估企图为我们建立这些"事实"的科学话语？[9]生理性别有没有一个历史？[10]是不是每一种生理性别都有一个不同的历史，还是多种历

9　在生物学和科学史领域里，已经有许多女性主义研究对建立生理性别的科学基础的各种歧视过程所隐含的政治利益进行了评价。见鲁斯·胡巴尔德（Ruth Hubbard）和玛丽安·罗伊（Marian Lowe）编，《基因与性别》（*Genes and Gender*），第一、二册（纽约：戈耳迪恩出版社，1978、1979 年）；《海芭夏：女性主义哲学期刊》（*Hypatia: A Journal of Feminist Philosophy*）关于女性主义与科学的两期专刊（1987 年秋季刊，卷 2，第 3 期，以及 1988 年春季刊，卷 3，第 1 期，特别是在后面这一期（1988 年春季）由生物学与性别研究学社（The Biology and Gender Study Group）所发表的《女性主义批判对当代细胞生物学的重要性》（*The Importance of Feminist Critique for Contemporary Cell Biology*）；桑德拉·哈定（Sandra Harding），《女性主义的科学问题》（*The Science Question in Feminism*，伊萨卡：康奈尔大学出版社，1986 年）；伊夫林·福克斯·凯勒（Evelyn Fox Keller），《对社会性别与科学的反思》（*Reflections on Gender and Science*，新港：耶鲁大学出版社，1984 年）；堂那·哈拉威（Donna Haraway），《太初有道：生物学理论的创世记》（*In the Beginning Was the Word: The Genesis of Biological Theory*），《符号：文化与社会里的妇女期刊》（*Signs: Journal of Women in Culture and Society*），卷 6，第 3 期，1981 年；堂那·哈拉威，《灵长类的视野》（*Primate Visions*，纽约：劳特利奇出版社，1989 年）；桑德拉·哈定与吉恩·欧巴尔（Jean F. O'Barr），《性与科学探究》（*Sex and Scientific Inquiry*，芝加哥：芝加哥大学出版社，1987 年）；安·福斯多–斯特尔林（Ann Fausto-Sterling），《社会性别神话：关于女人和男人的生物学理论》（*Myths of Gender: Biological Theories About Women and Men*，纽约：诺顿出版社，1979 年）。

10　显然福柯的《性史》在一个特定的现代欧洲中心的语境里，提供了重新思考"性"的一个途径。更详细的讨论，见汤姆斯·拉戈尔（Thomas Laqueur）和凯瑟琳·伽拉戈尔（Catherine Gallagher）编，《打造现代身体：十九世纪的性与社会》（*The Making of the Modern Body: Sexuality and Society in the 19th Century*），伯克利：加州大学出版社，1986 年。此书原来是《再现》（*Representations*）杂志 1986 年春季的 14 号刊。

史？有没有一个历史可以说明生理性别的二元性是如何建立的，也就是可以揭露这个二元选项是一个可变的建构的一种系谱学？那些由各种不同的科学话语生产的生理性别表面上的自然事实，是否为其他的政治或社会利益服务？如果生理性别不可变的特质受到了挑战，那么也许这个称为"生理性别"的建构跟社会性别一样都是文化建构的；的确，也许它一直就是社会性别，结果生理性别和社会性别的区分证明其实根本就不是什么区别。[11]

如果生理性别本身就是一个社会性别化的范畴，那么把社会性别定义为文化对生理性别的诠释就失去了意义。我们不应该把社会性别只看作是文化在一个先在的生理性别上所铭刻的意义（一种司法性的概念）；社会性别也必定指向使生理性别本身能够建立的那个生产机制。结果是，社会性别与生理性别的关系并不像文化之于自然那样；社会性别也是话语／文化的工具，通过这个工具，"生理性别化的自然"或者"自然的生理性别"得以生产，并且被建构为"前话语的"、先于文化的，成为一个政治中立的表面，任由文化**在其上**施行作为。"生理性别"从本质上被建构为非建构的这点，将在第二章有关列维-斯特劳斯和结构主义的讨论中再度成为我们关注的对象。到目前为止已经很清楚的是，为了成功地稳固生理性别内在的稳定性与二元的框架，一个

---

11 见笔者《生理性别与社会性别的变异：波伏娃，维蒂格与福柯》（*Variations on Sex and Gender: Beauvoir, Wittig, Foucault*）一文，收录于《女性主义作为批判》（*Feminism as Critique*），塞拉·本哈比与杜拉希拉·科内尔编，巴兹尔-布莱克维尔（Basil Blackwell）出版社出版，明尼苏达大学出版社发行，1987年。

方法是把生理性别的二元性建构为一个前话语的领域。对于把生理性别生产为前话语的这点，我们应该如此理解：它是**社会性别**所指定的文化建构设置的一个结果。那么，我们要如何重新阐述社会性别，才能够含括那些既生产前话语的生理性别这个结果，又隐藏了这个话语生产运作的权力关系？

第三节　社会性别：当代论辩的循环废墟

是否有"某种"所谓人所**拥有**的性别？还是说，性别是所谓人的**存有**的一个本质属性，如同"你是什么性别"这个问句所隐含的意义一样？女性主义理论家宣称社会性别是生理性别的文化诠释，或是社会性别是文化建构的时候，这个建构的特色或机制是什么？如果社会性别是建构的，那么它能不能建构成别种风貌？或者，它的建构性是否暗示了某种形式的社会决定论，排除了能动性（agency）和改变的可能？"建构"是否暗示了有某些法则，它们根据普遍的性差异坐标轴产生社会性别差异？社会性别的建构如何发生，在哪里发生？对于某种不能假定有一个先于它存在的人类建构者的建构，我们能从中找到什么意义？在一些论点里，社会性别是建构的这样的观点暗示了某种社会性别意义的决定论：这些意义铭刻在解剖学上有所区分的身体之上，而这些身体被理解为一个严格的文化律法的被动接受者。当我们以这样一种或一套律法的框架来理解"建构"社会性别的相关"文化"，那么社会性别似乎就跟它在生理即命运这样的论述下没什么两样，都是命定的、固定的。在这样的情形里，成为命定的不是生理，而是文化。

另外，西蒙·德·波伏娃在《第二性》里说："一个人不是

生来就是女人，而其实是变成的。"[12] 对波伏娃来说，社会性别是
"建构"的，但她的论述隐含了一个能动者，一个我思故我在的
主体（cogito），它以某种方式获取或采用那个社会性别；而原则
上，这个主体也可以采取另一个性别。社会性别是不是像波伏娃
的论点所暗示的那样是可变的、可以受意志控制的？在这样的情
形下，"建构"是否可以简化为一种形式的选择？波伏娃很清楚
一个女人是"变成"的，但总是在一种文化强制下成为一个女
人。显然，这个强制性不是从"生理性别"而来。在波伏娃的论
述里，没有任何一点保证变成女人的"那位"一定是女性。如果
如她所说"身体是一种情境（situation）"[13]，我们就无法诉诸一个
没有被文化意义诠释过的身体；因此，生理性别不能构成一个先
于话语的解剖学上的事实。事实上从定义上来说，我们将看到生
理性别其实自始至终就是社会性别。[14]

关于**建构**的意义的争议，似乎陷在传统哲学上自由意志与决
定论两极化的泥泞里。因此，我们可以合理地怀疑，一些常见的
对思想的语言限制，既形成也限定了这些论辩的框架。在这些框
架下，"身体"成了被动的媒介，受到文化意义的镌刻；或者它

---

12 波伏娃，《第二性》，帕胥利（E. M. Parshley）译，纽约：温提子出版社，1973
　　年，第301页。

13 同上，第38页。

14 见笔者《波伏娃〈第二性〉里的生理性别与社会性别》一文，刊载于《耶鲁法国研
　　究》（*Yale French Studies*），《西蒙·德·波伏娃：一个世纪的见证》（*Simone de Beauvoir:
　　Witness to a Century*）专刊，1986年冬季，第72期。

是一个工具，通过它某种专擅和诠释的意志决定着自身的文化意义。不管是哪种情况，身体都只是被当作一个**工具**或**媒介**，一整套的文化意义跟它只属于外在的联系。然而，"身体"这概念本身是一种建构，跟那些构成性别化的主体领域里无数的"个别身体"一样。我们不能说个别的身体在受到社会性别标记之前有某种可意指的（signifiable）存在；于是问题出现了：在何种程度上，身体是在社会性别的标记里、通过这些标记形成的？我们如何重新设想身体，使它不再是一个被动的媒介或工具，等待着某种全然非物质性的意志的激活力量？[15]

不管社会性别或生理性别是固定的还是自由的，都是一种话语的作用，如下文会提及的，这话语试图对分析设定某种限制，或是试图确保人道主义的某些信条成为所有对社会性别的分析的先决条件。所谓不可撼动的场域，不管它是属于"生理性别"或"社会性别"，或甚至是属于"建构"这个意义本身，它都提供了一条线索让我们了解，在做任何进一步的分析的时候，什么文化可能性是能够、什么又是不能够被调度的。对社会性别进行话语分析时所受的限制，预设并支配了文化中可想象的以及可实现的性别设定（gender configurations）的可能性。这并不是说任何、所有的性别的可能性都是开放的，但是分析的底线显示了被话语

15　注意现象学理论，如萨特、梅洛—庞蒂（Merleau-Ponty）以及波伏娃的理论，是如何倾向用"肉身具现"（embodiment）这个词的。这个词是从神学语境里引用的，它倾向于把理念的身体（"the" body）描绘为一种肉身具现的模式，因此，它保留了具有意指能力的非物质性，与身体本身的物质性之间外在的、二元的关系。

限定的经验的局限性。这些限制一直设置于某种霸权文化话语的框架里，而这话语又是建立在以普遍理性的语言面貌呈现的二元结构基础上。因此，在那个语言所建构的可想象的社会性别领域里，限制已经被内设了。

社会科学研究者把社会性别当作分析的一个"要素"或一个"维度"，但是社会性别也应用到肉身具现（embodied）的个人身上，作为生物、语言，以及/或文化差异的"标记"。在后面几项情形里，社会性别可以理解为一个（已经）在生理性别上分化了的身体所承担的意义，但即使如此，这个意义也只能在它与另一个对立的意义之间的**关系里**存在。一些女性主义理论家宣称社会性别是"一种关系"，事实上是一组关系，而不是一种个人的属性。另一些追随波伏娃的观点的女性主义理论家则认为只有女性这个性别是受到标记的，而普遍的人与男性这个性别是等同的，因此女人以她们的性/性别来定义，而男性则受到颂扬，承担了超越身体的普遍人格。

露西·伊利格瑞让这个议题的讨论变得更复杂，她认为在身份话语里，女人即使不构成矛盾，也是一种悖论。女人这个"性别"不是"一个"性别。在普遍男权主义的语言——一种阳具逻各斯中心（phallogocentric）的语言——里，女人成了那**不可再现的**（unrepresentable）。换句话说，女人代表了一个不能够被思考的性别，是语言的不在场（absence）和晦涩难解的部分。在一个系于单义意指的语言里，女性这个性别构成了那无法约束、无法指定的部分。在这层意义上，女人这个性别不是"单一"的，而是多元的。[16] 伊利格瑞反对波伏娃所认为的女人是被指定为他者的观点，她认为主体与他者都是用来支持一个封闭的阳具逻各斯中心意指经济（phallogocentric signifying economy）的，这个意指经济通过对女性完全的排除来达成它一统权力的目标。对波伏娃来说，女人是男人的反面，是缺乏，通过与它的对比，男性身份得以区别开来；对伊利格瑞来说，这个辩证本身形成一个体系，排除了一个与它完全不同的意指经济。在萨特式的能指–主体（signifying-subject）与所指–他者（signified-Other）的框架里，不仅女人受到错误的再现，这样的意指错误也点出了整个再现结构的不足。因此，这个非一的性别提供了一个出发点，用以对霸权的西方再现，以及支持主体这个概念的实在形而上学（metaphysics of substance）提出批判。

实在形而上学是什么？它如何指导了关于性别范畴的思考？首先，人道主义的主体概念往往假定一个实在的人，承载着各种本质的和非本质的属性。人道主义的女性主义立场可能把社会性别理解为人的**属性**，而人的本质被描述为一个未区分性别的实在或是"内核"——理念的"人"，代表一种普遍的理性、道德思

---

16 伊利格瑞，《此性非一》（*This Sex Which Is Not One*）（译者按：国内一个常见的翻译是"非单一的性"，但这样的翻译只点出了女性这个性别的"复数"性质，并没有点出它的另一个双关含义，也就是在阳具逻各斯中心经济里，女性这一性别无法得到再现，因而不构成一个性别），凯瑟琳·波特（Catherine Porter）与卡罗琳·伯克（Carolyn Burke）译，伊萨卡：康奈尔大学出版社，1985年。法文原版（*Ce sexe qui n'en est pas un*）于1977年由巴黎午夜出版社（Editions de Minuit）出版。

辨或语言的能力。普遍的人的概念，被一些历史与人类学的立场以某种社会性别理论置换，作为一个思考的出发点。这些立场对社会性别的理解是，在具体可指的语境里由社会所建构的主体之间的一种关系。这种关系的或者语境的观点认为，人"是"什么，社会性别"是"什么，总是与决定它的那些建构的关系有关。[17] 社会性别作为一种不断改变、受语境限定的现象，它不指向一个实体的存有，而是指向一些具有文化与历史特殊性的关系整体里的某个相关的交集点。

然而，如果是伊利格瑞，她会坚持女性这个"性别"是语言的一个**不在场**，文法无以表述的一种实在，因此，这个观点暴露了实在是男权中心话语的一个持久而基本的幻想。这不在场并没有在男性中心的意指经济里被标记出来——这与波伏娃（以及维蒂格）所认为的女性是受到标记、男性则未被标记的论点正好相反。对伊利格瑞来说，女性不是从内在和对立面来定义男性这个主体的"缺乏"（lack）或是"他者"（other）。相反地，女性回避了再现这个要求，因为她既不是"他者"也不是"缺乏"；这些范畴与萨特式的主体相关，内在于阳具逻各斯中心体系。因此对伊利格瑞来说，女性永远不可能会如波伏娃所说的那样是一个**主体的标记**。此外，我们也不能够在任何特定的话语里，以某种男

17　琼·斯科特（Joan Scott），《性别作为历史分析的一个实用范畴》（*Gender as a Useful Category of Historical Analysis*），收录于《性别与历史政治》（*Gender and the Politics of History*），纽约：哥伦比亚大学出版社，1988 年，第 28—52 页。原刊于《美国历史评论》（*American Historical Review*），卷 91，第 5 期，1986 年。

性与女性之间的限定**关系**对女性进行理论构建。因为在这里话语是个不切题的概念。即使具有多样性，话语仍然创建了那许许多多的阳具逻各斯中心的语言模式。因此，女性也可以说是不算数的一个**主体**。在一个男性构成的封闭循环的能指和所指的意指经济里，男性与女性的关系是不能获得再现的。极反讽的是，波伏娃在《第二性》里其实已经预示了这个无解之题：她说男性无法解决女人这个问题，因为这样一来，他们就成了球员兼裁判。[18]

上述立场的差异绝对不是截然区分的；每一种立场都从社会建制的性别不对称的语境里，质疑"主体"与"社会性别"的位置性与意义。上述立场提供的选项绝没有穷尽所有对社会性别的诠释的可能性。女性主义在社会性别的探讨上的循环论辩这个问题，在现存的不同立场上凸显出来：一方面一些立场假设社会性别是人的第二特征，另一方面其他立场又强调人的概念本身——在语言中占据主体的位置——是一个男权中心的建构与特权，它实际上排除了女性这一性别在结构上和语义上的可能性。这些关于社会性别的意义（社会**性别**到底是不是我们要讨论的词语？或者是否**生理性别**的话语建构其实才是更基本的？又或许，我们要讨论的是**妇女群体**或**个别妇女**，以及 / 或**男性群体**与**个别男人**？）的尖锐分歧，使得我们有必要在极端不对称的社会性别关系语境里，从根本上重新对身份的范畴进行思考。

对波伏娃来说，在存在主义的厌女症分析范式里，"主体"

18　波伏娃,《第二性》, 第 26 页。

一直就是男性的，它等同于普遍的事物，与女性"他者"有所区别；女性"他者"外在于人格的普遍规范，无望地成了"特殊的"，具化为肉身，被宣判是物质的存在。一般对波伏娃的理解是她在为女人的权利作呼吁，实际上就是要让女人成为存在主义的主体，以便能被一种抽象的普遍性框架所含括；但是，她的立场也隐含了对抽象男性认识论主体超脱肉身具现的特质的某种重要批判。[19] 这个主体是抽象的，甚至否认了它自身受社会所标记的肉身具现，然后它把它所否定、贬低的肉身具现投射到女性的领域，最后把身体重新命名为女性。身体与女性的联系以一种神奇的互动关系作用：女性由此被局限于她的身体，而被全盘否定的男性身体则矛盾地成为一个表面上彻底自由的非物质性工具。波伏娃的分析隐含了这样的提问：男性通过什么样的否定与否认的行动获得了超脱肉身具现的普遍性，而女性则被建构为一个被否定的肉体性存在？主人-奴隶（master-slave）的辩证关系，在这里以一个非平等互惠、不对称的性别关系的框架来全面重新表述，它预示了伊利格瑞后来所描述的男性中心意指经济，这个意指经济包括存在主义主体，也包括它的他者。

波伏娃提出女性身体应该是女人获享自由的情境（situation）和媒介（instrumentality），而不是一个定义与限制的本质。[20] 肉身

19　见笔者《波伏娃〈第二性〉里的生理性别与社会性别》一文。

20　波伏娃在性别问题上，法农（Frantz Fanon）在种族问题上，都信奉身体同时是"情境"也是"媒介"这样的一种规范理想。法农回归一种作为自由的媒介的身体来总结他对殖民的分析，这自由是笛卡尔式的自由，等同于一个具有质疑（转下页）

具现理论是波伏娃的分析的中心思想，但显然这个理论因为不加批判地复制了笛卡尔对自由与身体的区分而有所局限。尽管我之前试图作相反的论证，但显然即使在提出要统合这些词语的时候，波伏娃还是维持了精神／身体的二元论。[21] 这个区分的保留可以解读为阳具逻各斯中心主义的一个症候，而波伏娃低估了它。从柏拉图开始，到笛卡尔、胡塞尔以及萨特一路延续下来的哲学传统，灵魂（意识、精神）与身体的本体论区分，无一不支持着政治上和精神上的臣服和等级关系。精神不但征服了身体，还不时做着完全逃离肉身具化的幻想。文化上精神与男性、身体与女性的联系，在哲学和女性主义领域里都有精辟的文献资料可考。[22]

（接上页）能力的意识："喔！我的身体，把我变成一个总是质疑的人！"（法农，《黑皮肤，白面具》[Black Skin, White Masks]，纽约：格罗夫出版社，1967 年，第 323 页）。法文原版于 1952 年由巴黎色伊耶出版社出版。

21 萨特理论里意识与身体在本体论上根本的分裂，是他哲学思考里承袭笛卡尔的一部分。值得注意的是，笛卡尔的二元区分，正是黑格尔在《精神现象学》（ The Phenomenology of Spirit)"主人-奴隶"篇章的开头所隐含质疑的问题。波伏娃对男性主体与女性他者的分析，明显是置身于黑格尔的辩证法，以及萨特在《存在与虚无》（ Being and Nothingness) 关于施虐欲与被虐欲的篇章中，对这个辩证法的改造的框架里。萨特在批判意识与身体"统合"的可能性的时候，他实际上回到了黑格尔尝试解决的笛卡尔哲学难题上。波伏娃坚持身体可以是自由的媒介与场域，而生理性别可以提供一个契机，让社会性别展现为一种自由的形态，而不是一种物化。乍看之下，这似乎是身体与意识的一种统合，意识被理解为自由的条件，但仍然没有解决的问题是：这样的统合是否需要并维系身体与心灵（它的组成要素）的本体论区分，以及从此引申出来的心灵高于身体、男性优于女性的等级？

22 伊丽莎白·斯佩尔曼（Elizabeth V. Spelman），《妇女作为身体：古代和当代的观点》（ Woman as Body: Ancient and Contemporary Views ），刊载于《女性主义研究》（ Feminist Studies ），卷 8，第 1 期，1982 年春季号。

因此，任何对精神／身体二元区分不加批判的复制，我们都应该对之重新思考，检视这个区分如何因袭陈规地生产、维系以及合理化了固有的性别等级。

波伏娃理论里关于"身体"的话语建构，以及身体与"自由"的分割，没能在性别这个轴线上标示出精神与身体的二元区分，而这样的区分原本可以说明性别不对称何以会如此顽固。在她公开的论述里，波伏娃指出女性身体在男权中心话语里是受到标记的，而男性身体与普遍等同，不被标记。伊利格瑞清楚地指出，标记者与被标记者都是由男权中心的意指模式所维系的，在这意指模式里，女性身体实际上被"划出"了可意指的范畴。用后黑格尔的术语来说，她被"删除"（cancelled），而不是被保留。在伊利格瑞的解读里，波伏娃所谓女人"是性／性别"的论点被倒转过来：女人不是指派给她的那个性别，而其实**又是（而且肉身具化了**［en corps］）男性这个性别，只不过是以他者性（otherness）的形态展现于世。对伊利格瑞来说，意指女性的阳具逻各斯中心模式，永远是在复制那些由自我膨胀的欲望而生出的幻想。阳具逻各斯中心主义不但没有在语言上作出自我克制的姿态，允许女人拥有他性（alterity）或差异性（difference），反而提出了一种命名来遮蔽女性，窃据其位置。

第四节　对二元论、一元论的理论梳理以及超越的可能

对于使性别不对称得以复制的基本结构，波伏娃和伊利格瑞显然有不同的看法；波伏娃从一个失衡的辩证关系里失败的互惠性寻找原因，而伊利格瑞却认为这个辩证关系本身是男权中心意指经济独白式的精心构造。伊利格瑞揭露了男权中心意指经济的认识论、本体论以及逻辑结构，此举虽然明显地拓宽了女性主义批判的范畴，但是她的分析的力度也正因为这样全球化的触角而削弱了。我们有没有可能找出一个铁板一块、独白式的男权中心经济，它超越各种性差异所由以产生的文化与历史语境？不能认识到性别压迫在各个具体文化里的运作，这本身是不是一种认识论的帝国主义？而简单地把文化差异解释为同一种阳具逻各斯中心主义的"各种例示"，是不会让这个问题得到改善的。努力把"他者"文化纳入一个全球一体的阳具逻各斯中心经济，作为它多样化的引申，这是一种巧取豪夺的行为：它的危险在于重复了阳具逻各斯中心经济自我膨胀的作为，把那些原本可以用以质疑一统化概念的差异，殖民于同一的符号（the sign of the same）之下。[23]

23　斯皮瓦克尤其尖锐地说明了这样的二元阐释是一种用以建构边缘的殖民行为。她在批判"超历史的认知自我的自我在场（self-presence）"时（这个自我具有（转下页）

女性主义批判应该深究男权中心意指经济一统化的主张，但同时要保持对女性主义一些一统化的做法的自我批判。将对手在形式上定为单一这样的做法是一种倒转话语（reverse-discourse），它不加批判地模仿了压迫者的手段，而不是提出一套不同的框架。既然这样的策略在女性主义和反女性主义的语境里都能适用，这表示殖民的作为并不主要或是完全属于男权中心主义的，它也能够有所运作而影响其他种族、阶级与异性恋中心的从属关系，这里仅举数例。显然，像我现在这样列出各种压迫形式，是假定了它们彼此之间有明确的区别，依序共存于一个水平轴上，而这个水平轴并没有说明它们在社会领域里的交集。垂直模式同样有不足的地方；我们不能把压迫简单地总结成几个等级，以因果关系联系起来，然后分别划归在"本源"和"衍生"等类别下。[24] 事实上，权力场域部分是由辩证的掠夺（dialectical

---

（接上页）哲学思考主体的认识论帝国主义的特点），把政治置于知识的生产过程中。知识的生产创造了边缘并对之进行审查，这些边缘通过排除的手段建构了那个主体特定的知识体系里具有历史偶然性的理解框架："我把任何阐释的生产过程中所隐含的对边缘的禁制说成'骨子里就是一种政治'。从这个观点来看，对某些特定的二元对立的选择……不是单纯的理性的策略而已。在每一个例子里，这都是可能产生中心化以及相应的边缘化的条件。"见斯皮瓦克，《诠释与文化：旁注》（*Explanation and Culture: Marginalia*），收录于《在他者世界里：文化政治文集》（*In Other Worlds: Essays in Cultural Politics*），纽约：劳特利奇出版社，1987年，第113页。

24　见车莉·莫拉哥（Cherrie Moraga）在《战争》（*La Guera*）一文里反对"等级化的压迫"的论述。文章收录于格洛里亚·安扎尔度瓦（Gloria Anzaldua）与车莉·莫拉哥编，《这个被称为我的背脊的桥梁：激进有色人种妇女的书写》（*This Bridge Called My Back: Writings of Radical Women of Color*），纽约：餐桌：有色人种妇女出版社，1982年。

appropriation）这种帝国主义式的作为所构成的，它超出也包含性差异这个轴，它映射了交错的各种差异函数的关系，而这些差异函数不能简单地总结为几个等级，不管是在阳具逻各斯中心主义的框架下，还是其他替补这个"主要压迫条件"位置的框架之下。辩证的掠夺以及对他者的压迫，并不是男权中心意指经济的唯一手段，它只是众多手段之一，主要被拿来为扩大、合理化男权主义领域服务，但并不仅止于此。

当代女性主义关于本质主义的论辩，从其他方面对女性身份与男权压迫的普遍性提出了质疑。普遍性的主张建立在一个共同或共享的认识论立场的基础上，而这个认识论立场被理解为表达出来的对压迫的意识或是压迫所呈现的共同结构；或者，它呈现在女性特质、母性、性，以及 / 或**阴性书写**（*écriture feminine*）表面上的跨文化结构里。这章一开头的讨论说到像这样全球化的姿态引发了一些妇女的批判，因为她们认为"妇女"这个范畴是规范性的和排他性的，阶级与种族特权未受标记的那一维，并没有因为对它的调用而有所撼动。换句话说，坚持妇女范畴具有一致性与一体性，实际上是拒绝承认那些建构各种各样具体的"女人"的文化、社会与政治等交叉成因所具有的多元性。

有些人尝试发展联盟政治，不预先设定"妇女"的内涵应该是什么。相反地，他们提出对话式碰撞的想法，主张不同立场的妇女在一个新出现的联盟架构里，各自表达自己的身份。我们当然不能低估联盟政治的价值，但是联盟的形式本身，这个渐渐浮现、不可预知、汇聚各种立场的形式是无法事先设计的。尽管联盟的建立显然有民主化的动机作为驱力，但是当联盟理论家试图在**事先**为联盟结构定下一个理想的形式——一种能保证最后成功达成一统的形式——时，结果可能是她（译者按：原文用阴性代名词）无意间横插进来，成为这个过程的主导者。其他相关的努力，如决定什么是、什么不是对话的正确形式，什么构成一个主体-位置，以及最重要的，什么时候"一统"算是达成，都会妨碍联盟自我成形、自我设限的动能。

事先坚持要以联盟的"统一"为目标，这是认定团结——不论其代价为何——为政治行动的一个先决条件。但什么样的政治要求这样为统一预先埋单？也许一个联盟需要承认它的矛盾，在采取行动的时候同时保有这些矛盾。也许对话式的理解所要求的，也包括接受分歧、破裂、分裂和碎裂，承认它们是民主化的曲折过程的一部分。"对话"这个概念本身是有文化特殊性、受到历史限制的。对话的一方也许因为对话开始进行而感到安心，但另一个人的感受可能根本就不是如此。我们必须先诘问那些决定和限制对话的可能性的权力关系，不然这个对话模式有再度堕入自由主义模式的危险：假设所有说话的能动者都站在平等的权力位置上，在发言时对什么构成"一致意见"与"统一"有着同样的预设，并且认为这些是需要追求的目标。事先假设有一个"妇女"范畴在那儿，只需填入各种种族、阶级、年龄、族群和性欲等成分就可以变得完整，这是错误的想法；假设这个范畴在本质上是不完整的，可以让这个范畴永远成为各种竞争的意义得以存在的场域。这个范畴定义上的不完整性，也许可以作为去除了强制力的一种规范性理想。

"统一"是不是有效的政治行动所必需的？过早对统一的目标有所坚持，是否正是造成阵营里更严峻的分裂的原因？一些被承认的分裂的形式，或许正因为它们不预设、不企求妇女范畴的"统一"，而能有利于联盟的行动。"统一"是否在身份的层次上设立了一种排他性的团结规范，而排除了那些颠覆身份概念的疆界，或者试图以实现这样的颠覆作为其直接政治目标的行动的可能性？没有了"统一"作为预设和目标，即不管在哪种情形下，"统一"都是在概念的层次上创立的，那么也许在不以表达身份为目的的具体行动语境里，就可以出现一些临时性的统一。没有了女性主义行动必须建立在某种稳定、统一、大家都认同的身份上这样的强制性预期，那些行动也许就可以较快地启动，而且对一些认为这个范畴的意义永远是有待论辩的"妇女"而言，也显得合拍一些。

像这样反基础主义的联盟政治路数，不把"身份"当作前提，也不认为我们能够在联盟集体达成之前知道它的形式或意义。由于在现有的文化架构里表达一种身份就意味着设立一个定义，而这定义预先排除了在政治参与的行动中，或通过这些行动形成新的身份概念的可能性，因此，基础主义策略不能够以转变或扩大现有身份概念作为一个规范的目标。此外，当大家一致同意的身份或一致同意的对话结构（现已确立的身份通过它们来表达）不再构成政治的主旨或主题之时，身份就可以因应那些建构它们的具体实践而成形或者消解。有些政治实践为了达成一些期待的目标，而在因应历史情境变化的基础上创建身份。联盟政治不需要一个扩大的"妇女"范畴，也不需要一个一举呈现其复杂性的内在多元的自我。

性别是一个复杂的联合体，它最终的整体形式永远地被延宕，任何一个时间点上的它都不是它的真实全貌。因此，一个开放性的联盟所支持的身份将因应当下的目的，或被建构或被放弃；它将是一个开放性的集合，容许多元的交集以及分歧，而不必服从于一个定义封闭的规范性终极目的。

第五节　身份、性／性别与实在形而上学

那么，"身份"（identity）的意义究竟是什么？认为身份始终如一，经过时间的流变而仍无所改易，它是统一而且具有内在一致性的，这样的假设的基础是什么？更重要的，这些设想如何启发了关于"性别身份"的话语？如果有人认为对"身份"的讨论应该先于对性别身份的讨论，那他就错了，原因很简单，因为只有依照大家能够理解的辨识性别的标准予以性别化，"个别的人"才能被理解。传统上社会学的讨论试图从能动性的角度理解人的概念；能动性具有本体上的优先性，先于使人能够得到社会能见度与意义的各种不同的角色和功能。在哲学话语里，对"普遍的人"的分析阐述建立在这样的假定上：无论在什么社会语境"之内"，这个社会语境与作为人的定义结构——不管是意识、语言的能力或是道德思辨——的联系可以说都是外在的。在本书中我并不会考察这些相关文献，但是这些研究的一个前提却是我批判分析以及试图逆转的焦点。在哲学论述里，什么构成了"人的身份"这个问题，几乎一律围绕着人的什么内在特征，在时间的流变中建立起人的连续性和同一性这个问题打转；而在此这个问题将变成：在何种程度上，关于性别成形与区分的**管控性实践**（regulatory practices）建构了身份，建构了主体内在的一致性，也就是人始终如一的特质？在何种程度上"身份"其实是一种规

范的理想，而不是经验的一种描述特征？支配性别的管控实践，又如何也支配着文化上对身份的理解概念？换句话说，"人"的"一致性"与"连续性"，不是有关人的一些逻辑或分析的要素，而其实是社会所建构与维系的理解规范。由于"身份"通过生理性别、社会性别与性欲等稳定化的概念确立，因此在文化中出现的那些"不一致的"或"不连续的"性别化存有——看起来是人，但不符合人所由以定义的文化理解体系里的性别化规范——使得"普遍的人"这个概念受到了质疑。

在某种意义上，"可理解的"性别是那些建立和维系生理性别、社会性别、性实践与欲望之间的一致与连续关系的性别。换句话说，那些不连续、不一致的幽魂——它们也只能透过与现存的连续性与一致性规范的关系来被想象——一直是被律法所禁止、生产的；这些律法企图在生物性别、文化建构的性别，以及这两者通过性实践在性欲展现方面的"表达"或"结果"之间，建立因果的或外现的关联线索。

认为也许有某种关于性 / 性别的"真理"——福柯反讽的用语——存在，这样的观念正是通过管控性的实践而生产的；这些管控实践通过一致性的性别规范矩阵生产一致的身份。对性欲的异性恋化，需要并创建了"阴柔"和"阳刚"两个明确区分而不对称的二元对立关系，在其中两者又被理解为"男性"和"女性"的外现属性。我们通过文化矩阵来理解性别身份，而这个文化矩阵要求某些"身份"——那些社会性别风貌不符合生理性别的身份，以及欲望的实践并非"根据"生理性别或社会性别而来的身份——不能"存在"。在这里的语境，"根据"是某种限定性的政治关系，由建立并管控性欲的形式和意义的文化律法所设立。事实上，正因为某些形式的"性别身份"没能符合支配文化可理解性的规范，它们从这范畴内看来只能是发展失败的例子，或者在逻辑上是不可能的。然而，这些性别身份的持续存在与增衍，为暴露这个理解范畴的局限以及它的管控性目的提供了重要的契机，也因此在这个理解矩阵（matrix of intelligibility）的框架里打开了一些可与之抗衡、具有颠覆性的性别无序（gender disorder）矩阵。

在思考这些混乱秩序的实践之前，似乎有必要先了解"理解的矩阵"：它是单数的吗？它是什么组成的？强制性异性恋制度以及建立了生理性别这个身份概念的话语范畴，它们之间可能有什么特殊的联盟关系？如果"身份"是话语实践的**结果**，那么在何种程度上，我们所理解的作为生理性别、社会性别、性实践与欲望之间的某种关系的性别身份，是一个我们可以确定为强制性异性恋机制的管控实践所造成的结果？这样的解释会不会把我们带到了另一种一统化的框架，只不过强制性异性恋机制代替了阳具逻各斯中心主义，成为性别压迫的一个统一的原因？

在法国女性主义与后结构主义理论的范围里，对生产性别的身份概念的权力体制有非常不同的理解。想想那些不同立场的分歧：如伊利格瑞认为只有一种性别——男性，它在对"他者"的生产中、通过这样的生产精心打造自身。还有一些如福柯的立场，认为不论是男性或女性，性别范畴是无处不在的管控化的性欲经济的产物。也想想维蒂格的论点：在强制性异性恋的情境里，性别范畴一直都是女性的（男性向来不受到标记，因此与"普遍的"等同）。不管如何出人意表，维蒂格与福柯同样都认为性别范畴将因为异性恋霸权的瓦解和汰换而消失，甚至**消解**。

这里举出的各种诠释模式显示，理解性别范畴的不同方式系于权力场域如何被表达。有没有可能保持这些权力场域的复杂性，综合思考它们生产性的能量呢？一方面，伊利格瑞的性差异理论显示，我们永远无法在西方文化的传统再现体系里，以"主体"的模式来理解女人，因为她们代表的正是再现的恋物崇拜，因此实际上是无法被再现的。根据这样的实在本体论，女人永远不可能"存在"，因为她们是差异的关系，是被排除者，而这个再现领域也由此得以划定自我的界线。女人也是一种"异己"，这异己不能简单地理解为那个一直以来-已经是-男性（always-already-masculine）的主体的反面或"他者"。就像我们稍早讨论的，她们既不是主体，也不是主体的他者，而是二元对立经济的一个异己，而二元对立经济本身是男性用以进行独白式自我阐发的一个伎俩。

所有这些观点的一个核心概念是，性别在霸权语言里表现为**一种实在**（substance），从形而上学来说是一种始终如一的存有。这样的表象是通过对语言以及／或者话语的操演扭曲而达成的，它掩盖了"生而为"（being）某个生理性别或社会性别基本上是不可能的这个事实。对伊利格瑞来说，文法（grammer）永远不可能会是性别关系的一个真实的指标，因为它支持一种实在的性别模式，这个模式是由两组正面的、可再现的词语组成的二元关系。[25] 在伊利格瑞看来，实在的性别文法假定了男人与女人，以及他们的阳刚与阴柔的属性的区分，它是二元分立体系的一个实例，这个体系有效地遮掩了男性的单义、霸权话语——阳具逻各斯中心主义——使得女性这个具有颠覆多元性的场域没有发声的余地。对福柯来说，实在的性别文法把一种人为的二元分立关系强加于性别之上，也硬性规定了这个二元体系的两个词组各自的内在一致性。对性欲的二元化管控，压制了某种干扰异性恋、生殖与医学司法霸权的性欲形式的颠覆多元性。

对维蒂格来说，加之于性别的二元限制是为了强制性异性恋体系的生殖目的服务的。有时候，维蒂格宣称强制性异性恋制度的推翻，将带来真正的人道主义，使"人的概念"从性别的枷锁解放出来。在另一些语境里她又指出，非阳具中心的情欲经济的丰富性以及传播，可以消除生理性别、社会性别与身份的一些假象。还有其他一些文本情境里，"女同性恋"似乎成了一种第三性别，是超越强制性异性恋制度强加于性别的二元限制的希望之所寄。维蒂格在为"认识主体"辩护的时候，她与意指或再

---

25 有关女人在阳具逻各斯中心话语里无法得到再现的问题，更详尽的探讨见伊利格瑞，《任何关于"主体"的理论一直都被男性独占了》（*Any Theory of the "Subject" Has Always Been Appropriated by the Masculine*），收录于《他者女人的内视镜》（*The Speculum of the Other Woman*），吉连恩·吉尔（Gillian C. Gill）译，伊萨卡：康奈尔大学出版社，1985年。伊利格瑞似乎在《性别与亲属关系》（*Sexes et parentés*）一书关于"女性性别"的讨论里修改了这个论点（见本书第二章注10）。

现的霸权模式之间，似乎并没有什么形而上学上的扞格；事实上，这个有着自决属性的主体，似乎是存在抉择的能动者以女同性恋的名号重新还魂："个体化主体的到来，首先必须打破性别范畴……女同性恋是我所知道的超越性别范畴的唯一概念。"[26] 她并没有批判地指出，根据一个无可回避的父权象征秩序的规则，"主体"一律为男性的，而是提出了一个等量齐观的女同性恋主体作为语言使用者来取而代之。[27]

对波伏娃也好，对维蒂格也好，把女人等同于"性 / 性别"（sex）（译者按：此处强调女性受到身体性化特征的标记，因此译为性 / 性别，突出"性"的一维），是把女人这个范畴与她们身体外在的性化特征混同，是拒绝给予女人自由和自主权，就好像这些理当是男性所享有的一样。因此，要打破性 / 性别范畴就得摧

---

26 维蒂格，《一个人不是生来就是女人》(One Is Not Born a Woman)，收录于《女性主义议题》(Feminist Issues)，卷 1，第 2 期，1981 年冬季号，第 53 页。亦收录于《异性恋思维及其他文章》(The Straight Mind and Other Essays)，第 9—20 页，见第三章注 49。

27 "象征秩序"的概念在本章第二节作了详尽的讨论。对象征秩序的理解应该是：它是一套理想的、普遍的文化律法，支配着亲属关系和意义的生成；而在精神分析结构主义的框架里，它则支配了性差异的生产。在一个理想化的"父权律法"概念的基础上，伊利格瑞重新把象征秩序设想为一个统治的、霸权的阳具逻各斯中心话语。一些法国女性主义者提倡一种外在于阳具或父权律法控制的另类的语言，据此对象征秩序进行批判。克里斯特娃提出"符号态"(the semiotic) 作为语言的一个独特的母性维度；伊利格瑞和西苏则是一直与阴性书写 (écriture feminine) 联系在一起。然而维蒂格一直抗拒着这个运动，她认为语言在结构上既不是厌女症的，也不会是女性主义的，它是一个工具，为了一些发展成形的政治目的而受到调用。显然她对有一个"认知主体"存在于语言之前的信念，促使她把语言理解为一个工具，而不是先于主体的形成、建构着主体的形成的一个意义生成的场域。

毁一个**属性**——性／性别；通过某种厌女症作风的提喻法，性／性别这个属性僭越了人——自决的、我思故我在的主体——的位置。换句话说，只有男人是"人"，而除了女性没有其他性别（gender）（译者按：朱迪斯·巴特勒此处似乎并没有着意区分 sex 与 gender）：

> 性别是两性政治对立的语言指标。在这里性别是单数的，因为事实上并没有两种性别。只有一种性别：女性；"男性"不是一种性别，因为男性不是男性，而是普遍的。[28]

维蒂格因而呼吁打破"性／性别"，让女人能够拥有一个普遍的主体的身份。在迈向这个破除的过程中，"女人"必须同时采取一个特殊的和普遍的观点。[29]维蒂格的女同性恋作为一个能够通过自由而实现具体的普遍性的主体，它肯定而非挑战建立在实在形而上学前提之上的人道主义理想所规范的期许。在这方面维蒂格与伊利格瑞有所不同，这不只是从如今大家耳熟能详的本质主义与唯物主义的对立来说，[30]也是从维蒂格对一种实在形而

---

28 维蒂格，《观点：普遍或特殊？》（ *The Point of View: Universal or Particular?* ），收录于《女性主义议题》，卷 3，第 2 期，1983 年秋季号，第 64 页。亦收录于《异性恋思维及其他文章》，第 59—67 页，见第三章注 49。

29 "至少在作为文学的一部分，我们必须同时采取一个特殊的以及普遍的观点"，维蒂格，《特洛伊木马》（ *The Trojan Horse* ），收录于《女性主义议题》，卷 4，第 2 期，1984 年秋季号，第 68 页。亦见第三章注 41。

30 《女性主义议题》（ *Questions Feministes* ）杂志——有英文版发行，译为（转下页）

上学的坚持来说；这样的实在形而上学肯定了人道主义的规范模式为女性主义的框架。维蒂格支持女同性恋解放的激进志业，坚持对"女同性恋"和"女人"作区分，然而她却从为前性别化的（pregendered）"人"——以自由为其特性——辩护着手。这样的做法不仅肯定人类的自由具有前社会的（presocial）性质，也认可了那应为性别范畴的生产和自然化负责的实在形而上学。

在当代的哲学话语批评里，**实在形而上学**是与尼采联系的一个词语。密歇尔·哈尔评论尼采时，强调一些哲学本体论陷在某些"存有"（Being）和"实在"（Substance）的幻想里，这些幻想受到这样的信念所鼓舞：文法上主语和谓语的表达方式反映了实在以及属性的先在本体真实。哈尔强调这些概念形成了人为的哲学工具，由此某种简明性、秩序和身份得以有效地建立。然而，它们绝非揭示或再现了某种事物的真实秩序。就我们的目的而言，当我们把这种尼采式的批判应用到支配着许多有关性别身份的通俗与理论思考的心理学范畴时，它变得相当具有启发性。按照哈尔的思路，对实在形而上学的批判，隐含了对把心理学上的人当作一个实在事物的观念的批判：

（接上页）*Feminist Issues*——一般的立场是为"唯物主义"观点辩护，把实践、制度和语言的建构性质当作压迫妇女的"物质基础"。维蒂格是原来的编辑之一。维蒂格与莫尼克·普拉扎（Monique Plaza）有一致的看法，认为性差异是本质主义的，因为它从女人的生物事实特征引申出女人的社会功能的意义；同时，因为它认可了女人身体的主要意义是母性的，因此从意识形态上强化了生殖性欲的霸权。

从其系谱学对逻辑体系进行摧毁，它同时带来的结果是建立在这个逻辑体系上的心理学范畴的崩溃。所有心理学的范畴（自我、个己、个人）源自于实在身份的幻想。推本溯源，这个幻想的基础是一种迷信，这个迷信指的是对语言的信仰，更准确地说，是对文法范畴的真理的信仰，它不只欺骗了我们的常识，也欺骗了哲学家。文法（主语和谓语的结构）让笛卡尔确信"我"是"思"的主体，而实际上是思考趋近"我"：追根究底，对文法的信仰不过是传达了想要成为自己思想的"原因"的意志。主体，自我，个己，不过是许许多多的谬误的概念之一，因为它们把一开始只是语言上的真实的那些虚构的统一性，转化为各种实在。[31]

维蒂格从其他途径提出了批判，她指出人是不可能在语言里被意指而没有受到性别标记的。她对法语里性属的文法作了政治性的分析。根据维蒂格的说法，性别不止指代人，给予他们人的"资格"，也构成了一个概念上的认识体系，通过这个认识体系，二元对立的性别得到普遍化。虽然在法语的情形里，除了人以外，其他各类名词也被赋予了性别属性，但维蒂格指出她的分析对英语同样具有重要的意义。在《性别标记》（1984）一文开头她写道：

---

31 密歇尔·哈尔（Michel Haar），《尼采与形而上学语言》（ *Nietzsche and Metaphysical Language* ），收录于《新尼采：当代的诠释方式》（ *The New Nietzsche: Contemporary Styles of Interpretation* ），大卫·艾里森（David Allison）编，纽约：三角洲出版社，1977年，第17—18页。

根据文法学家的说法，性别标记与实词（substantives）有关。他们从功能的方面讨论性别标记。如果他们质疑它的意义，他们可能开玩笑说性属是"虚构的性别"……就人的范畴而言，两者［英语和法语］同样都是性别的承载者。两者都臣服于一种素朴的本体论概念，在语言里把各个存有强行划分为不同的性属……性别作为一个涉及大写存有的本质的本体论概念，它跟其他无数属于同样的思考脉络的素朴概念一样，根本上是属于哲学范畴的。[32]

对维蒂格来说，如果性别"属于哲学范畴"，那就是说它从属于"那个不证自明的概念体系，哲学家们相信如果没有这些概念，他们无法发展一个系统的理性推理。这些概念是不言自明的，因为本质上它们的存在先于所有的思考、所有的社会秩序"。[33] 维蒂格的观点在通俗的性别身份话语里得到确证，亦即对性别、"性欲"不加批判地用上各种有关"存有"的词性变化属性。宣称自己"是"一个女人，"是"异性恋者，而不加置疑，正是这种性别实在形而上学的一个症候。"男人"和"女人"的情形都一样，这样的宣称往往把性别的概念归于身份的概念之下并导出这样的结论：一个人就**是**某种社会性别，而且他／她之所以**是**那个性别，是由于他或她的生理性别、对自我的心理认知，

32　维蒂格，《性别标记》(The Mark of Gender)，收录于《女性主义议题》，卷5，第2期，1985年秋季号，第4页。亦见第三章注25。

33　维蒂格，《性别标记》(The Mark of Gender)，收录于《女性主义议题》，卷5，第2期，1985年秋季号，第3页。

以及对那个心理自我的各种不同的表达，而其中最为显著的是性欲望的表达。在这样一个前女性主义的语境里，社会性别被简单地（而不是批判地）与生理性别混淆，成为身体具化（embodied）的自我的一个统合的原则，并且靠着与"异性"的对照来维系这个统一性；而这个异性的结构在生理性别、社会性别与欲望之间，维持着一种与它平行但对立的内在一致性。一名女性说"我觉得自己像个女人"，或是一名男性说"我觉得自己像个男人"，这样的表述预设了两种情况下的宣称都不是毫无意义而多余的。虽然可能表面上看来作为某个特定的解剖学个体并没什么问题（然而我们稍后会讨论为什么这个设想本身也是问题重重），但是性别化的心理倾向或文化身份的经验却是一种实践的成果。因此，"我觉得自己像个女人"是真实的，以至于阿丽莎·富兰克林（Aretha Franklin）的歌里理所当然地召唤了一个定义性的他者："你让我觉得自己像个天生的女人。"[34] 要实现这样的结果需要与对立的另一性别有所区别才行。因此，一个人是他/她所是的那个性别，是因为他/她不是另外那个性别，这样的模式预设也

---

34 阿丽莎的歌，是卡罗尔·金（Carole King）原创的，它也挑战了对性别的自然化。"像个天生的女人"这个句子，暗示了"自然性"只能通过类比或隐喻实现。换句话说，"你让我觉得自己像是自然天成之物的一个隐喻"，而没有"你"的话，某种去自然化的根底将显露出来。我根据波伏娃"一个人不是生来就是女人，而其实是变成的"的论点，进一步对阿丽莎的歌进行探讨，见《波伏娃的哲学贡献》(Beauvoir's Philosophical Contribution) 一文，收录于《女人、知识与真实》(Women, Knowledge, and Reality)，安·盖丽（Ann Garry）与玛里琳·皮尔索（Marilyn Pearsall）编，波士顿：安文·海门（Unwin Hyman）出版社，1982 年（第二版，纽约：劳特利奇出版社，1996 年）。

强化了这个二元对立的结构加之于性别的限制。

　　只有当生理性别在某种程度上被理解为与社会性别——这里社会性别是指对自我的一种心理上和／或文化上的定性——以及欲望——这里欲望是异性恋欲望，因此它是通过与其所欲望的另一个性别之间的某种对立关系来自我区别——有必然的关系的时候，性别才能指涉某种有关生理性别、社会性别与欲望的**整体**经验。因此不管是男人还是女人，每一个性别的内在一致性或一统性，必须有一个稳定的、二元对立的异性恋情欲结构。这个制度性的异性恋情欲结构要求每一个性别化的词语必须是单义的，它也生产这样的单义性，而这些性别化的词语在一个对立、二元的性别系统里，构成了性别化的可能性的界限。这样的性别概念不仅预设生理性别、社会性别和欲望之间有因果关系，也暗示欲望反映或表达性别，而性别也反映或表达欲望。这三者的形而上学的一致性，被认定只有在投向异性的一种差异化的欲望里——一种二元对立的异性恋形式里——才能真正地被认识，真正地得到表达。不管是在生理性别、社会性别和欲望之间建立某种因果连续性的自然主义范式，还是认为生理性别、社会性别和欲望同时或依次显现了某种真实的自我的本真表达（authentic-expressive）范式，在此，我们都看到了伊利格瑞所说的那个"古老的对称美梦"被预设、被物化以及被合理化。

　　以上对性别粗略的整理，为我们理解实在化（substantializing）的性别观点的政治动机提供了一条线索。强制性、自然化的异性恋的制度化要求并规定性别是一种二元关系，在其中男性词语与女性词语有所区别，而这样的区别是通过异性恋欲望的实践达成的。对二元体系的两个对立的要素进行区别，其结果是巩固了两组词语，巩固了它们各自在生理性别、社会性别与欲望之间的一致性。

如果我们要在策略上置换这个二元关系以及它所倚赖的实在形而上学，就必须假定女性与男性、女人与男人等范畴，同样是在这个二元框架里生产的。福柯无疑也同意这样的诠释。福柯在《性史》卷一结束的一章，以及他为《赫尔克林·巴尔宾：新近发现的十九世纪阴阳人的回忆录》[35] 所写的简短但重要的导言里指出：生理性别范畴先于所有对性差异的范畴化，它本身就是通过某种具有历史特殊性的**性**模式（mode of sexuality）建构的。把生理性别建构为分立、二元的范畴这样的生产手段，通过假定"生理性别"是性经验、行为和欲望的"原因"（cause），而隐藏了这个生产机制本身的策略目的。福柯系谱学的探究揭露了这个倒"果"为"因"的表象，这是某种特定的性机制的产物，企图在各种对性的话语诠释里，把截然区分的生理性别范畴设立为基础性的、原因性的功能，以试图对性/性别经验进行管控。

---

35 福柯编，《赫尔克林·巴尔宾：新近发现的十九世纪阴阳人的回忆录》(*Herculine Barbin, Being the Recently Discovered Memoirs of a Nineteenth Century Hermaphrodite*)，理查德·麦克当高尔（Richard McDongall）译，纽约：柯乐芬出版社，1980 年。法文原版《赫尔克林·巴尔宾，别名阿丽西那——福柯发表版本》(*Herculine Barbin, dite Alexina B. presente par Michel Foucault*) 于 1978 年由巴黎伽利玛出版社出版。法文版没有英文译本里福柯所提供的导言。

福柯在阴阳人赫尔克林·巴尔宾的日记的导言里指出，他对这些物化的生理性别范畴的系谱学批判，是无意得自一些无法在自然化的异性恋医学/律法话语里获得解释的性实践的一个结果。赫尔克林不是一个"身份"，而是一个身份在性别上的不可能性。虽然在这具身体里、在这具身体上同时分布有解剖学上男性和女性的元素，但这不是造成不光彩的丑闻的真正原因。在赫尔克林身上，生产可理解的性别化的自我的语言成规发现自己变得左支右绌，因为支配生理性别/社会性别/欲望的规则在她/他身上汇聚又瓦解。赫尔克林调用并重新分配了二元体系的组项，而这样的重新分配扰乱了那些组项，造成它们的增衍而超出了那个二元体系。根据福柯的说法，赫尔克林无法在原来的性别二元体系里被划进任何范畴；赫尔克林解剖学上的不连贯性（discontinuity），只不过提供了一个场域，展示汇聚于她/他身上的令人不安的异性情欲和同性情欲，而绝非其原因。福柯拿赫尔克林大做文章的动机令人怀疑，[36] 但是他的分析隐含了一个有趣的信念：性/性别的异质性（heterogeneity）（悖论地被某种自然化的"异"性恋制度所排除）在促成以身份为本的性别范畴形成的同时，也隐含了对实在形而上学的批判。福柯把赫尔克林的经验想象成"一个快感的世界：没有了猫儿，而笑容四处蹦跶"。[37] 在此，欢笑、幸福、

---

36 见本书第二章第二节。

37 福柯编，《赫尔克林·巴尔宾》，导言，第10页。（译者按：朱迪斯·巴特勒原文为"grins hang about without the cat"。有论者认为"grins"是由法文*sourires*［微笑］翻译而来。而"*sourires*"应该是"*souris*"［老鼠］的误植，所以（转下页）

快感和欲望被描绘成一些特质，没有了所谓它们依附的某种持久不变的实在。它们是自由流动的属性，提醒了我们可能存在着某种性别化经验，它不能用名词（广延之物［*res extensa*］）与形容词（属性，本质的和非本质的）组成的实体化与等级化的文法来理解。福柯粗略地读过赫尔克林的回忆录后，提出一个非本质属性的本体论，以揭露有关身份的假定是某种受到文化限制的秩序和等级原则，是一种以管控为目的的虚构。

如果我们能够用一种阳刚的属性来谈论一个"男人"，而把那个属性理解为那个男人有幸拥有但并非本质的特点，那么我们也可以用阴柔的属性——不管它是什么——来谈论一个"男人"，而且仍然能够保持那个性别的完整性。然而，一旦我们丢掉"男人"和"女人"作为持久不变的实在的优先性，我们就不可能再把一些不和谐的性别属性放在一个本质上完整无缺的性别本体之下，作为它的各种亚级或非本质的特征。如果持久不变的实在这个概念是一种虚构，是通过一种强制性的秩序把各种属性安置到前后一致的性别序列里而产生的话，那么那些不符合这些序列或因果的理解模式的属性，它们展现的不和谐性就使得性别作为一个实在，亦即**男人**和**女人**作为名词的可行性受到了质疑。

一个持久不变的实在或是性别化的自我的表象，也就是精神

（接上页）此句原意应该是"猫儿不在，老鼠做大王"，参见 Niels Helsloot, "Who are the happy few? Judith Butler's constructive Desire"，登载于其个人网页：http://www.nielshelsloot.nl/tekst/2004ae/40.htm。)

病学家罗伯特·斯托勒尔所说的"性别核心"[38]，是依照文化所建立的一些一致性脉络对属性进行管控而生产的。因此，要揭露这个虚构的生产过程，取决于那些抗拒被既有的主体名词，以及从属形容词的架构所同化的属性所展现的摆脱规范之举。当然总是可能有这样的论点，认为不和谐的形容词可以回溯式地重新界定所谓的它们修饰的实在身份，从而拓展实在的性别范畴，把它们原先排除的一些可能性包含进来。不过，如果这些实在只不过是因应历史情境的变化，通过对属性的管控而创造的一致性的话，那么实在的本体本身不仅是一个人为的结果，它在本质上也是多余的。

在这层意义上，**性别**不是一个名词，但它也不是一组自由流动的属性，因为我们已经看到，性别的实在效果是有关性别一致的管控性实践，通过操演（performatively）生产而且强制形成的。因此，在我们所承继的实在形而上学话语里，性别被证明是具有操演性的，也就是说，它建构了它所意谓的那个身份。在这个意义上，性别一直是一种行动，虽然它不是所谓可能先于它存在的主体所做的行动。在实在形而上学的框架之外重新思考性别范畴，我们面临的挑战在于必须思考尼采在《论道德的谱系》里的主张是否具有切题性："在行动、实行、变成的背后没有'存有'；'行为者'只是加诸行为之上的一个虚构——行为是一

---

38 罗伯特·斯托勒尔（Robert Stoller），《性别的呈现》（*Presentations of Gender*），新港：耶鲁大学出版社，1985年，第11—14页。

切。"[39] 对尼采的话作一个他没有预见或不会谅解的应用，我们可以推而论之：在性别表达的背后没有性别身份；身份是由被认为是它的结果的那些"表达"通过操演所建构的。

39 尼采，《论道德的谱系》(*On the Genealogy of Morals*)，沃特尔·考夫曼 (Walter Kaufmann)译，纽约：温提子出版社，1969年，第45页。

第六节　语言、权力与置换策略

然而，大量的女性主义理论和文献假定行为的背后有个"行为者"。这些论点认为没有一个能动者，就不可能有能动性，因此也没有了发动改变社会中的统治关系的潜能。在有关主体问题的理论阵营里，维蒂格的激进女性主义理论占据一个暧昧的位置。一方面，维蒂格似乎是质疑实在形而上学的，另一方面她又保留了人的主体——个人——作为能动性的一个形而上学的中心位置。虽然维蒂格的人道主义明显预设了行为的背后有行为者，但同时，她的理论也描述了性别在文化的物质实践里的操演建构，驳斥了那些倒"果"为"因"的诠释其实有着时间性的限制。这段充满互文性的文字显示了维蒂格与福柯思想上的联系（也透露了他们两人的理论都有马克思物化概念的痕迹），她写道：

> 唯物主义的女性主义方法告诉我们，我们以为是压迫的原因或起源的，事实上只是压迫者强加的**标记**；"女人的神话"，加上它在女人被窃占的意识和身体上的物质效果和展现。因此，这个标记并非存在于压迫之前……生理性别被当作是"直观的既定存在""可以感知的既定存在""身体的特征"，属于自然秩序。但是我们以为是身体而且是直接感知

之物，其实只是一个复杂精微的、神话的建构，一个"想象的构成"。[40]

由于这种"自然"的生产是依据强制性异性恋的指导原则运作的，因此在她看来，同性情欲的出现超越了性别范畴："如果欲望能够自我解放，那么它一定跟性／性别的初步标记没有关系。"[41]

维蒂格把"性／性别"当作一种标记，它以某种方式为制度化的异性恋所应用；而通过对那个制度的有效挑战，这个标记可以被消除或被模糊打乱。当然，她的观点与伊利格瑞大相径庭。后者把性别"标记"当作男性霸权意指经济的一部分，这个意指经济通过一些自我阐发的思辨机制运作，而这些思辨机制实质上决定了西方哲学传统的本体论领域。对维蒂格来说，语言是一种手段或一种工具，它的厌女症倾向绝对不是结构性的，而只是呈

---

40 维蒂格，《一个人不是天生就是女人》，第48页。维蒂格提到的性别"标记"以及自然群体的"想象的构成"两个概念都是来自科莱特·纪尧曼（Colette Guillaumin），纪尧曼在《种族与自然：标记系统，自然群体理念与社会关系》（*Race et Nature: Système des marques, idée de groupe naturel et rapports sociaux*，《复数》[*Pluriel*]，第11期，1977年）里对种族的标记的研究，为维蒂格在性别方面的分析提供了一个类推的模式。"女人的神话"是波伏娃《第二性》的一章。

41 维蒂格，《范式》（*Paradigm*），收录于《同性情欲与法国文学：文化语境／批评文本》（*Homosexualities and French Literature: Cultural Contexts/Critical Texts*），伊莱恩·马尔克斯（Elaine Marks）与乔治·斯坦姆波连（George Stambolian）编，伊萨卡：康奈尔大学出版社，1979年，第114页。

现在它的应用上。[42] 对伊利格瑞来说，打开另一种语言或意指经济的可能性，是逃脱性别"标记"的唯一机会，因为对女性范畴来说，性别"标记"不过是阳具逻各斯中心体系对女性这一性别所施行的抹除之举。伊利格瑞试图揭示，两性之间表面上的"二元"的关系是男权体系排除女性的伎俩；而维蒂格认为像伊利格瑞这样的立场，重新巩固了男性和女性的二元关系，致使一种神话的女性概念重新流传。维蒂格显然引用了波伏娃在《第二性》里对女性神话的批判，她声称："没有'女性书写'。"[43]

维蒂格显然同意语言有让女人臣服、排除女人的力量。然而，作为一个"唯物主义者"，她认为语言是"另一种物质性的秩序"，[44] 是能够被彻底改变的一种机制。语言从属于那些具体的、具有历史偶然性的实践与制度之列，它们由个人的抉择维系，因此，可以经由作选择的个人的集体行动而有所削弱。她认为"性／性别"这个语言的虚构，是被强制性异性恋体系所生产、传播的一种范畴，其目的是依照异性恋欲望这个轴线来限制身份的生产。在她的一些著作里，男同性恋和女同性恋，以及其他独立于

42　显然，维蒂格对句构（syntax）的理解，并非一种以父权组织起来的亲属关系在语言上的延伸或复制。维蒂格在这个层次上对结构主义的拒绝，使她可以把语言理解为性别中立的。伊利格瑞的《言语永远不是中立的》（*Parler n'est jamais neuter*，巴黎：午夜出版社，1985 年），就是批评这样的人道主义立场（在此是维蒂格论点的特点）所宣称的语言在政治和性别上是中立的。

43　维蒂格，《观点：普遍或是特殊？》，第 63 页。

44　维蒂格，《异性恋思维》（*The Straight Mind*），收录于《女性主义议题》，卷 1，第 1 期，1980 年夏季号，第 108 页。亦见本书第三章注释 30。

异性恋契约的位置，提供了推翻或者扩增性别范畴的契机。然而，在《女同志身体》一书以及他处，维蒂格似乎反对**本质上**围绕着生殖器官建构的性欲，她呼唤一种另类的快感经济，而这快感经济同时将挑战受到所谓女性独特的生殖功能所标记的女性主体性的建构。[45] 在此，超越生殖经济而增衍的快感，也暗示了一种独特的、属于女性的情欲弥散形式，这种形式被理解为对抗生殖取向的再生产建构的一个策略。在某种意义上对维蒂格来说，《女同志身体》可以理解为她对弗洛伊德《性学三论》的一种"倒错的"（inverted）阅读。弗洛伊德在《性学三论》里论述生殖性欲在发展上高于比较不受限制、比较弥散的婴儿期性欲。只有"性欲倒错的人"——弗洛伊德对"同性恋者"所援用的医学分类——无法"达成"生殖性欲的规范。为了对生殖性欲进行政治批判，维蒂格运用"倒错"来作一种批判性的阅读实践，她肯定的恰恰是那些弗洛伊德视为未发展的性欲特征的价值，成功地开创了一种"后生殖性欲政治"。[46] 的确，发展这个概念在异性恋矩阵里只能被解读为正常化（normalization）。然而，我们对弗洛伊德只能够作这样的一种解读吗？在何种程度上，维蒂格的"倒错"实践其实仍忠于她所寻求拆解的那个正常化模式？换句话

45　维蒂格，《女同志身体》（*The Lesbian Body*），彼得·欧文（Peter Owen）译，纽约：埃文出版社，1976 年。法文原版（*Le corps lesbien*）于 1973 年由午夜出版社出版。（译者按：因上下文不同"gay""lesbian"或译为"男同性恋""女同性恋"，或译为"男同志""女同志"或"拉拉"，在强调政治性与酷儿的语境里译为后者。）

46　在此我要感谢温蒂·欧文（Wendy Owen）提供了这个说法。

说，如果一个比较弥散、反生殖取向的性欲模式，是这个性欲霸权结构的一个单一的、对抗性的另类选择的话，那么在何种程度上，那个二元关系注定会不断地自我复制下去？有什么可以颠覆那个二元对立体系的可能性存在呢？

维蒂格与精神分析的对抗关系产生了意想不到的结果：维蒂格的理论正是建立在她力图打破的精神分析发展理论的假定上——不过是完全"倒错"过来。多形态的变态性欲被假定先于性／性别的标记而存在，被举扬为人的性欲的终极目的（*telos*）。[47] 女性主义精神分析学者可能会说，维蒂格对作为"性别标记"发生的场域的**语言**不止论述不够，也低估了它的意义和功能。维蒂格认为这个标记实践有着历史情境的限制，根本上是可以改变的，甚至是可有可无的。与福柯的**管控性实践**的概念或是维蒂格对异性恋压迫的唯物论诠释比起来，拉康理论里的原初**禁制**（primary prohibition）的情况在运作上要更强力，而历史随机性则较低。

如同伊利格瑞对弗洛伊德的后拉康式的重新论述一样，拉康理论中的性差异不是一个简单的、保留了实在形而上学作为其基础的二元体系。男性"主体"是一个虚构，是由禁止乱伦并且强

---

47 当然弗洛伊德本身对"性欲的"（the sexual）和"生殖的"（the genital）作了区分，这个区分正好被维蒂格援用以反对弗洛伊德。其中一例，见《性欲功能的发展》（*The Development of the Sexual Function*），收录于弗洛伊德，《精神分析理论纲要》（*Outline of a Theory of Psychoanalysis*），詹姆斯·斯特拉契（James Strachey）译，纽约：诺顿出版社，1979 年。

行以一种异性恋化的情欲对它进行无限移置的律法所生产的。女性从来不是一个主体的标记；女性不能成为一个性别的"属性"。事实上，女性的意义是缺乏（lack），由象征秩序（the Symbolic），亦即成功创造了性差异的一套分化语言规则所意指的。在奠定象征秩序律法——大写父亲律法（the law of the Father）——的禁制的要求下，男性的语言位置经历个体化发展并向异性恋情欲转化。隔绝母子乱伦进而建立他们之间的亲属关系的禁忌，是一个"以大写父亲之名"制定的律法。同样地，禁绝女孩对她的母亲和父亲产生欲望的律法，要求女孩承担母性的象征，延续亲属关系的规则。因此男性和女性的位置都是通过生产了文化上可理解的性别的那些禁制律法所确立的，它们的确立端赖一种无意识性欲的生产，而这无意识性欲将在想象领域重新浮现。[48]

　　不管是从反对拉康阳具逻各斯中心主义（伊利格瑞）的立场书写，还是对拉康进行批判性的重新阐述，女性主义对性差异的挪用，都不把女性范畴当作某种实在形而上学的表达，而试图以不可再现的不在场（absence）对女性范畴进行理论建构，认为它是由通过排除而奠定意指经济基础的（男性）否定（denial）所造成的结果。作为这个体系内的被否定者 / 被排除者，女性范畴构成了批判和颠覆这个霸权概念范式的一个可能性。杰奎琳·罗斯[49]

48　本书第二章多处对拉康的立场有更全面的分析。

49　杰奎琳·罗斯（Jacqueline Rose），《视觉领域的性欲》（*Sexuality in the Field of Vision*），伦敦：伏尔索出版社，1987 年。

和简·盖勒普[50]的著作从不同方面强调了性差异的建构本质、该建构内在的不稳定性，以及禁制造成的双重结果——这种禁制既建立了性／性别身份，也暴露了这种建构的脆弱基础。维蒂格和其他法国语境下的唯物主义女性主义理论家可能会反驳说，性差异是不经思考而对一套物化的性别二元结构的复制，但是这些批评忽略了无意识的批判性维度：作为一个受到压抑的性欲场域，无意识在主体话语里的重新浮现，正意味着主体是不可能有一致性的。如罗斯很清楚地指出的，依照女性／男性分立的坐标轴建构某种一致的性／性别身份之举必然会失败；[51] 这个一致性因为被压抑的欲望不经意的重新浮现而被破坏，这不仅显示"身份"是建构的，也显示了建构身份的禁制是无效的（父系律法不应该被理解为一种决定一切的神圣旨意，相反地，它永远是一个弄巧成拙者，为起而反抗它的行动铺路）。

唯物主义和拉康派（还有后拉康派）立场的差异，出现在某种规范性的争论上，亦即是否有某种可追溯的性欲，不管它是以无意识的形式存在于律法"之前"或"之外"，还是作为某种后生殖性欲存在于律法"之后"？但诡异的是，这两种另类性欲的

---

50 简·盖勒普（Jane Gallop），《解读拉康》（Reading Lacan），伊萨卡：康奈尔大学出版社，1985 年；《女儿的诱惑：女性主义与精神分析》（The Daughter's Seduction: Feminism and Psychoanalysis），伊萨卡：康奈尔大学出版社，1982 年。

51 "精神分析和社会学的性别论述的区别在于：后者假定规范的内化大体上是成功的；而精神分析的基本前提——事实上是它的出发点——却是规范的内化是不成功的。无意识一直不断暴露着身份的'失败'"（杰奎琳·罗斯，《视觉领域的性欲》，第90 页）。

观点，据理解都是以多形态的变态性欲（polymorphous perversity）这个规范比喻为特点。只不过，对于如何界定那个"律法"或那整套"律法"，两者并没有一致的意见。精神分析批评成功地在规范的性别关系矩阵里对"主体"的建构——或许也包括实在的幻想——提出了一种诠释。维蒂格从存在主义-唯物主义的模式，设想主体、个人具有某种前社会的以及前性别化的整体性。另外，拉康的"父系律法"，以及伊利格瑞所说的阳具逻各斯中心主义的独白式掌控，都带有某种一神论的单一性印记，而与指导这种论述的结构主义假设相比，这个单一性的印记在一元化和义化普遍性的程度上也许要轻微一些。[52]

这个争论似乎也开启了以时间性的比喻来表达颠覆的性欲：颠覆的性欲活跃于律法横加进来**之前**、律法推翻**之后**，或是活跃于律法的统治之下，作为对它的权威的一个持久不懈的挑战。在此，我们再度援引福柯似乎是明智之举：福柯指出性欲与权力是同存共延的（coextensive），这含蓄地驳斥了那些认为有某种颠覆的或解放的性欲可以摆脱律法掌控的假设。我们可以对这个论点作进一步的推论：律法的"之前"（the before）和"之后"

52　结构主义关于"律法"的单数概念，与《旧约》的戒律有明显的呼应，这也许并不足为奇。因此，在法国学者对尼采的挪用中，"父系律法"遭到了后结构主义者的批判，其依循的轨迹是可以理解的。尼采指责犹太-基督教的"奴隶道德"（slave-morality），错误地以单数和禁制的框架来设想律法。另外，权力意志（the will-to-power）指向了律法所具有的生产性与多元性的可能，成功地揭露了关于律法的单数概念是一种虚构而压抑性的概念。

（the after），是通过话语和操演而创建的时间性模式（modes of temporality），这些模式在某种规范的架构里被调用，而这个规范架构认定，若要达到颠覆、扰乱或置换的目的，以某种方式逃脱了对性的霸权禁制的性欲是必不可少的。对福柯来说，这些禁制并非有意为之，但始终都具有生产性，因为原本所谓在这些禁制中、通过它们建立以及生产的"主体"，不可能有在某种意义上"外在于"权力、在权力"之前"或"之后"的性欲。权力——而非律法——含括了差异关系的司法性（禁制的、管控的）与生产性（不经意产生的）两方面的功能。因此，产生于权力关系矩阵的性欲，不是对律法本身简单的复制或抄袭，不是对一个男权的身份经济的一种标准化的重复。这些生产偏离了它们原来的目的，无意间调动了一些"主体"的可能性，这些主体不仅超越了文化可理解的界限，也有效地拓展了有关究竟什么才是文化可理解的事物的疆界。

后生殖性欲的女性主义规范成了女性主义性欲理论家的重要批判对象。这些理论家当中有一些人试图从一种独特的女性主义和/或女同性恋的角度挪用福柯的理论。这种摆脱了异性恋建构的性欲——超越"性别"的性欲——的乌托邦概念，没有认识到即使是在一个"解放的"异性恋情欲或女同性恋的架构里，权力关系仍持续建构着女人的性欲。[53] 认为有某种与阳具性欲截然不

53　盖尔·鲁宾（Gayle Rubin），《关于性的思考：性政治激进理论笔记》（*Thinking Sex: Notes for a Radical Theory of the Politics of Sexuality*），收录于《快感与危险》（*Pleasure and Danger*），卡罗尔·范思（Carole S. Vance）编，波士顿：劳特利奇（转下页）

同、独特的女性性快感的概念，也受到了同样的批评。有时候伊利格瑞尝试从独特的女性解剖学特征推论出一种独特的女性性欲，她的努力成为反本质主义论争的焦点已经有些时日了。[54] 回

（接上页）出版社与克根·保罗出版社，1984年，第267—319页。亦参见此书收录的其他文章：卡罗尔·范思，《快感与危险：迈向性政治》(Pleasure and Danger: Towards a Politics of Sexuality)，第1—28页；艾丽丝·埃克尔（Alice Echole），《本我的驯服：女性主义性政治，1968—83》(The Taming of the Id: Feminist Sexual Politics, 1968—83)，第50—72页；安波尔·哈里博（Amber Hollibaugh），《对未来的欲望：快感与激情的激进期待》(Desire for the Future: Radical Hope in Pleasure and Passion)，第401—410页。另见安波尔·哈里博，车莉·莫拉哥，《我们在床上和什么滚在一起：女性主义中的性沉默》(What We're Rollin Around in Bed with: Sexual Silences in Feminism)，以及艾丽丝·埃克尔，《阴与阳的新女性主义》(The New Feminism of Yin and Yang)，收录于《欲望的力量：性政治》(Powers of Desire: The Politics of Sexuality)，安·斯妮托（Ann Snitow）、克里斯汀·斯坦塞尔（Christine Stansell）与莎伦·汤普森（Sharon Thompson）编，伦敦：维拉哥（Virago）出版社，1984年；《异端》(Heresies)杂志，卷1，第12期，1981年，《性专题》；萨莫瓦（Samois）编，《开始掌权》(Coming to Power)，伯克利：萨莫瓦出版社，1981年；狄耶尔德·英格利胥（Dierdre English）、安波尔·哈里博与盖尔·鲁宾著，《谈论性：关于性欲与女性主义的对话》(Talking Sex: A Conversation on Sexuality and Feminism)，《社会主义评论》(Socialist Review)，第58期，1981年7—8月号；芭芭拉·科尔（Barbara T. Kerr）与莫尔莎·坤坦纳勒斯（Mirtha N. Quintanales），《欲望的复杂性：关于性欲与差异的对话录》(The Complexity of Desire: Conversations on Sexuality and Difference)，《情境》(Conditions, # 8)，卷3，第2期，1982年，第52—71页。

54 伊利格瑞最受争议的主张也许是，她认为在阴茎通过剥夺快感的插入行为"分开"阴唇的双重性之前，阴唇作为"两片互相抚触的唇"的结构，构成了女人非一元的、自给自足的情欲快感的基础。见伊利格瑞，《此性非一》。维蒂格跟莫尼克·普拉扎和克里斯汀·戴尔菲（Christine Delphy）意见一致，她认为伊利格瑞举扬这个解剖学上的独特性的价值，这本身就是不加批判地复制了把女性身体人为地标记、切割为各个"部分"，如"阴道""阴蒂""阴唇"的生殖话语。维蒂格在（转下页）

归生物的基础、寻找独特的女性性欲或意义，似乎使得女性主义提出的生理非命运的前提无法站得住脚。然而，不管在此处以生物学的话语来表述女性性欲，是纯粹出于策略的理由，[55] 还是它的确是女性主义对生物本质主义的回归，将女性性欲描绘为与以阳具为中心建构的性欲截然不同，仍是存在许多问题的。那些不能认识到这样的性欲是她们所独有的，或者那些认为她们的性欲部分是在阳具经济的架构里建构起来的女人，她们有可能被认定是"认同于男性"或"愚昧无知的"，从而在这个理论的架构里被一笔抹除。事实上在伊利格瑞的文本里，经常让人弄不清楚，到底性欲是文化建构的，还是说它只是在阳具的架构里受到文化的建构？换句话说，独特的女性快感是作为一种前历史，还是乌托邦的未来而"外在于"文化呢？如果情形如此，那么这样的概念对试图从建构性欲的那个框架里，为当代关于性欲的论战进行调解的努力又具有什么价值呢？

女性主义理论和实践里的性权运动，有力地论证了性欲总是从话语和权力的关系里建构的；这里对权力部分是从异性恋和阳具文化传统来理解的。因此，由这些关系所建构（非决定）的性欲，在女同性恋、双性恋和异性恋的语境里的出现，并**非**某种简化意义上的男性认同的表征。这并不代表对阳具逻各斯中心主义

（接上页）瓦萨尔学院（Vassar College）的一次演讲中被问到她有没有阴道，她回答说她没有。

55　关于这个诠释的一个有力的论证，参见黛安娜·法斯（Diana J. Fuss）所著《从本质上来说》（*Essentially Speaking*），纽约：劳特利奇出版社，1989 年。

或异性恋霸权的批判志业的失败；好像政治批判就足以拆解女性主义批评家所说的性欲的文化建构一样！如果性欲是在现有的权力关系里受到文化的建构，那么假设有某种规范性欲，它存在于权力"之前""之外"或者"超越"权力，这在文化上是不可能的事，而在政治上则是不切实际的梦想。这样的假设拖延了在权力本身的架构里重新思考性欲和身份所具有的颠覆可能性这个具体的、当前的工作。当然，这个重要任务的一个假定是，在权力的矩阵里运作，不等于不加批判地复制统治关系。它提供了重复律法的一种可能性，这种重复不是对律法的巩固，而是对它的置换。相对于"男性认同"的性欲——"男性"作为原因且具有不可化约的意义，我们也许可以发展另一种性欲的概念以取代它，亦即性欲是在阳具中心的权力关系里建构的，而这些权力关系正是通过性欲的权力场域里不可避免的各种"身份认同"的颠覆性运作，重新演绎、重新配置阳具中心主义的可能性。依照杰奎琳·罗斯的说法，如果能揭露"身份认同"是幻想的，那么就一定有可能演绎一种展现其幻想结构的认同。如果我们没有从根本上否定性欲是文化建构的，那么剩下的问题就是如何认识，以及如何"实践"这个人一直都身处其中的建构。有没有一些重复的形式，它们并不是简单地模仿、复制，因而造成律法（亦即应该从女性主义词汇里丢弃的"男性认同"这个不合时宜的概念）的巩固？在众多纷呈、偶然汇聚的各种主导着性别生活的文化理解矩阵之中，存在着什么性别设定的可能性？

　　显然，在女性主义性理论的框架里，权力动能（power

dynamics）在性欲里的在场，绝非简单地巩固或强化异性恋中心主义或是阳具逻各斯中心的权力体制。在同性恋语境里所谓异性恋惯例的"在场"（presence），以及独特的同志性差异话语的增衍，比如像"T"（butch）和"P"（femme）这样具有一定历史的性别风貌身份所显示的，我们不能把它们解释为对原来的异性恋身份的一种异想天开的再现。我们也不能把它们理解为异性恋中心建构在同志性欲和身份里的一种破坏性的坚持。在同性恋与异性恋的性／性别文化里异性恋建构的重复，很可能成为对性别范畴去自然化以及进行调动的一个必然的场域。在非异性恋的框架里对异性恋建构的复制，凸显了所谓异性恋真品（original）在本质上全然是建构的。因此，同性恋之于异性恋，并**非**复制品对真品，而是复制品对复制品的关系。在本书第三章最后一节所讨论的对"真品"的戏仿重复，揭露了真品不过是对自然（the natural）和原初（the original）等**理念**的戏仿。[56] 即使异性恋中心建构是现今流通的、我们所能够掌握的用以实践性别的权力／话语的场域，问题仍然没有解决：有什么样的重新流通的可能性存

---

56 如果我们要应用詹明信（Fredric Jameson）对戏仿（parody）和恣仿（pastishe）的区分的话，那么同志身份应该理解为恣仿比较适切。詹明信指出戏仿保留了对它所模仿的原件的一些同情，然而恣仿却是怀疑有"原件"的可能；或者，在性别的例子里，恣仿揭露了"原件"其实是对一个幻影般的理念进行"仿制"的失败之作，因为没有哪个对理念的仿制是不会失败的。见詹明信，《后现代主义与消费社会》（*Postmodernism and Consumer Society*），收录于《反美学：后现代文化评论》（*The Anti-Aesthetic: Essays on Postmodern Culture*），哈尔·福斯特（Hal Foster）编，华盛顿州汤森港：湾区出版社，1983 年。

在？哪一些性别实践的可能性，通过夸张、不协调、内在混淆以及增衍的手段，重复并且置换了那些它们借以被调动的建构？

我们要思考的不只是异性恋、同性恋和双性恋的实践中，以及这些实践彼此之间的暧昧与不一致，如何在分立、不对称的男性／女性的物化二元结构里，受到压抑并被重新描述；我们也要思考这些性别混乱的文化设定，如何作为干预、揭露和置换这些物化形式的场域而运作。换句话说，性别的"统一性"是一种管控实践的结果，这些实践试图通过强制性异性恋而使性别身份达到一致。这样的实践的力量在于通过排除性的生产机制，限制"异性恋""同性恋"和"双性恋"的相关意义，同时限制它们的交汇与重新意指所产生的颠覆场域。虽然说异性恋和阳具逻各斯中心主义的权力体制，试图通过不断重复它们的逻辑、它们的形而上学、它们自然化的本体来自我强化，但这并不表示这个重复本身就必须被阻止——好像这可以做得到一样！如果重复必定会持续作为文化再生产身份的机制，那么关键的问题出现了：什么形式的颠覆性重复可以使得身份的管控实践本身受到质疑？

如果我们不能回归到某种脱离权力矩阵和话语关系的"人""性别"或"性欲"等概念——这些权力矩阵和话语关系实际上生产、管控我们对这些概念的理解，那么在一个建构的身份的框架里，是什么构成了成功的逆转、颠覆或置换的可能性？**由于生理性别和社会性别的建构特性，什么可能性因而存在？**虽然对生产性别范畴的"管控实践"的确切性质是什么，福柯的立场暧昧不明，但维蒂格似乎将建构全部归责于性／性别的再生产及其工具——强制性异性恋机制；然而还有其他的话语加入共同生产了这个范畴虚构，其所持理由并不都是非常清晰的，也并非彼此一致。那些融入了生物科学的权力关系不会那么容易就被削弱，而出现于 19 世纪欧洲的医学-律法联盟，产生了一些人们事先无法预期的范畴虚构。建构性别的话语地图的复杂性本身似乎提供了一些期许的空间：这些话语和管控结构之间的交集，虽无心插柳却将具有生成性的效果。如果生理性别和社会性别的管控虚构本身就是多元意义争战的场域，那么单单它们建构的多元性这点，就让我们有了打破它们的单义位置性（univocal posturing）的可能性。

很明显，这里我的计划并不是在传统哲学框架里提出一种性别的**本体论**，而使作为一个女人或一个男人的意义能以现象学的词语得到阐明。这里的假设是性别"存有"是**一种结果**（an effect），它是系谱学探讨的一个对象，而这系谱学研究意在探察绘制以本体论模式建构性别存有的政治参数（political parameters）。当我们宣称性别是建构的，并不是断言它是虚幻的或人为的，因为这些词语从属于一个二元架构，而这个二元架构把"真实的"和"本真的"当作与这些词语对立的概念。作为一种性别本体论的系谱学，这里的探究试图了解话语如何生产了那个二元关系的合理性，并指出某些性别文化设定如何取得"真实"的位置，而经由巧妙的自我自然化来巩固、强化其霸权地位。

如果波伏娃所宣称的"一个人不是生来就是女人，而其实是**变成**的"有几分道理，那么**女人**本身就是处于过程中的一个词，正在变成、正在建构，无法确切指出它从哪里起始或在哪里结束。作为一个持续进行的话语实践，它不断受到干预，接受意义的改变。即使在性别似乎固化为最为极致的物化形式的时候，"固化"本身还是一种持续、隐秘进行的实践，受到各种不同的社会手段的支持和管控。对波伏娃来说，是永远不可能最终成为一个女人的——就好像有个终极目的在那儿，支配着涵化（acculturation）以及建构的过程似的！性别是对身体不断地予以风格化/程式化（stylization），是在一个高度刻板的管控框架里不断重复的一套行为，它们随着时间的流逝而固化，产生了实在以及某种自然的存有的表象。对性别本体论进行政治性的系谱学探究，如果成功的话，将会解构性别的实在表象，还原建构它的各种行为，并在各种管控性别的社会面貌的力量所设定的强制性框架里，找出这些行为，对它们进行诠释。揭露那些具有历史偶然性、创造了某种自然主义必要性表象的行为，这样的举动至少从马克思以来就是文化批判的一部分；这项工作现在又添加了额外的责任，即指出主体——只能从它性别化的表象来理解——的概念本身如何容许了一些可能性，而一直以来，这些可能性都被各种不同的性别物化形式——这些物化形式建构了主体各种具有历史偶然性的本体——所强行排除了。

下一章将考察精神分析结构主义有关性差异的一些论点，以及探讨性欲的建构，着重点在于它对挑战此处所概述的管控体制所具有的力量，还有它在不加批判地复制这些体制的实践中所扮演的角色。生理性别的单义性、社会性别内在的一致性，以及生理性别与社会性别的二元框架，从头至尾都被看作是一些管控性的虚构，它们巩固、自然化彼此有所交集的男权和异性恋主义压迫的权力体制。最后一章思考"身体"这个概念本身，身体不是一个准备就绪的表面，等着被赋予意义，而是一组个人以及社会的边界，它们被政治性地赋予意义并受到维系。生理性别作为倾向（dispositions）与身份的内在"真理"已经不再具有可信度，本文将指出生理性别是一种通过操演而演绎出来的意义（因此不是"生来如此"）。当生理性别从其自然化的内在和表面解放后，它可以成为展现对性别化的意义进行戏仿增衍以及颠覆游戏的一个场域。因此，本文持续制造着性别麻烦，彻底思考并寻求颠覆、置换那些支持男性霸权与异性恋主义权力的自然化和物化的性别概念的一些可能性。这项努力所采取的策略不是去描绘一个乌托邦的彼岸，而是对那些企图以本质的身份假象谋求性别能安于其既有位置的建构性范畴，加以调动、颠覆混淆，并使之增衍。

第二章

禁制、精神分析与异性恋矩阵的生产

异性恋思维模式的人仍然认定乱伦，而非同性恋情欲，为其主要的禁忌。因此，从异性恋思维来思考，同性恋非他，就是异性恋。

——维蒂格，《异性恋思维》

有时候，女性主义理论受到起源这个想法的吸引，也就是所谓"父权制"之前的时代：它可以提供一个想象的视角，从而建立妇女受压迫历史的偶然性。是否有前父权制文化的存在？这些文化结构是母权制还是母系社会？我们是否可以指出父权制有个开端，因此它自然就会有结束的时候？关于这些问题出现了一些论辩。我们可以理解，这样的探究背后的批判动力在于指出：那些认为父权制是不可避免的反女性主义论点，物化和自然化了一种**历史的**、偶然性的现象。

虽然回归到前父权制的文化状态，意在揭露父权制的自我物化，但这个前父权制的架构证明不过是另一种形式的物化。最近，一些女性主义者对女性主义阵营里的一些物化建构作了自省的批判。"父权制"这个观念本身有变成一种普遍概念之虞，它没有顾及或者简化了不同文化语境里对性别不对称的表达。当女性主义努力成为对抗种族和殖民主义压迫的奋斗的一部分、与之并肩作战之际，拒绝具有殖民意味的认识论策略愈显重要，因为这种认识论策略把不同的统治设置形式放到一个跨文化的父权制概念的总名之下。我们也需要从这个批评角度，重新思考把父权律法当作压抑的、管控的结构这样的表达。女性主义在回溯一个想象的过去的时候，必须注意不要在揭穿男性中心权力的自我物化的主张的同时，促使妇女经验的物化，因为这从政治上来说是有问题的。

压抑或宰制性律法自我合理化的手段，几乎都是建立在一套故事逻辑上：述说律法建立**之前**情况是如何，而这个律法又如何以现在这样的必要形式出现。[1]这些起源故事的编造，通常会描述律法出现之前的一种情势，这个情势遵循一个必然而且单线发展

---

1 我撰写这章的那个学期正好教到卡夫卡的《在流放地》(*In the Penal Colony*)，小说中描述的一种刑罚工具，为当代权力场域，特别是男性中心权力场域，提供了一个有趣的类比。当叙事试图重述历史，将那个工具尊奉为传统的一个重要部分的时候，叙事一再地迟滞不前。起源无法再恢复，而原本可以指引人到达源头的地图因为时日久远而无法辨识。可以把原委解释给他们听的那些人，又说着不同的语言，而且没有办法求助于翻译。事实上，那个器具本身是不能完整地被想象的；它的各个零件不能凑成一个可以想象的整体，因此在无法求诸它在完好无缺的理想状态中是什么样的概念的情形下，读者被迫去想象它支离破碎的状态。这似乎是对福柯的概念的一个文学上的演绎，亦即"权力"如此弥漫，它不能再作为一种封闭体系的整体存在。德里达在卡夫卡《在法律门前》的语境里探讨了这样一个律法的权威性是如何地问题丛生（见德里达《在法律门前》，收录于艾伦·乌朵夫［Alan Udoff］编，《卡夫卡与当代批评表现：百年阅读》[*Kafka and the Contemporary Critical Performance: Centenary Readings*]，布鲁明顿：印第安纳大学出版社，1987年）。他强调这样通过叙事重建法律之前的时代而达成压抑，是绝对无法自圆其说的。值得注意的是，诉诸这个法律之前的时代而对这个法律作出批判，也同样是不可能的。

的叙事，最后以这个律法的创制告终，这个律法的创制也因此得到了合理化。因此，关于起源的故事是叙事的一个策略性手段，也就是以一种单数的、权威的陈述来叙述一个无可挽回的过去，以使律法的创制看起来像是历史上不可避免的一个发展。

一些女性主义者从前法律的过去找到一个乌托邦未来的蛛丝马迹，一个颠覆或是揭竿而起的潜在资源，这给人们带来可以摧毁律法、创立新秩序的期许。然而，如果这个想象的"过去"必然是在一个前历史的叙事（prehistorical narrative）框架下被勾勒的，而这个前历史叙事是为了正当化律法目前的地位，或者正当化一个超越律法的想象的未来的话，那么这个"过去"就一直是被现在和将来的各种利益——不管是女性主义的还是反女性主义的——用以自我合理化的一些编造故事所渗透的。当女性主义理论对"过去"的假定限定了未来一定要实现一个理想化的过去的概念时，或是当它支持——即使是不经意的——对一个前文化的、本真的女性领域的物化的时候，就产生了一些政治上的问题。回归一个原始的或是真正的女性特质，是一种乡愁式的、视野局限的理想，它回绝了提出一套论述、视性别为一种复杂的文化建构的当代要求。这样的理想不仅往往流于为文化上的保守目标服务，也在女性主义阵营里形成一种排他性的实践，反倒加速造成了这个理想原本一心想克服的分裂问题。

从恩格斯到社会主义女性主义，以及根植于结构主义人类学的女性主义立场的思辨中，出现了各种不同的努力，试图从历史或文化中找出性别等级建立的契机或结构。区隔出这些结构或关键时期，其目的在于批判那些自然化或普遍化妇女的臣服的反动理论。这些理论都是一些重要的尝试，从批判的角度以期置换压迫的普遍化姿态，它们是当代理论领域对压迫进一步展开论辩的努力之一。然而，我们必须追问这个问题：这些对性别等级的强力批判，是否运用了一些预设虚构，而这些预设虚构使得问题重重的规范理想成为必要？

列维-斯特劳斯的结构主义人类学，包括受到质疑的自然／文化的区分，被一些女性主义理论家挪用，以支持、阐述生理性别／社会性别的区分：这些立场认为有一个自然的或生物的女性存在，后来转化为社会中臣服的"妇女"；由此得到一个推论，亦即"生理性别"之于自然或"生食"（the raw），就如同社会性别之于文化或"熟食"（the cooked）一样。如果列维-斯特劳斯的架构成立的话，那么我们就有可能追溯出生理性别转化为社会性别的过程，方法是找到那以相当规律的方式实现了这个转化的稳定文化机制，亦即亲属关系的交换规则。在这样的观点里，所谓"生理性别"在律法之前，指的是它在文化上和政治上都是未确定的，它提供了文化的"原始素材"，只有通过臣服于亲属关系规则、在臣服于亲属关系规则之后，它才开始产生意义。

然而，生理性别作为素材，生理性别作为文化意义的工具，这样的概念本身就是一种话语建构，它是自然／文化的二元区分，以及这个区分所支持的统治策略的一个自然化的基础。文化和自然的二元关系助长了一种等级关系，在其中文化任意地把意义"强加"于自然之上，使得自然成为一个"他者"，而对它极尽掠夺挥霍之能事，并且在一个统治的模式上维护了能指的理想形式与意指的结构。

人类学学者玛里琳·斯特拉森和卡罗尔·麦寇尔迈克指出，自然/文化话语惯常把自然比喻为女性，需要文化的征服，而文化总是被比喻为男性的、主动的和抽象的。[2] 如同厌女症的存在主义辩证一样，这又是一个例证，将理性和精神与男性特质及能动性联系，而身体和自然则被当作沉默的女性真实，等待一个对立的男性主体赋予它意义。如同这个厌女症辩证所显示的，物质性和意义是互相排斥的词语。建构以及维系这个二元区分的性政治，事实上被话语生产的自然，更确切地说是以无可置疑的文化基础之姿呈现的自然性别，给掩盖了。结构主义的批评者，如克利福德·基尔茨（Clifford Geertz）已经指出，结构主义的普遍化框架忽略了文化对"自然"的设定的多元性。认定自然是单数的、前话语的分析，无法提出这样的问题：在一个特定的文化语境里，什么有资格成为"自然"，而其目的又是什么？二元论是必要的吗？生理性别/社会性别与自然/文化的二元论是如何在彼此之内并通过彼此互相建构和自然化的？它们为了什么样的社会性别等级服务，它们又物化了什么样的臣服关系？如果生理性别的指定本身是政治的话，那么"生理性别"这个原本应属最为自然的指称，被证明一直就是"文化烹调"过的，那么结构主义

2　卡罗尔·麦寇尔迈克（Carol MacCormack）、玛里琳·斯特拉森（Marilyn Strathern）编，《自然、文化与性别》（*Nature, Culture and Gender*），纽约：剑桥大学出版社，1980年。

人类学关键的二元区分似乎就瓦解了。[3]

我们可以理解，找出律法之前的一个性别化的自然（sexed nature）的努力，根植于一个更基本的追求，也就是使人们能够不把父权律法想成是决定一切的普遍真理。事实上，如果我们所能掌握的只有建构的社会性别，那么就没有一个"化外之地"，也没有一个存在于前文化的"过去"的认识论锚点，让我们可以以它作为一个另类的认识论的出发点，对现存的社会性别关系作出批判性的评价。找出生理性别所由以转化为社会性别的机制，此举不仅是为了证明社会性别的建构性，指出它并非自然的、必要的特质，也是试图以非生物学的架构来证明压迫在文化上的普遍性。这样一套机制是如何构想出来的？它能够被找出来吗？还是它只是想象的？给它指定一个普遍性的表象，与把普遍的压迫建立在生物基础上的立场相比，是不是就不那么物化呢？

只有当社会性别建构机制的意涵显示，这个建构是具有**历史偶然性**的时候，"建构性"**本身**才能证明它对扩大可能的性别设定范畴这个政治追求是有用的。然而，如果超越律法之外的身体生命或者恢复律法之前的身体成为女性主义理论的规范目标，那么这样的规范事实上使女性主义理论的焦点偏离了当代文化争战的具体语境。下面几节关于精神分析、结构主义，以及它们所提

3　对这类问题较完整的讨论，见《猿猴、赛博格与女人：自然的重创》（*Simians, Cyborgs, and Women: The Reinvention of Nature*，纽约：劳特利奇出版社，1990 年）一书中堂娜·哈拉威（Donna Haraway）所撰写的一章《马克思主义词典的社会性别：一个词语的性政治》（*Gender for a Marxist Dictionary: The Sexual Politics of a Word*）。

出的建制性别的禁制的特质和权力的讨论，正是围绕这个律法的概念展开的：它的本体论特质是什么？它在运作上是司法性的、压迫性的、化约性的吗？还是，它在无意间创造了自身在文化上被置换的可能性？在何种程度上，表达一个获得表达之前的身体，在操演上是自相矛盾的，并且产生了替代它的另类选择？

第一节　结构主义的关键交换

结构主义话语往往以单数的形式来指涉大写律法，这与列维-斯特劳斯认为有一个普遍的结构指导着作为所有亲属关系体系特点的交换的论点有一致之处。根据《亲属关系的基本结构》，巩固亲属关系同时又使亲属关系得以分衍的交换物品是**女人**，通过婚姻制度，女人被当作礼物从一个父系宗族交付给另一个父系宗族。[4] 新娘，这个礼物，这个交换物品构成了"一种符号和一种价值"，它打开交换的渠道，这个交换渠道不仅具有促进交易的**功能性**目的，也具有促进集体身份认同的**象征性**或**仪式性**目的，为通过这个行动而分衍的两方宗族巩固了内部联结。[5] 换句话说，新娘的功能是男人群体之间的一种关系条件；她不**具有**一个身份，她也没有用一个身份来交换另一个身份。她正是通过成

4　盖尔·鲁宾，《交易女人：性的"政治经济学"笔记》(*The Traffic in Women: Notes on the 'Political Economy' of Sex*)，收录于芮纳·芮特尔 (Rayna R. Reiter) 编，《建立妇女人类学》(*Toward an Anthropology of Women*)，纽约：每月评论出版社，1975 年。她的论文将是这一章稍后的一个重点。她引用毛斯 (Mauss) 在《礼物论》(*Essay on the Gift*) 里新娘作为礼物的概念，说明女人作为交易的物品，如何有效地巩固以及界定男人之间的社会联结。

5　克劳德·列维-斯特劳斯 (Claude Lévi-Strauss)，《亲属关系的原则》(*The Principles of Kinship*)，收录于《亲属关系的基本结构》(*The Elementary Structures of Kinship*)，波士顿：毕肯出版社，1969 年，第 496 页。

为男性身份不在场（absence）的场域而**反映**男性身份。宗族的成员，清一色是男性，他们通过婚姻——一再重复的象征性分衍行动——调用身份的特权。异族通婚区别并结合了各种不同父系姓氏的男人。父系传承通过对女人仪式性的排除，以及互相之间对女人仪式性的引进而获得稳固。作为妻子，女人不仅确保了**姓氏**的再生产（功能性的目的），也实现了不同男性宗族之间象征性的结合。作为父系姓氏交换的场域，女人既是又不是父系姓氏的符号，她们被她们背负的父系姓氏这个能指所排除。婚姻中的女人不具有身份的资格，她只是一个关系条件，区分不同的宗族，同时也把它们结合在一个共同但内部分衍的父系身份之下。

列维-斯特劳斯诠释亲属关系结构所用的结构性体系，诉诸一个似乎结构了人类关系的普遍逻辑。虽然列维-斯特劳斯在《忧郁的热带》（*Tristes Tropiques*）中自述，他离开哲学是因为对分析人类生活来说，人类学提供了更具体的文化材质，然而他仍旧把这个文化材质同化到一种一统的逻辑结构里，这使他的分析实际上回到了他原本意图远离的那个脱离具体语境的哲学结构。我们可以对列维-斯特劳斯著作里的普遍性假设提出许多质疑（例如人类学学者克利福德·基尔茨在《本土知识》[*Local Knowledge*]中所提出的），但这里所关注的问题是身份的设想在这个普遍逻辑中的位置，以及这个身份逻辑与它所描述的文化现实中妇女的从属地位之间的关系。如果交换的象征性质也是这个逻辑所描绘的普遍人类特性，如果这个普遍结构把"身份"分派给男人，而把一种从属的以及关系上的"否定"（negation）或"缺乏"（lack）

分派给女人，那么被这个逻辑排除于它的框架之外的单个位置或一组位置就有充分的理由对它提出挑战。另类的亲属关系逻辑会是怎么样的一个面貌？在何种程度上，身份逻辑体系必须建构一些社会上不可能的身份，让它们占据一种没有命名、被排除但又是先决条件的关系，而这关系随后又为这个逻辑本身所掩盖？在此，驱使伊利格瑞把阳具逻各斯中心经济标示出来的动力清晰了起来，如同女性主义里一个主要的后结构主义驱力所提出的问题一样：要想有效地批判阳具逻各斯中心主义，是否需要置换列维-斯特劳斯所定义的那个象征秩序。

语言的**整体性**和**封闭性**是结构主义的一个假定，但同时也受到挑战。虽然索绪尔认为能指和所指的关系是任意的（arbitrary），但他把这个任意的关系放在一个必须是完整的语言体系里。所有语言的词语都系于一个语言结构的整体性这个先决条件上：任何一个词语要产生意义，就必须预设这个整体，并隐含对它的召唤。这个类莱布尼兹（Leibnizian）的观点把语言描绘为一个系统整体，它实际上压抑了能指和所指之间的差异瞬间（the moment of difference），而把那个任意性的瞬间联系并整合到一个一统的领域里。后结构主义与索绪尔以及列维-斯特劳斯以身份为中心的交换结构之间有彻底的分歧，它驳斥整体性和普遍性的论点，也驳斥那暗中运作的、压制语言和文化意义生产上一直存在的歧义性与开放性的二元结构对立假定。[6] 其结果是，能指

6　雅克·德里达（Jacques Derrida），《结构、符号与游戏》（*Structure,*（转下页）

和所指之间的差异成为语言里运作的、无限的**延异**（différance），使所有指涉堕入了一种潜在的无限移置链里。

对列维-斯特劳斯来说，男性文化身份是通过父系宗族之间公开的分衍（differentiation）行动建立的，在此关系里的"差异"是黑格尔式的，也就是说，它既做区分也做联结。然而，建立在男人与实现男人彼此间分衍的女人之间的"差异"，则完全回避了这个辩证关系。换句话说，社会交换的分衍瞬间似乎是男人之间的社会联结，是同时被独特化以及个人化的男性关系之间的一种黑格尔式统一。[7] 在抽象的层次上，这是差异中的同一性（identity-in-difference），因为两方宗族都保留了一个类似的身份：男性的、父权的和父系传承的。他们背负着不同的姓氏，在这个总括一切的男性文化身份里自我特殊化。然而，是什么关系把女人放在了交换物品的位置，先冠上一个父系姓氏，转而再冠上另一个？是什么样的分衍机制如此分配了社会性别的功能？列维-斯特劳斯的黑格尔式经济里明确的、以男性为中介的否定（negation），它预设又排除了什么样的用以分衍的**延异**？如同伊

（接上页）*Sign, and Play*），收录于《结构主义争论》（*The Structuralist Controversy*），理查德·麦克西（Richard Macksey）与尤金·多那托（Eugene Donato）编，巴尔的摩：约翰·霍普金斯大学出版社，1964 年；《语言学与书写学》，收录于《书写学》（*Of Grammatology*），斯皮瓦克译，巴尔的摩：约翰·霍普金斯大学出版社，1974 年；《延异》（*Différance*），收录于《哲学的边缘》（*Margins of Philosophy*），艾伦·巴斯（Alan Bass）译，芝加哥：芝加哥大学出版社，1982 年。

7　列维-斯特劳斯，《亲属关系的基本结构》，第 480 页。"交换——以及表达它的异族通婚原则——本身具有一种社会价值。它提供了把男人结盟在一起的方式。"

利格瑞所指出的，这个阳具逻各斯中心经济主要倚赖一种**延异**经济，它从不公然展现，但总是既被预设又被否认。事实上，父系宗族之间的关系建立在同性社群（homosocial）欲望（伊利格瑞一语双关地称之为"男／同性爱"[hommo-sexuality]）[8]的基础上：它是一种被压抑因而也被鄙视的情欲；它是男人之间的关系，归根结底是关于男人之间的结盟，然而它是通过异性恋制度对女人的交换和分配进行的。[9]

列维-斯特劳斯在揭露阳具逻各斯中心经济的同性情欲无意识的一段文字里，提出了乱伦禁忌与巩固同性情欲结盟之间的关联：

> 交换——以及由此而来的异族通婚的原则——不仅仅是物品的交换。交换——以及表达它的异族通婚原则——本身具有一种社会价值。它提供了把男人结盟在一起的方式。

禁忌产生了异姓通婚的异性恋机制，而根据列维-斯特劳斯

8　伊利格瑞，《他者女人的内视镜》（*Speculum of the Other Women*），吉莉安·吉尔（Gillian C. Gill）译，伊萨卡：康奈尔大学出版社，1985年，第101—103页。

9　我们也许可以借鉴列维-斯特劳斯关于亲属关系的互惠结构的描述，来看伊芙·赛奇维克（Eve Sedgwick）在《男人之间：英国文学与同性社群欲望》（*Between Men: English Literature and Homosocial Desire*，纽约：哥伦比亚大学出版社，1985年）一书中对文学所作的分析。赛奇维克有力地论证了浪漫主义诗歌里对女人的奉承呵护，是男人同性社群欲望的一种转移以及精心的演绎。女人是诗歌里的"交换物品"，因为作为公开和表面上的话语客体，她们调解着男人之间不受到认可的欲望关系。

的理解，这是通过禁制从某种较自然的、不受羁束的性欲里萃取出，并人为地实现一种非乱伦的异性恋机制（弗洛伊德在《性学三论》里也有同样的假设）。

然而，男人之间建立互惠关系所形成的情况是，男人和女人之间有着极度非互惠的关系，以及女人之间关系的从缺（nonrelation）。列维-斯特劳斯说："象征思维的出现必定先有这样的要求：女人必须如同词语一样成为交换的物品。"这个备受非议的论点显示，列维-斯特劳斯是站在一个透明的观察者的位置上回顾，而从假定的普遍文化结构中归纳出这个必要性的。然而，这个"必定先有"以一种推论的面貌呈现，不过是为了作为一种操演指令运作；由于象征秩序出现的那个历史时刻是列维-斯特劳斯不可能亲眼见证的，因此他推测了一段必要的历史——这个叙述因而变成一种指令（injunction）。列维-斯特劳斯的分析促使伊利格瑞反思：假如"这些物品联合起来"，并展现了我们未曾预期的一种另类的性/性别经济的能动性，那么将会发生什么情况？伊利格瑞在她最近的著作《性别与亲属关系》[10] 里提出了一个批判性的解释，指出男人之间这种互惠交换的建构，其先决条件是，无法在那个经济里表达的性别之间的非互惠性，以及女性、阴性和女同性恋情欲的不可命名。

如果有一个性别领域是被象征秩序所**排除**，而且有可能可以

---

10 伊利格瑞，《性别与亲属关系》，巴黎：午夜出版社，1987 年。英文译本名为"性别与系谱"（*Sexes and Genealogies*），吉莉安·吉尔译，纽约：哥伦比亚大学出版社，1993 年。

揭露象征秩序在其权限范围内并非权力一统的，而是霸权性的，那么就一定有可能在这个经济的内部或外部找出这个被排除的领域，从那个位置上制定干预的策略。接下来我将重新解读结构主义律法，以及在其框架下主要决定着性差异的生产的那个叙事，而重心将放在这个律法所假定的稳固性和普遍性上，并且通过系谱学的批判，试图揭露这个律法未加留意的、自我拆台的生成性（generativity）所具有的力量。"大写律法"是否单方面、一成不变地生产这些位置？它能够生产有效挑战律法本身的一些性欲设定吗？还是，那些挑战不可避免地只是幻想？我们是否能够明确指出那律法的**生成性**是可变的，或甚至是颠覆性的？

禁止乱伦的律法是这个禁止同族婚配的亲属关系经济的核心。列维-斯特劳斯认为乱伦禁忌的中心性地位，在结构主义人类学和精神分析之间建立了重要的纽带。虽然列维-斯特劳斯承认从经验的基础来看，弗洛伊德的《图腾与禁忌》（*Totem and Taboo*）已不足为信，但他认为那否认之举反倒成为弗洛伊德论题的一个支持证据。对列维-斯特劳斯来说，乱伦不是一个社会事实，而是一种广泛存在的文化想象。列维-斯特劳斯认定欲望的主体为异性恋男性，他指出："对母亲或姐妹的欲望、弒父以及儿子的忏悔，无疑并没有跟历史上某个特定地域的任何事实或一组事实对应。但或许，它们象征性地表达了一个古老而悠远的梦。"[11]

---

11 显然，列维-斯特劳斯错失了把乱伦当作既是幻想也是社会实践来分析的机会。这两者绝不是互相排斥的。

列维-斯特劳斯在试图肯定精神分析对无意识乱伦幻想所提出的洞见时，说道："这个梦的神奇力量，它对人们的一些前所未知的想法的模塑的力量……它召唤的一些行为从来没有人犯过，因为文化随时随地都反对着它们。"[12] 这个令人惊异的陈述，不仅让我们洞悉了列维-斯特劳斯明显的否定机能（乱伦的行为"从来没有人犯过"），也让我们领略到要假定这个禁忌具有效力有根本上的困难。这个禁忌存在，绝不表示它就能够有效地运作；相反地，它的存在显示了欲望、行动，更确切地说，社会中广泛存在的乱伦实践，正是由于对那个禁忌的情欲化而产生的结果。乱伦欲望是幻想性的，绝不代表它们就不会是"社会事实"。我们应该追问的是，这些幻想如何产生，尤其是，如何因为对它们的禁制而得以建制？再者，认为这些禁制**是**有效的这样的社会信念——这在列维-斯特劳斯身上得到症候式的体现——如何否认并由此清除了一块社会空间，而在这个空间里，乱伦实践可以不受禁止、自由地自我复制？

对列维-斯特劳斯来说，阻止母子之间的异性恋乱伦行为以及这种乱伦幻想的禁忌，被定位为普遍的文化事实。乱伦异性恋情欲是如何在表象上被建构为自然的、前人为的欲望矩阵？欲望又如何被建构为异性恋男人的特权？异性恋情欲与男人的性能动两者的自然化都是话语的建构，而在这个基础性的结构主义框架里，这些话语建构从来没有得到任何说明，却处处被当作是理所

12　列维-斯特劳斯，《亲属关系的基本结构》，第491页。

当然的。

　　拉康对列维-斯特劳斯理论的挪用，重点放在文化再生产中的乱伦禁制与异族通婚原则，而文化主要被理解为一套语言结构和意指实践。对拉康而言，禁止男孩与母亲之间的乱伦结合的大写律法启动了亲属关系的结构，这是通过语言发生的、受到高度管控的一系列力比多移置。虽然各种语言的结构——被整体理解为象征秩序——维持着一种本体的完整性，超然于它们所由以运作的各个不同的言语能动者，但是，在每一个孩童进入文化的具体语境之时，大写律法再次自我伸张并产生个体差异。言语只有在不满足的条件下产生，而不满足是通过乱伦禁制而建制的；原始的圆满欢愉（jouissance）于创建主体的原初压抑里失落。替补它的空缺，出现了符号，但这符号同样被阻断了接近能指的可能，而在它所意指之物身上寻找那无法挽回的快感。通过这个禁忌而建立的主体，它的所言所语只不过是将欲望移置到那无可挽回的快感的换喻性替代物之上。语言是没有被满足的欲望的残留物，也是对那欲望的另类方式的实现，是文化生产的各种各样的升华，而永远不会达到真正的满足。语言在意指上无可避免的失败是那个禁制的必然结果；这个禁制奠立了语言的可能性，同时也标志了语言指涉之举的虚妄性。

第二节　拉康、里维埃尔与伪装策略

在拉康的框架里探问社会性别与 / 或生理性别的"存有"，不啻混淆了拉康语言理论的真正目的。拉康反对西方形而上学框架给予本体论首要的地位，他坚持把"什么是 / 有（is/has）存有"的问题列于一个更优先的问题之下："'存有'如何通过父系经济的意指实践被建制、被分派？"在此的理解，存有、否定（negation）以及它们的关系在本体论上的具体明指，是根据父系律法所结构的语言以及它的分衍机制来决定的。只有在一个本身是前本体的（pre-ontological）、作为象征秩序的意指结构里，一件事物才能获得"存有"的特质，并且以这个本体的姿态被调动。

因此，如果不先探究大写阳具（the Phallus）的"存有"，亦即探究将自身的可理解性建立在性差异这个先决条件上的大写律法如何认可意义的生成，就无法探究本体论的**本质**，无法接近存有。"作为"（being）阳具与"拥有"（having）阳具表示语言中不同的性别位置，或者是非位置（nonpositions）（事实上是不可能的位置）。"作为"阳具是作为对他者的欲望的"能指"，并且要**看起来**像是这个能指。换句话说，它要成为客体，成为（异性恋化的）男性欲望的他者，但同时也要再现或反映那个欲望。这个他者构成了男性自我阐发的场域，而非以某种女性的他者性建构男性特质的界限。因此对女人而言，"作为"阳具意味着反映阳具的力量，意指这个力量，"肉身具化"阳具，提供它可以刺穿的场域，并且，通过"作为"它的他者、它的不在场、它的缺乏来意指阳具，也就是辩证地肯定它的身份。当拉康宣称那**作为**阳具者正是缺乏阳具的他者，他显然暗示了权力是掌握在这个不具有阳具的女性位置这一方的，同时暗示了"拥有"阳具的男性主体需要这个他者来肯定它，并因此成为"延伸"意义上的阳具。[13]

这种本体论的描述假定存有的面貌或结果总是通过意指结构而生产。象征秩序通过相互排斥的位置，亦即"拥有"阳具（男人的位置）与"作为"阳具（悖论的女人的位置），来创造文化的理解模式。这两个位置相互倚赖，让人想起主人与奴隶之间无法平等互惠的黑格尔式结构；特别是，为了通过反映来建立它自己的身份，主人对奴隶有了原先没有预料到的倚赖。[14] 拉康把这样的戏码转用在幻想的领域：任何试图在这个"作为"与"拥有"的二元分立架构下建立身份的努力，都回归到那不可避免的"缺乏"（lack）与"丧失"（loss）上，而"缺乏"和"丧失"是"作为"与"拥有"这个幻想建构的基础，它们标志了象征界（the Symbolic）和真实界（the real）之间的不可比性

13　作为阳具意味着以作为它穿透的场域来"肉身具化"阳具，同时也意指了回归到个体化之前的圆满欢愉的一个许诺，而圆满欢愉是与母体尚未分化之时的关系的一个特点。

14　我在《欲望的主体：二十世纪法国对黑格尔的反思》(*Subjects of Desire: Hegelian Reflections in Twentieth-Century France*，纽约：哥伦比亚大学出版社，1987 年；平装版，1999 年）一书里，专门用一章来讨论拉康对黑格尔的主人与奴隶辩证关系的挪用，这章篇名叫"拉康：欲望的晦涩"（Lacan: The Opacity of Desire）。

（incommensurability）。

如果象征秩序被理解为意义生成的一个文化普遍结构，它从来没有在真实界里被完全具体呈现过，那么这样的提问就有意义：在这个表面上跨文化的事件里，什么或者是谁意指了何物或是何人？这个问题是在假定主体是能指、客体是所指这样的框架——在结构主义置换这个主体以前，哲学传统的认识论二分法——里提出的。拉康质疑这个意义生成的模式，他陈述两性关系的框架显示，言说的"我"（the speaking "I"）是一个男性化（masculinized）压抑的结果，以独立自主的、不证自明的主体之姿呈现；然而，这个"我"的一致性因为在身份形成的过程中它所排除的那些性别位置而受到质疑。对拉康来说，主体的形成——也就是说，开始在语言中以不证自明的意指之姿出现——只有在原初压抑的条件下才能成立，也就是压抑那在个体化之前、与（现已被压抑的）母性身体（the maternal body）联系的乱伦快感。

男性主体只是**貌似**在创生意义并从而进行意指。男性主体表面上不证自明的自主性试图掩盖既作为它的基础，又让它永远有失去基础之虞的压抑。然而，这个意义建构的过程需要女人去反映那男性权力，并处处对这个权力一再保证它那虚幻的自主性是真实的。退一步来说，当女人反映男性主体／能指的自主权力的要求对建构那自主性来说至关重要，并因此形成一种极端依赖的基础，而这样的依赖实际上又削弱了它所服务的那个功能时，这个目标就变得一团混乱了。但进一步来说，这样的倚赖虽然被否认，但也是男性主体所**追求**的，因为作为一个保证性的符号的女人，她是移置了的母性身体——给予一种徒然但恒久的期许：可以找回个体化之前的**圆满欢愉**。因此，男性的矛盾似乎正在于对充分认可其自主性的要求，而尽管如此，这也将带来回到压抑与个体化之前的那些完满快感的希望。

所以说女人"是"阳具，是因为她们保有一种权力，亦即反映或再现男性主体不证自明之姿的这个"真实"；如果撤销了这种权力，那么也将打破建立男性主体位置的基础的一些幻想。为了"做"阳具、做一个表象上是男性主体位置的反映者与保证者，女人必须变成、必须恰恰"是"（也就是"一番作态，看起来跟真的似的"）男人所不是的一切，并且，在她们的缺乏中建立男人本质的功能。因此，"做"阳具总是一种针对男性主体的"有所为而做"（being for），而男性主体通过那个"有所为而做"的认可，再次确认和强化他的身份。在某个强烈的意义上，拉康驳斥**男人**意指**女人**的意义，或者**女人**意指**男人**的意义这样的概念。这个"做"阳具与"有"阳具的区分，以及两者之间的交换，是由象征秩序——父系律法——所建立的。当然，这个失败的互惠模式的可笑之处，部分在于男性和女性的位置都是被意指的；能指属于象征秩序，而这两个位置永远都不可能完全承担这个能指，充其量只能做到一种象征形式而已。

做阳具意味着被父系律法所意指，同时成为它的客体与它的工具；以结构主义的用语来说，成为它的权力的"符号"与许诺。因此，作为被建构或被意指的交换客体的女人、使父系律法得以拓展它的权力以及它的呈现模式的女人，她们被指为是阳具，也就是说，可以使阳具继续流通的一个象征物。但是，"做"阳具这事本身必然难以令人满意，因为女人永远不可能完全反映那个律法；一些女性主义者指出这需要女人弃绝自身的欲望（事实上是双重弃绝，呼应了弗洛伊德所宣称的建立女性特质的"双波"压抑）[15]，这是对女人的欲望的剥夺，为的只是成就单单作为一种反映物的欲望，也就是作为阳具的普遍必要性的一个保证者。

另外，男人被指为"拥有"阳具，但永远不"是"阳具，因为阴茎不等同于大写律法，也永远无法完全象征那个律法。因此，任何想要占据这个"拥有"大写阳具的位置的努力，必然或在先决条件上是不可能成功的。结果是，在拉康的理论框架里，"拥有"和"作为"这两种位置，最终都被理解为带着喜剧意味的失败尝试，然而它们不得不表达，也不得不一再重复上演这个不可能达成的行动。

女人又是如何"貌似"是阳具，作为那肉身具化并肯定阳具的缺乏呢？根据拉康的说法，这是通过伪装（masquerade）达成

15　根据弗洛伊德的理解，要达成女性特质需要经过两波的压抑："女孩"不仅要把力比多的情感依恋从母亲转向父亲，还要把对父亲的欲望移置到比较能被接受的对象上。对拉康理论的一些几乎是带有迷思色彩的诠释，见莎拉·柯夫曼（Sarah Kofman），《女人之谜：弗洛伊德著作里的女人》（*The Enigma of Woman: Woman in Freud's Writings*），凯瑟琳·波特（Catherine Porter）译，伊萨卡：康奈尔大学出版社，1985 年，第 143—148 页；法文原版（*L'Enigme de la femme: La femme dans les textes de Freud*）于 1980 年由巴黎加利雷（Galilée）出版社出版。

的；而伪装可以说是作为女性位置本质要素的抑郁（melancholy）产生的结果。在他早期的文章《阳具的意义》里，拉康对"两性之间的关系"如此写道：

> 让我们这么说，这些关系将围绕着一种作为（a being）以及一种拥有（a having）展开，因为它们指涉一个能指——阳具，因此有了矛盾的结果：一方面在那个能指里暂时赋予主体一种真实，另一方面又使得被意指的那些关系虚化。[16]

紧接着这段话的文字里，拉康似乎提及了男性主体的"真实"表象，以及异性恋的"不真实性"。他似乎也提到了女人的位置（以下中括号里的文字是我加入的）："这是一个'貌似'（appearing）介入的结果：这个貌似替代了'拥有'［这个替代无疑是必需的，因为女人本就不"带把儿"］，以便能够一方面保护它，另一方面又掩饰它的缺乏。"虽然这里文法上没有标明性属，但拉康似乎是在描述女人的位置，因为"缺乏"就是女人的特点，也因此女人需要掩饰，而且在某种未言明的意义上需要被

---

16 雅克·拉康，《阳具的意义》(The Meaning of the Phallus)，收录于《女性性欲：雅克·拉康与弗洛伊德学派》(Feminine Sexuality: Jacques Lacan and the Ecole Freudienne)，朱丽叶·米切尔（Juliet Mitchell）和杰奎琳·罗斯（Jacqueline Rose）主编，杰奎琳·罗斯译，纽约：诺顿出版社，1985年，第83—85页。以下有关这本书的引用页码将在正文里标示。

保护。拉康接着陈述说，这样的情况产生的"结果是两性各自的理想或典型的行为表现，甚至包括性交行为，全部被推进了一种喜剧的情境"。（84）

拉康继续说明这个异性恋喜剧，他解释女人被迫去达成"貌似是"阳具这件事不可避免的是**伪装**（masquerade）。这个词具有重要意义，因为它意味着一些矛盾的意义：一方面，如果"作为"——阳具的本体具化——是伪装，那么这似乎就把所有的存有降格为一种表象形式——存有的表象，其结果是所有性别本体都可以化约为表象的游戏（the play of appearances）。另一方面，伪装又意味着有一个**先于**伪装的"存有"或女性特质的本体具化：有一个女性欲望或需求被遮掩了，它能够被揭露出来，而这实际上也许会带来阳具逻各斯中心意指经济最终的瓦解和置换。

从拉康分析的暧昧结构，我们至少可以辨识出两种大相径庭的任务：一方面，伪装可以理解为对一个性别本体的操演生产，它是表象，却让人相信它就是一个"存有"；另一方面，我们可以把伪装解读成对女性欲望的否定，这预设了有某种先验存在的本体女性特质，而在一般的情况下它是不被阳具经济再现的。伊利格瑞在这个思路下评论道："伪装……是女人做的事……为的是参与男人的欲望，但代价是放弃她自己的欲望。"[17] 前一种任务将从事对性别本体的批判反思，视它为一种戏仿式的建 / 解

17　伊利格瑞，《此性非一》，巴黎：午夜出版社，1977年，第131页。（译者按：见本书第一章注16）

构（parodic[de]construction），而或许在"表象"与"存有"之间并非稳固的区分中，追求一些灵活的可能性。这是把性别本体"喜剧"的一维极端化的一种做法，而拉康只做到了部分。后一种任务则是发动揭穿伪装的女性主义策略，以恢复或释放凡是在阳具经济架构里仍受到抑制的所有女性欲望。[18]

或许这两种不同的方向并不像表面上那样互相排斥，因为表象一直以来变得越来越可疑。拉康对伪装意义的反思，以及琼·里维埃尔在《作为伪装的女性特质》一文里的反思，在伪装到底掩饰了什么这点上，他们的诠释大相径庭。伪装是不是某种女性欲望必须被否认的结果，而这使得女性欲望因此成为某种缺乏，但它必定会以某种方式出现？伪装是不是**对**这个缺乏否认的

18 女性主义对伪装的研究涉及范围很广；这里的分析仅限于与表达和操演等问题有关的伪装。换句话说，这里的问题是，伪装是否隐蔽了某种可以理解为真正的或正宗的女性特质？或者，伪装是否为生产女性特质以及竞逐其"正宗性"的手段？有关女性主义对伪装的概念的挪用，比较完整的讨论见：玛丽·安·多恩（Mary Ann Doane），《想要欲望的欲望：1940 年代的女性电影》（*The Desire to Desire: The Woman's Film of the 1940s*），布鲁明顿：印第安纳大学出版社，1987 年；《电影与伪装：理论化女性观众》（*Film and Masquerade: Theorizing the Female Spectator*），收录于《银幕》，卷 23，第 3—4 期，1982 年 9—10 月号，第 74—87 页；《女人的赌注：拍摄女性身体》（*Woman's Stake: Filming the Female Body*），收录于《十月》，卷 17，1981 年夏季刊。斯皮瓦克援用尼采与德里达的理论，对女人作为伪装提供了一个挑战性的阅读，见《移置与女人话语》（*Displacement and the Discourse of Woman*），收录于马克·克鲁普尼克（Mark Krupnick）编，《移置：德里达及其后》（*Displacement: Derrida and After*），布鲁明顿：印第安纳大学出版社，1983 年。另见玛丽·卢索（Mary Russo）所著《女性怪诞：嘉年华与理论》（*Female Grotesques: Carnival and Theory*）论文草稿，威斯康辛大学密尔沃基分校二十世纪研究中心，1985 年。

结果，为的是要表面上貌似阳具？伪装把女性特质建构为阳具的反映，是否为了掩饰双性情欲的可能性，要不然异性恋化的女性特质这个天衣无缝的建构也许就会遭到破坏？是否如里维埃尔所说的，伪装把侵略性以及对暴力报复的恐惧转化为引诱与挑逗？它主要的目的是不是用以掩藏或压抑某种先验的女性特质，亦即一种女性的欲望，而这女性欲望能够建立某种不属于男性主体管辖的异己性，并揭示男性的必然挫败？或者，伪装是不是女性特质本身**最初**得以建立的那个手段，而在这个身份形成的排他性实践中，男性实际上被排除、被置放到女性性别位置的疆界之外？

接着上述的引文，拉康继续他的论述：

> 尽管这样的推论可能看起来像是悖论，但是为了成为阳具，也就是对他者的欲望的能指，女人要放弃她的女性特质的一个本质的部分，尤其显著的是通过伪装放弃这个特质的所有属性。她期待被当作非她所是者而被欲望以及被爱。然而在她投注爱的需求的人的身体上，她找到了她自己欲望的能指。当然我们不可以忘记，被赋予这个意指功能的那个器官具有一种恋物崇拜的价值。（84）

如果这个没有命名的“器官”——应该就是阴茎（就像希伯来语的耶和华一样，永远是一个讳名）——是一个恋物对象的话，我们又怎能像拉康所认定的那样容易就把它给忘了？所谓那必须放弃的“她的女性特质的一个本质的部分”又是什么？它是否又是一个没有命名的部位，而一旦被拒绝承认，就以缺乏的面貌出现？又或者，必须被否认的就是缺乏本身，以使她能够以阳具的面貌出现？这个"本质的部分"的无法命名，跟我们一直有遗忘之虞的男性"器官"的无法命名，是不是一回事？这是否就是构成女性伪装核心的压抑的那个遗忘？是不是为了能够以缺乏——这缺乏认可阳具，因而是阳具——的面目出现，所以某种认定的男性特质必须被剥夺？还是说，必须被否定的是一种阳具的可能性（phallic possibility），以便能成为具有认可作用的那个缺乏？

拉康说，"假面（mask）的功能……支配着认同，而通过认同，被拒绝的爱得到了解决"（85），这澄清了他自己的观点。换句话说，假面是抑郁（melancholy）心理机制的整合策略的一环，亦即接收失去了的客体／他者的属性，而在此丧失感是爱受到拒绝的结果。[19] 假面"支配"同时"解决"这些受拒的经验，显示僭占（appropriation）是一种策略，通过僭占，这些受拒的经验本身被否认：这是一种双重的否定，它通过抑郁心理机制吸纳了实际上失去过两次的对象，而加倍强化了身份结构。

值得注意的是，拉康对假面的讨论是与对女同性恋的论述相联系的。他宣称："根据观察，女性同性恋这样的性取向来自一种失望，这失望强化了对爱的需求的那一面。"（85）是谁在观察呢？被观察的又是什么呢？拉康在这儿干脆省略不提，他认为他

---

19 在这章接下来的一节"弗洛伊德与性别抑郁"中，我尝试说明抑郁的核心意义：当它被应用在通过设立某些被否认的丧失形式而建立性别位置与社会性别的乱伦禁忌上时，它是否认哀伤的结果。

的评论是显而易见的，任何人只要有兴趣一探究竟都能够一目了然。人们从"观察"所得，看到失望是女同性恋的基础。在此，这失望让人想起通过伪装所支配／解决的那些受拒的经验。我们也多少"观察"到了女性同性恋者有某种深重的理想化的倾向：追求一种爱的需求而牺牲了欲望。

拉康继续这段对"女性同性情欲"的讨论，用的是我们上面部分引用过的陈述，他说："要证明这些说法就必须回到假面的功能上，假面支配着认同，而通过认同，被拒绝的爱得以解决。"如果"如同观察所显示的"，女同性恋是失望的一个**结果**，那么这个失望必定是显现了，而且是清楚地显现才能够被观察到。如果拉康假定女同性恋是从受挫的异性恋情欲而来，如所谓的观察显示的那样，那么难道对观察者来说，不会同样清楚地看到异性恋情欲是从受挫的同性情欲而来的吗？被"观察"的是否为女同性恋的假面？如果是的话，是什么样清晰无误的表达，可以作为那个"失望"、那个"性取向"，以及被（理想化的）爱的需求所移置的欲望的证据？或许拉康所指的显而易见者，是女同性恋的去情欲化的状态，这是对一种受拒经验的合并（incorporation），而在表面上呈现了欲望的缺乏。[20] 我们可以理解，这样的结论是异性恋化的、男性中心的观察视角的一个必然的结果：女同性恋情欲被当成了对性欲本身的拒绝，只因为性欲被假定是异性恋

20　值得注意的是，拉康对女同性恋的讨论，是与他探讨性冷淡的文本联系的，就好像以一种换喻的方式暗示了女同性恋是对性欲的否定。这个文本里对"否认"之运作的进一步解读显然是适宜的。

的；而观察者——这里被建构为异性恋男性——显然是受到拒绝了。的确，这样的说法难道不是因为观察者被拒绝而感到失望的结果吗？观察者的失望被否认、被投射，变成了那些实际上拒绝了他的女人们的一个本质的特性。

拉康所特有的在代名词上的滑位，让人弄不清楚是谁拒绝了谁。然而作为读者的我们，被认定理应了解这无缘无故的"拒绝"，以某种重要的方式与假面有所关联。如果每个拒绝最后证明都是对现在或过去的某个情感联系的一种忠贞不移，那么拒绝也同时是保存。假面隐藏了这个丧失，但是通过这样的隐藏保存（也否认）了那丧失。假面有双重的功能，也就是抑郁的双重功能。假面通过合并的过程形成，而合并是在身体内、在身体上铭刻，而后穿戴上一种抑郁认同外衣的方式；事实上，这是以被拒绝的他者的模子赋予身体意义的方式。通过僭占的控制，每一次的拒绝都失败了，拒绝者成为被拒绝者的身份本身的一部分，事实上，是成为被拒者心理上的一些残留物。客体的丧失永远不是绝对的，因为它会被重新布置于一个扩大而合并了那个丧失的精神／肉体的疆域里。这把性别合并（gender incorporation）的过程放到了较宽泛的抑郁运作的轨迹里。

琼·里维埃尔发表于 1929 年的文章《作为伪装的女性特质》[21]，根据攻击与矛盾解决的理论提出了女性特质是一种伪装的

---

21 琼·里维埃尔（Joan Riviere），《作为伪装的女性特质》（*Womanliness as a Masquerade*），收录于《幻想的形成》（*Formations of Fantasy*），维克托·伯尔金（Victor Burgin）、詹姆斯·唐纳德（James Donald）与柯拉·卡普兰（Cora Kaplan）（转下页）

概念。乍看之下，这个理论与拉康依照性别位置喜剧的框架对伪装所进行的分析相去甚远。她一开始先本着敬意回顾了欧内斯特·琼斯（Earnest Jones）有关女性性欲向异性恋以及同性恋形式发展的类型学。然而，她的焦点放在"中间类型"（intermediate types）上，这些类型模糊了异性恋与同性恋的疆界，因而也隐含了对琼斯的分类系统在描述上的有效性的质疑。里维埃尔的一段评论，与拉康未经严密思考而归诸"观察"的做法有异曲同工之处，她诉诸日常感受或经验来支持她所说的"中间类型"："在日常生活中，男人和女人的分类经常遇到一些情形：有些人虽然主要发展成异性恋，但是明显展现了强烈的异性特征。"（35）这里最显而易见的，是那些限制与结构了人们认知这些混合属性的分类标准。显然，里维埃尔是从一些既定的概念出发，这些概念决定了一个人应该展现其性别上的什么特点，而这些明显的特点又如何被理解为表达或反映了某种外现的性取向。[22] 这样的认知或观

（接上页）编，伦敦：梅逊出版社，1986 年，第 35—44 页。这篇文章最早发表在《国际精神分析期刊》（*The International Journal of Psychoanalysis*），卷 10，1929 年。以下对这部作品的引述页码在正文里标示。

22 对如此简单的推论的一个当代的反驳，见以斯帖·牛顿（Esther Newton）与雪莉·沃尔顿（Shirley Walton）著，《误解：建立较准确的性别词汇》（*The Misunderstanding: Toward a More Precise Sexual Vocabulary*），收录于卡罗·范思（Carol Vance）编，《快感与危险》（*Pleasure and Danger*），波士顿：劳特利奇出版社，1984 年，第 242—250 页。牛顿和沃尔顿区别了情欲身份、情欲角色和情欲行为，她们指出欲望类型与性别类型之间可能存在极端断裂的情况，因此我们不能从一个情欲身份在社会语境里的呈现，推论出其情欲偏好。虽然我认为她们的分析是有用的（也很大胆），但我怀疑这样的分类本身，是不是就是某些话语脉络所独有的，（转下页）

察不仅假定特性、欲望与"性取向"²³之间彼此有相应的关联，也通过这个认知行为本身创建了这种一致性。里维埃尔对性别属性与自然化的"性取向"之间具有一致性的假定，似乎是维蒂格所说的关于性别的"想象的构成"的一个例示。

然而，里维埃尔诉诸一种精神分析理论，把混合的性别属性的意义归结到"心理冲突的相互作用"(35)，这使得这些自然化的类型受到了质疑。值得注意的是，里维埃尔对比了这种精神分析理论和其他把女人身上存在的、外现的"男性"属性简化为一种"根本的或基本的倾向"的理论。换句话说，这些属性的获得，以及异性恋或同性恋性取向的完成，是通过解决这些心理冲突而产生的结果，其目的原来是要抑制焦虑。里维埃尔引述非朗茨(Ferenczi)的说法，以建立与她自己的论点之间的一个类比，她写道：

> 非朗茨指出……同性恋男人夸大他们的异性恋特质，作为对他们的同性情欲的"防御机制"。我将尝试说明渴望男

（接上页）而且，只有在作为一个反击的策略，反对将这些词语简化为一个整体的时候，将性欲分化为几个组成的"部分"这样的做法才有意义。

23　贝尔·胡克斯（bell hooks）在《女性主义理论：从边缘到中心》(*Feminist Theory: From Margin to Center*，波士顿：南端出版社，1984年）一书中，对性"取向"的概念巧妙地提出了质疑。她指出这是一种物化，对指定为欲望客体的那个性别的所有成员虚假地展示了一种开放性。虽然胡克斯反对这个用词，因为它使得所描述的人的自主性受到了质疑，但是我要强调"取向"本身极少是固定的，即使有的话。显然，"取向"能够随着时间改变，并且接受文化的重新表述，而这些表述绝对不是单义的。

性特质的女人可能戴上女性化的假面，以转移焦虑以及对来
自男人的惩罚的恐惧。（35）

所谓同性恋男人展现的"夸张"的异性恋情欲形式是什么并
不清楚，但是这里注意到的现象，可能只是男同志看起来跟他们
的异性恋伙伴没有什么太大的不同。仅仅因为所讨论的男同志不
符合分析者从文化刻板形象中得出，并受到这些刻板形象支持的
有关同性恋的理念，这样缺乏一个明显的、可以区别的风格或风
貌的情况，就可以被诊断为一种"防御机制"症候。拉康派的分
析可能会指出，同性恋男人身上展现的所谓"夸张"的、明显属
于异性恋特质的属性，不管是什么，都是想要"拥有"阳具的一
种企图，而这是一个要求主动的、异性恋化的欲望的主体位置。
同样地，"渴望有男性特质的女人们"的"伪装"，可以诠释为否
认"拥有"阳具的一种努力，为的是躲避一些人的惩罚——因为
阳具想必是通过阉割而从他们那里获取的。里维埃尔解释说，恐
惧惩罚是女人幻想取代男人，更确切地说是取代父亲的一个后
果。在她自己分析的案例中，有些人认为这是自传性的，跟父亲
的竞争并不像一般所想的那样是因为对母亲有欲望，而是为了争
夺父亲在公共话语里作为说话者、演讲人、作家的位置，也就是
说，作为符号的使用者，而不是一个符号-客体（sign-object）、一
个交换的物品。这种阉割的欲望也许可以理解为一种试图抛掉女
人作为符号（woman-as-sign）的身份，以便能够在语言中以一个
主体呈现的欲望。

事实上，里维埃尔认为自己在同性恋男人和戴上假面伪装的女人之间所做的类比，并不是男同性恋和女同性恋之间的类比。女性特质是"渴望有男性特质"又害怕公然展现男性特质会给她们带来惩罚的女人所戴上的假面。男同性恋者伪装男性特质，则被认为是他们试图隐藏——不是向别人而是向自己——貌似女性化的特质。女人有意识地戴上假面，为的是对她意欲阉割的男性大众隐藏她的男性特质。但是同性恋男人对他的"异性恋特质"（意思是能让他冒充异性恋者的一种男性特质）的夸张作为，则被说成是一种不自觉的"防御机制"，因为他无法承认自己的同性情欲（或者，会不会是分析者不愿承认，如果这是他自己的同性情欲的话？）。换句话说，同性恋男人不自觉地惩罚自己，既渴望也害怕阉割的后果。男同性恋者没有"察觉"他自己的同性情欲，虽然非朗茨和里维埃尔显然都看出来了。

然而，里维埃尔察觉她所描述的伪装的女人的同性情欲了吗？当讨论到里维埃尔自己建立的那个类比的相应的另一方时，则"渴望有男性特质"的女人是同性恋，就仅是从维系男性认同这个方面来说，而无关乎性取向或欲望。里维埃尔再度援引欧内斯特·琼斯的分类系统——好似它是一种阳具盾牌（phallic shield）一样，据此阐述一种"防御机制"，而将被理解为伪装类型的女同性恋者划归为无性的（asexual）一类："他的第一组同性恋女人对其他女人没有兴趣，她们希望她们的男性特质能从男人那里得到'认可'，她们坚持自己跟男人平起平坐，或者换个说法，她们认为自己就是男人。"（37）如同拉康一样，在此女同性恋被意指为一个无性的位置，确切地说，是一个拒绝性的位置。如果要使先前与非朗茨的类比变得完整，那么似乎这个描述就演绎了对作为**性欲**的女性同性情欲——仍然被理解为"同性恋男人"的反射结构（the reflexive structure）——的"防御机制"。然而，我们无从清楚地解读这样一种无关对女人的性欲望的女同性恋情欲。里维埃尔希望我们相信：这个奇特的类型学上的异常例子，不能被简单归为一种压抑的女同性恋情欲或是异性恋情欲。被隐藏的不是性欲，而是愤怒。

一个可能的诠释是，伪装的女人渴望拥有男性特质，为的是能够与男人一起，并且像一个作为男性同性情欲交换（male homoerotic exchange）的一分子的男人一样，参与到公共话语里。正因为男性同性情欲交换将意指阉割，她同样害怕驱动同性恋男人"防御机制"的那个惩罚。事实上，也许伪装的女性特质原本就意在偏离男性同性情欲——这是霸权话语的一个情欲预设（erotic presupposition），亦即伊利格瑞所指出的"男/同性爱"（hommo-sexuality）。不管是哪种情形，里维埃尔会希望我们这么想：这样的女人维持男性认同，为的不是在性交换里占有一席之地，而其实是追求一种平起平坐的竞争关系；这关系里没有性客体，或者，至少没有一个她将说出的性客体。

里维埃尔的文本提供了让我们重新思考这个问题的一个方法：伪装到底掩饰了什么？里维埃尔的一段重要的文字标志了她的思路与受到琼斯分类系统所限制的分析之间的分野，里维埃尔指出，"伪装"并非只是"中间类别"的特点而已，它是所有

"女人特质"的核心：

> 至此读者也许会问我如何界定女人特质，或者我如何划
> 定女人特质与"伪装"的界线。然而我并不认为有任何这样
> 的差异存在；不论从根本上或表面上来说，它们都是一回
> 事。（38）

里维埃尔拒绝假设有先于模仿（mimicry）和假面存在的女性
特质，而这后来被斯蒂芬·希斯在《琼·里维埃尔与伪装》一文
里采用，用以支持他"真正的女人特质其实是模仿，**是伪装**"的
观点。基于力比多的特点被假定为属于男性的，希斯下了一个结
论，他认为女性特质是对那个力比多的否认，是"对一个根本的
男性特质的掩饰"。[24]

女性特质变成支配/解决男性化认同的一个假面，因为在一
个假定的异性恋欲望矩阵里，男性化认同会产生对一个女性客
体——阳具——的欲望；因此戴上女性特质的假面，这透露的可
能是对女性同性情欲的一种否认，同时，也透露了对那个被否认
的女性他者的一种夸张的合并——这是在抑郁的、负面的自恋循
环圈里，保有和保护那爱的一种奇特的形式；而那抑郁的、负面
的自恋，是来自在心理上不断反复灌输强制性异性恋的结果。

---

24 斯蒂芬·希斯（Stephen Heath），《琼·里维埃尔与伪装》（*Joan Riviere and the
Masquerade*），第45—61页。

有人可能这样解读里维埃尔，认为她害怕的是自己的阳具崇拜[25]，也就是，害怕她在演讲、写作过程中有暴露之虞的阳具认同，尤其是这篇文章本身既隐藏又演绎的阳具崇拜。然而，通过变成她不容许自己去爱的那个客体，里维埃尔试图否认以及演绎的，与其说是她自己的男性身份认同，不如说是那作为男性身份识别标志的男性异性恋欲望。这样的困境所以产生，肇因于一个把所有对女人的欲望——不管是什么生理性别或是什么社会性别的主体——都解释为起源于一种男性的、异性恋位置的理解矩阵。所有可能的性欲都被假定来自这个男性的力比多（the libido-as-masculine）。[26]

在此，性别和性欲的类型学应该让位给诠释文化如何生产性别的话语理论。如果里维埃尔精神分析的对象是一个没有同性情欲的同性恋者，那也许是因为她本来就没有那个选项的可能；文化上这个禁制的存在，横阻在演说的空间里，决定并区分着作为演讲者的她以及她那些主要是男性的听众。虽然她害怕自己的阉割愿望可能会为人所察觉，但她否认有争夺一个共同的欲望客体的情形；而如果没有这个欲望客体，她承认的男性认同将缺少肯定、缺少不可或缺的符号。的确，她的说法预设了攻击性相对性欲来说所具有的首要性：这是希望阉割、取代男性主体位置的欲

---

25 希斯指出，作为一名争取获得精神分析机构认可的知识分子女性，里维埃尔面对的情况跟她文章里描述的精神分析对象之间，似乎存在很大的相似性，如果不是完全等同的话。

26 杰奎琳·罗斯，收录于《女性性欲》，米切尔和罗斯编，第85页。

望，而这个欲望据断言是根植于竞争之上，但对她而言，这个欲望在移置的行动里自我耗竭。然而，这样的提问也许有些用处：这个攻击性是为什么样的性幻想服务，它又让什么性欲得以合理化？虽说里维埃尔的精神分析对象的攻击性表面的目的在于争取占有一个语言使用者的位置的权利，但我们可以追问：这个言语中的位置难道没有先要否定女性特质，而这个女性特质总是又以阳具他者（the Phallic-Other）的面目重新出现，并通过幻想的作用来肯定说话主体的权威？

接下来，我们也许可以重新思考男性特质和女性特质的概念本身——在此它们被建构为根植于一些没有解决的同性情欲投注（homosexual cathexes）。对同性情欲的抑郁否认／控制，最终造成对同性欲望客体的合并，然后又在截然区分的性别"本质"——这些"本质"需要它们的对立面，并通过排除设立这些对立面——的建构中重新浮现。假定双性情欲的原初性质或力比多的主要特征是男性的，仍然不能解释这些不同的"原初性"是如何建构的。有些精神分析理论也许会说女性特质是建立在排除男性特质的基础上，而男性特质是双性情欲心理构成的一个"部分"。这个二元性被假定是共同存在的，然后经由压抑和排除的介入调整，从这个二元性上打造出截然不同的性别化"身份"。结果是，身份总是且已经在本质上是一个双性情欲的结构，而这个结构经由压抑被切割为它的组成部分。在某种意义上，文化上的二元限制以前文化的双性情欲（precultural bisexuality）之姿呈现，而这双性情欲在进入"文化"的过程中拆裂为我们熟知的异性恋形态。然而从一开始，性欲的二元限制就清楚地显示，文化绝非后于它意图压抑的双性情欲而存在：文化构成一个理解的矩阵，通过它原初的双性情欲本身才能被思考。被假定为心理的基础、所谓在后来受到压抑的"双性情欲"是一种话语产物，它声称先于所有话语，通过规范异性恋制度的强制性和生成性的排除实践达成影响。

拉康派话语以"分割"（divide）的概念为核心，这是一种原初的或根本性的分裂，它使得主体内在分裂，并建立性别的二元性。但是为什么要独独聚焦于这样的一分为二？从拉康的理论框架来看，这样的分割似乎一直是律法的**结果**，而不是律法施行作为的一个先决条件。杰奎琳·罗斯写道，"对两性而言，性欲必然会触及两重性的问题，这松动了作为它基础的二元区分"[27]。这显示了通过压抑形成的性别区分，不可避免地被身份的伎俩本身所松动。然而，造成性差异领域里各个位置的单一性姿态松动的，难道不就是一种前话语的双重性吗？罗斯的说法非常有说服力："如我们所见，对拉康而言没有前话语的真实（'除了借由一种特别的话语，如何回到一个前话语的真实？'，拉康《精神分析专论》，第二十讲，第 33 页），没有律法之前的空间可以让我们重新找回。"罗斯也间接地批判了伊利格瑞在阳具经济之外划出一个女性书写位置的努力，她说："在语言之外没有女性。"[28] 如果

27　杰奎琳·罗斯，"导言（二）"，《女性性欲》，第 44 页。

28　杰奎琳·罗斯，"导言（二）"，《女性性欲》，第 55 页。

禁制产生了性欲的"根本区分"，而且如果正因为区分的人为性显示了这种"区分"是具有欺骗性的，那么必定有一种区分是**抗拒**分割的——一种心理的双重性或内在的双性情欲，它破坏任何切割的努力。把这心理的双重性当作律法的**结果**来思考，是拉康公开陈述的目的，但也是他理论框架内的一个抵抗的出发点。

罗斯无疑是对的，她宣称正因为认同拿幻想作为它的理想，所以每一种认同终究都会失败。任何精神分析理论如果规定了一个发展过程，预设它要达到某种特定的父子或母女的认同，就是误把象征界与真实界混同，而且错失了它们之间的不可比性这个关键重点，这不可比性暴露了"认同"以及"做"阳具、"拥有"阳具的戏码一概都是幻想。[29] 然而，什么决定了幻想的领域，以及保持象征秩序与真实界之间不具可比性的规则？宣称这个戏码对西方晚期资本主义社会的寻常百姓来说是有效的，而或许在未来未知的一个时代里，会有其他的象征体制支配性别本体论语言，这显然是不够的。当象征秩序被制定为一律都是幻想的，这"一律"转而演变为一种"不可避免"者，就产生了一种性欲的描述框架，从而促成了文化停滞的结果。

对拉康的解读中，认为前话语不具可能性这样的理解，可望形成将大写律法设想为既是禁制性又是生成性的一种批判。在

---

29 罗斯尤其批评了姆斯塔伐·萨伏安（Moustapha Safouan）的研究，说他没有理解象征界与真实界的不可比性。见他的著作《弗洛伊德学说里的女性情欲》（*La sexuqlité féminine dans la doctrine freudienne*），巴黎：色伊耶出版社，1976 年。我要感谢伊丽莎白·维德（Elizabeth Weed），她跟我一起讨论了拉康的反发展冲力。

此，没有出现生理或心理倾向的语言是件令人高兴的事，但是二元的限制仍然运作着，形成对性欲的框架，支配对它的设想，并且预先划定了它对"真实"的抵抗形式的界限。在标出什么是受到压抑的范畴时，亦即，在划定大写律法和它的臣服对象的界限的时候，排除先于压抑而运作。虽然我们可以说对拉康而言，通过禁制、父系律法，压抑产生了被压抑者（the repressed），但这样的论点不能说明充斥在拉康著作里的对失去了的圆满欢愉的乡愁。的确，这丧失不能理解为丧失，除非那个快感的无可挽回性本身，并非意指一个被禁制性律法阻绝于现在的过去。我们无法从建立完成的主体位置认识那个过去，这并不代表这个过去不会在主体的语言中，以裂隙（felùre）、不连贯或换喻滑动（metonymic slippage）等形式重新浮现。就像康德认为存在着更真实的本体真实（noumenal realtiy）一样，那前律法的、有着圆满欢愉的过去，是无法从口头语言的范畴内来认识的；但是这并不代表那个过去没有真实性。如当代言语中的换喻滑动所显示的，这个过去的不可接近性，本身就证实了那原初的完满是终极的真实。

这里出现了进一步的问题：这样一个象征秩序的理论——要求遵守一个证明是不可能实行的大写律法，而且这大写律法没有给自己弹性以及在文化上重新以比较具有可塑性的形式表述的空间——到底有什么可取之处？要求人们以象征秩序规定的方式完成性别化的律令，它导致的结果总是失败，而且在一些情形里，还使得性别身份本身的幻想特质被暴露。象征秩序作为目前所认定的这样一个霸权的文化理解框架，它有效地巩固了那些幻想，以及各种不同的认同失败的戏码的权力。我们的替代方案并不是要主张认同应该成为一种切实可行的成果；不过，关于在大写律法面前的"失败"、谦卑和有限，似乎的确有一种浪漫化，或者更确切地说，一种宗教式的理想化的倾向，这使得拉康的叙事在意识形态上显得可疑。一个无法实现的司法诫命，以及一种"在律法之前"不可避免的失败，这两者之间的辩证关系让人想起旧约上帝与那些遭受屈辱而不求回报、全心服从的仆人们之间的折磨关系。如今，性欲以对爱的需求（被认为是一种"绝对"的需求）的形式具现了这种宗教冲动，而这种爱的需求（demand）跟需要（need）和欲望（desire）都是截然不同的（一种狂喜的超越，完全使性欲黯然失色），这让我们更加深信：对人类主体来说，象征秩序就像那不可接近但决定一切的神一样运作。

拉康理论的这种宗教悲剧结构，实际上破坏了任何试图为欲望的运作设想一种另类的想象秩序的文化政治策略。如果象征秩序保证它所下达的任务一定会失败，那么如同旧约上帝一样，它的目的也许完全是非目的论的——不在完成某个目标，而在于服从与受苦，以强化"主体"在"律法面前"的有限感。当然，这个戏码有喜剧性的一面，而这在揭露身份是永无可能实现的过程中显现出来。然而即使是这个喜剧，也是一种对上帝——它自认无法战胜的上帝——的奴役关系的倒错表达。

拉康的理论必须以一种"奴隶道德"（slave morality）来理解。在挪用了尼采于《论道德的谱系》里提出的洞见——上帝，这不可接近的象征秩序，是由于某种权力（权力意志）而**变得不可接近**，而这个权力一再建制它自身的无能为力——之后，我们要如何重新阐述拉康的理论？[30] 对于将父系律法视为不可避免的、无法认识的权威，在它面前，性别化的主体必定会失败这样的描绘，我们必须从激发它的神学冲动，以及意在超越它的神学批判的角度来解读。建构一个保证会失败的律法，这是一种奴隶道德的症候：它否定了它用以将"大写律法"建构为一种永恒的不可能性的那个创生能力。是什么权力创造了这种反映不可避免的臣服的虚构？将权力限于那个自我否定的循环圈内，其背后的文化投注又是什么？我们如何从一种禁制律法的陷阱中——那权力处于掩饰和自我臣服的状态——重新收回那个权力？

---

30 关于尼采对奴隶道德的分析，见《论道德的谱系》的《第一论》，沃尔特·考夫曼译，纽约：温提子出版社，1969 年。如同他写的其他文章一样，尼采在这篇文章里指出，上帝是权力意志以一种自我贬低的行动所创造的，而通过重新收回那些生产了上帝，以及矛盾的人类的无能为力等思想的创生能力本身，是有可能从这个自我臣服的建构里恢复自由意志的。福柯的《规训与惩罚》（*Discipline and Punish*），显然是立基于《论道德的谱系》，尤其显著的是《第二论》，以及尼采的《破晓》（*Daybreak*）之上。他对生产性和司法性权力的区分，也显然根源于尼采关于意志的自我臣服的分析。用福柯的话语来说，司法性律法的建构是生产性的权力的结果，但是在此生产性的权力隐藏了自身并创制了自身的臣服。福柯对拉康以及压抑假设（the repressive hypothesis）的批判（见《性史·卷一：导论》，罗伯特·赫尔利译，纽约：温提子出版社，1980 年，第 81 页），主要是围绕着司法性律法的绝对主宰地位而展开的。

第三节　弗洛伊德与性别抑郁

　　虽然伊利格瑞主张女性特质的结构和抑郁"互相印证"[31]，而克里斯特娃在《贝里尼所谓的母性》一文以及《黑太阳：忧郁与抑郁》(*Soleil noir: Dépression et mélancolie*)[32]里把母性与抑郁等同，然而一直以来却少有努力尝试去理解异性恋框架里，性别生产的过程中对同性情欲抑郁性的否定/保留（melancholic

---

31　伊利格瑞，《他者女人的内视镜》，第66—73页。

32　见克里斯特娃，《语言中的欲望：文学与艺术的符号学方法》(*Desire in Language: A Semiotic Approach to Literature and Art*)，利昂·卢迪耶（Leon Roudiez）编，汤姆斯·戈拉（Thomas Gora）、艾丽丝·贾定（Alice Jardine）与利昂·卢迪耶译，纽约：哥伦比亚大学出版社，1980年；《黑太阳：忧郁与抑郁》(*Soleil noir: Dépression et mélancholie*，英文译本书名为 *Black Sun: Depression and Melancholia*)，利昂·卢迪耶译，纽约：哥伦比亚大学出版社，1989年。在后一本书里克里斯特娃对抑郁的理解，部分是根据梅勒妮·克莱因（Melanie Klein）的著作。抑郁是弑母冲动反作用到女性主体的结果，因此与受虐欲的问题相关。在此书里，克里斯特娃似乎接受了原初攻击性（primary aggression）的概念，并且根据原初的攻击对象，以及两性如何拒绝犯下他们内心深处最想犯下的谋杀等方面来区分两性。于是，男性位置被理解为一个外向的施虐欲，而女性位置则是内向的受虐欲。对克里斯特娃来说，抑郁是一种"奢华的悲伤"（voluptuous sadness），它似乎与升华的艺术创作紧密联系。这升华的极致形式似乎是以它根源上的痛苦为核心。也因此，克里斯特娃突兀地、不无争议地对此书如此作结：赞扬那些表达出人类行动的悲剧结构的现代主义伟大著作；对后现代主义尝试去肯定当代精神的碎裂化，而并非从中感受苦痛的做法，则多所责难。《贝里尼所谓的母性》一文关于抑郁的角色的探讨，见本书第三章第一节"朱莉娅·克里斯特娃的身体政治"。

denial/preservation）。弗洛伊德特别举出了抑郁心理机制对"自我形成"和"性格"的重要性，却只间接提及抑郁对性别的重要性。在《自我与本我》（*The Ego and the Id*，1923）中，他阐述哀恸（mourning）结构是自我形成的初始结构，这论点可以推溯到他1917年的文章《哀恸与抑郁》（*Mourning and Melancholia*）[33]。弗洛伊德指出，在一个人失掉他所爱的人的经验中，自我会把那个他者合并到自我本身的结构里，接收这个他者的属性，并且通过神奇的模仿行为"延续"这个他者的存在。丧失所欲、所爱的他者之痛，通过一种特殊的认同行为——试图把那个他者容纳到自我的结构里头——而得到克服："于是经由逃避到自我里，爱免于毁灭。"（178）这样的认同并非只是暂时性的或偶发性的而已，而是变成了一个新的身份结构；事实上，通过对他者的属性的永久性内化（internalization），他者变成了自我的一部分。[34] 在一些

---

33 有关弗洛伊德对哀恸与抑郁的讨论、它们跟自我和性格形成的关系，以及他对俄狄浦斯冲突的另类解决途径的讨论，见弗洛伊德，《自我与超我（自我理想）》[*The Ego and the Super-Ego（Ego-Ideal）*]，收录于《自我与本我》（*The Ego and the Id*），琼·里维埃尔译，詹姆斯·斯特拉契编，纽约：诺顿出版社，1960年，原出版于1923年。我要感谢保罗·史瓦伯尔（Paul Schwaber）向我推荐这一章的相关内容。关于《哀恸与抑郁》的引文都出自弗洛伊德的《心理学通论》（*General Psychological Theory*），菲利普·里夫（Philip Rieff）编，纽约：麦克米林出版社，1976年，以下引文出处将于正文里标示。

34 关于"认同"的一个有趣讨论，见理查德·沃尔海姆（Richard Wollheim）的文章，《认同与想象：一个心理机制的内在结构》（*Identification and Imagination: The Internal Structure of a Psychic Mechanism*），收录于沃尔海姆编，《弗洛伊德：批评论文集》（*Freud: A Collection of Critical Essays*），花园城：锚出版社，1974年，第172—195页。

情形里，正反感情并存的关系因为丧失经验而被切割，那矛盾的情感被内化为一种自我批评或自我贬抑的倾向，他者的角色于是被自我本身所占据并主导："对客体自恋式的认同于是成为情欲投注（the erotic cathexis）的替代品，其结果是，尽管与所爱的人有所矛盾，爱的关系却并不需要放弃。"（170）后来弗洛伊德清楚地解释说，内化和延续失去的所爱的过程，对自我的形成和它的"客体选择"（object-choice）有关键性的作用。

在《自我与本我》里，弗洛伊德提到《哀恸与抑郁》一文中所描述的这个内化过程，他说：

> 我们以前假设［在那些为抑郁所苦的人们身上］一个丧失的客体在自我内重又建立——客体投注已经被一种认同所取代——成功地解释了痛苦的抑郁心理失调的问题。但在当时，我们并没有完全体认到这个过程的重要意义，也不知道它是如何地普遍、如何地典型。自那以后，我们了解到这样的替代在决定自我所采取的形式上占有极其重要的地位，而且它对建立所谓自我的"性格"也有重要的贡献。（18）

然而，《自我与超我（自我理想）》这章后来的铺展，所触及的不只是"性格"而已，还有性别身份的获得。当弗洛伊德宣称"也许这样的认同是本我能够放弃它的客体的唯一的情况"时，他暗示了抑郁的内化策略，与哀恸的运作并不是**对立**的，它也许是能让自我从痛失与他人的重要情感联系的境况中熬过来的唯一的方法。弗洛伊德接着宣称："自我的性格是被放弃的客体投注的沉淀，它包含了那些客体选择的历史。"（19）当我们了解乱伦禁忌在其他功能之外，也引致自我丧失了一个爱的客体，而这个自我通过内化那个禁忌的欲望客体，从这个丧痛中恢复过来，这个内化丧失的所爱的过程就变成跟性别的形成息息相关。在禁忌的异性情欲结合的情形里，被否定的是那个客体，而不是欲望的形态，因此欲望从那个客体移转到其他异性的客体上。但是在禁忌的同性情欲结合的情形里，欲望和客体两者显然都需要被否定，因而受到了抑郁的内化策略的左右。因此，"面对父亲，小男孩的处理方式是与父亲认同"（21）。

在弗洛伊德最初对男孩-父亲的认同关系的论述中，他认为认同的发生并不是先有一种客体投注（21），这意味着认同不是儿子对父亲的爱丧失了，或是受到了禁止的结果。然而后来弗洛伊德的确假设，原初双性情欲是性格与性别形成过程中的一个复杂要素。既然假定了双性情欲的力比多倾向，就没有理由再否定儿子对父亲的一种原初爱欲，但弗洛伊德隐含了这样的否定。然而男孩的确对母亲持续着一种原初的投注，而弗洛伊德指出，就是在男童试图引诱母亲所采取的男性化和女性化的行为里，流露了这种双性情欲。

虽然弗洛伊德提出俄狄浦斯情结来解释为什么男孩必须弃绝母亲，而对父亲采取一种矛盾的态度，但他后来又立即说，"甚至有可能是，与双亲关系上所展现的矛盾，应该全部归结于双性情欲，而如我在上面已经说明的，它不是由于竞争而从认同发展出来的"（23，注解 1）。但又是什么支配了这种情况下的矛盾性？显然，弗洛伊德意在指出，男孩不仅必须在两种客体之间作抉择，他也必须在两种性别倾向——男性与女性——之间作抉择。因此，男孩通常选择异性恋情欲，就不是因为害怕被父亲阉割，而是因为害怕阉割，也就是说，他害怕的是异性恋文化中与男同性恋联系的"女性化"。事实上这里最主要的，并不是对母亲的异性恋欲念必须被惩罚和升华，而是同性情欲投注必须臣服于文化所认可的异性恋情欲。的确，如果使男孩弃绝女性特质以及他对父亲的矛盾情感的，是原初的双性情欲而不是俄狄浦斯的竞争戏码的话，那么对母亲的投注的首要性就越发显得可疑，而男孩的客体投注的原初异性恋情欲也因此变得更为可疑。

不管男孩弃绝母亲的理由是什么（我们是把惩罚的父亲当作一位竞争敌手，还是当作一个不允许自己这样的欲望客体？），这种弃绝都成了弗洛伊德所谓的性别"巩固"的奠定契机。失去了母亲作为一个欲望客体，男孩或者通过与她认同内化这个丧失，或者移置他的异性恋情感，而在这种情形下，他强化了与父亲的情感联系，因而"巩固"了他的男性特质。如同巩固这个隐喻所暗示的，在心理畛域里，在倾向（dispositions）、性别趋向（sexual trends）和目的（aims）上，随处可见男性特质的零星碎片，但它们是弥散的、无组织的，没有被一个异性恋客体选择的排他性所束缚。的确，如果男孩一并放弃了目的和客体，也就是整个异性恋情欲投注的话，那么他会将母亲内化，建立一个女性超我，而这个女性超我消解、瓦解男性特质，巩固女性力比多倾向以取而代之。

对小女孩也一样，俄狄浦斯情结可以是"正向的"（同性认同）或者是负向的（异性认同）；因为乱伦禁忌而丧失了父亲，这可能造成的结果不是与失去的客体认同（男性特质的巩固），就是把目的从那个客体身上转移，而在此情形下，异性恋情欲战胜了同性恋情欲，并且找到了一个替代客体。在这段关于小女孩身上的负向俄狄浦斯情结的简短讨论的结尾，弗洛伊德指出，究竟哪一种认同会实现，取决于她的倾向中男性特质与女性特质的强弱。值得注意的是，当弗洛伊德打断自己的陈述，在中间用破折号插入他的疑惑"——不管它的内涵是些什么——"（22）时，他承认了他对男性或女性倾向到底是什么存有困惑。

这些显然让弗洛伊德自己摔了个跤的原初倾向是什么？它们是一种无意识力比多结构的属性吗？由于俄狄浦斯冲突而建立的各种不同的认同，它们究竟如何运作来强化或消解这些倾向？"女性特质"的哪个方面我们称之为倾向，而哪方面又是认同的结果？到底是什么使我们不能将双性情欲的"倾向"理解为一系列内化的**结果**或产物？此外，我们如何从一开始辨别出"女性"或"男性"倾向？我们是通过什么线索认识它们的？我们在何种程度上认定了"女性"或"男性"倾向是异性恋客体选择的前提？换句话说，在何种程度上，我们把对父亲的欲望解读为女性倾向的迹象，全是因为即使在原初双性情欲这样的假定之下，我们仍然一开始就从一个异性恋的欲望矩阵出发？

以女性和男性**倾向**来设想双性情欲的概念，而这些倾向有异性恋的目的作为她们意向上的相应对象，这表示对弗洛伊德而言，**双性情欲是在一个单一的心灵里同时存在的两种异性恋情欲**。男性倾向实质上从来不是导向父亲，以之作为一个爱欲的客体，而女性倾向也并非导向母亲（小女孩的导向也许是如此，但这是在她弃绝她的倾向本质里"男性化"的一面之前）。女孩在放弃母亲作为一个爱欲客体的时候，她必然否定她的男性气质，而结果却是悖论地造成了她的女性气质的"固着"。因此，在弗洛伊德的原初双性情欲理论里，没有同性情欲，只有异性之间的吸引。

然而，弗洛伊德给我们提供了什么证据，证明这些倾向的存在呢？如果我们没有办法区分通过内化获得的女性特质与严格意义上属于倾向的女性特质，那么何必从一开始就排除各个性别所特有的情感吸引都是内化的结果这样的结论？倾向上的性欲和身份被归结为个人是基于什么，而我们可以给予最初的"女性特质"和"男性特质"什么意义？以内化这个难题作为一个出发点，让我们首先思考一下内化的认同在性别形成中的地位；其次，思考一下一种内化的性别情感吸引与内化的认同的自我惩罚性抑郁之间的关系。

在《哀恸与抑郁》一文里，弗洛伊德解释抑郁症者自我批评的态度，是内化了一个失去的爱的客体的结果。正因为那个客体的失去——即使与它的关系仍有着矛盾情结，没有获得解决——那客体被"带进"了自我里，而那矛盾争斗以心灵的两个部分之间的内在对话形式，在自我里神奇地重获新生。在《哀恸与抑郁》中，失去的客体在自我里被重建为一个批评的声音或能动者，而原来对这个客体的怒气逆转过来，变成了被内化的客体现在反过来斥责自我：

> 如果一个人耐心地倾听抑郁症患者各种各样的自责，最后不免会有这样的印象，就是其中最严厉的斥责几乎不能适用于病人本身，但稍加改动的话，它们事实上跟其他人是符合的：病人所爱的、一直以来爱着的或者他应该爱的某个人……那些自责是针对某个所爱的客体的指责，而它们已经转为针对病人本身的自我。（169）

抑郁症患者拒绝接受客体的丧失，而内化成了使那个丧失的客体神奇复生的一项策略，这不仅因为丧失太过痛苦，也因为对那个客体的矛盾感情使那个客体必须被保留，直到分歧获得解决。在这篇早期的文章里，弗洛伊德对哀伤（grief）的理解是，将力比多投注从一个客体抽离，并成功地让那投注转移到一个新的客体上。然而在《自我与本我》里，弗洛伊德修正了这个哀恸与抑郁之间的区别，他指出与抑郁相关的认同过程，可能是"本我能够放弃它的客体的唯一的情况"（19）。换句话说，抑郁所特有的、与丧失的所爱的认同，成了哀恸运作的一个先决条件。原来被认为是对立的这两个过程，现在被理解为整个哀伤过程中的相关部分。[35] 在他后来的观点里，弗洛伊德认为丧失的内化具有补

---

35 尼古拉斯·亚伯拉罕（Nicholas Abraham）和玛丽亚·托洛克［Maria （转下页）

偿作用："当自我取得了客体的特点时，它可以说是以这样的方式强迫自己接受了本我的丧失：'看，你也可以爱我——我跟那个客体是如此相像。'"（20）严格来说，对客体的放弃并不是否定那个投注，而是对它的内化，因此也是对它的保留。

　　自我和它失去的所爱永久共居于心灵里，这样的心灵地貌到底是如何？显然在弗洛伊德的设想里，自我永远有一个自我理想（the ego ideal）相伴着，这个自我理想有着各种各样的道德能动作用。自我内化了的丧失被重建为这个道德审查能动机制的一部分，也就是内化了原来是外向式的、对一个客体所感到的愤怒与指责。在内化的行为里，那些因为丧失而不可避免高涨的愤怒和指责，转向了内在而得以持续存在；自我与这个内化的客体换位，因而把道德的能动机制和权力授予了这个内化的外在物。如此，自我交卸了它的愤怒和效能，转给自我理想，而自我理想反过来跟那使它得以延续的自我作对。换句话说，自我建构了一个跟自己过不去的方式。事实上弗洛伊德警告说，这个自我理想有超道德（hypermoral）的可能性，如果走到极端，可能会导致自杀。[36]

───────────────

（接上页）Torok 反对把哀恸和抑郁混同。见以下注 39。

36 关于主张对作为惩罚机制的超我和自我理想（一种满足自恋愿望的理想化之物）加以区别（弗洛伊德显然在《自我与本我》里没有对两者作区分）的精神分析理论，读者可以参考贾宁·沙色古耶-斯密尔格尔（Janine Chassseguet-Smirgell），《自我理想——关于理想病症的心理学论述》（*The Ego-Ideal, A Psychological Essay on the Malady of the Ideal*），保罗·巴罗斯（Paul Barrows）译，克里斯多佛·拉胥（Christopher Lasche）导言，纽约：诺顿出版社，1985 年［法文（转下页）

内在自我理想的建构也牵涉性别身份的内化。弗洛伊德指出，自我理想是解决俄狄浦斯情结的一个办法，因此有助于成功地巩固男性特质和女性特质：

> 然而，超我并不只是本我最早的客体选择的残留；它也代表了对这些选择的一种积极的反向作用（reaction-formation）。它跟自我的关系无法尽述于这样的训令——"你必须像这样（像你的父亲）"。它也包含这样的禁制："你不可以像这样（像你的父亲）——你不可以做他做的所有事；有些事情是他的特权。"（24）

因此根据弗洛伊德的说法，自我理想是一种内在的约束与禁忌的能动机制，它通过对欲望适当的重新疏导与升华来巩固性别身份。对作为爱的客体的父亲或母亲的内化，遭遇了一个必然的意义逆转。父亲或母亲不仅被禁止成为一个爱的客体，而且被内化为一个具有**禁制**或**克制**作用的爱的客体。因此，自我理想的禁制功能不止起了抑制，或者更确切地说，起了压抑对那个父亲或母亲的欲望的表达的作用，它也建立了一个内在的"空间"，让那爱能够**保存**于其中。由于解决俄狄浦斯两难抉择的方式可以是"正向的"或是"负向的"，因此对与自己性别相异的父母亲的欲

（接上页）原版为 *L'ideal du moi*］。她的文本援引一种过于简单的性欲发展模式，贬低同性情欲，而且一贯对女性主义和拉康有所批评。

望的禁止，不是导致与失去的那个父亲或母亲的性别认同，就是导致对那个认同的拒绝，因此也使得异性恋欲望发生转移。

自我理想作为一套约束与禁忌，它管控并决定男性与女性的认同。由于认同取代了客体关系（object relations），而且认同是丧失的结果，因此性别认同是一种形式的抑郁心理，其中被禁制的客体的性别被内化为一种禁律。这个禁律支持、管控截然区分的性别化身份以及异性恋欲望的律法。俄狄浦斯情结的解决不仅通过乱伦禁忌，也通过更早的同性情欲禁忌影响着性别的认同。结果是，人与同性别的爱欲客体认同，从而内化了同性情欲投注的目的和客体两者。作为抑郁结果的认同，是保存没有获得解决的客体关系的方式，而在同性的性别认同情况中，没有解决的客体关系总是同性情欲关系。事实上，性别的倾向越严整、越稳定，原来的丧失就越是没有获得解决，因此，严格的性别疆界不可避免地会隐藏原始爱欲的丧失，而由于不被承认，这种丧失无法获得解决。

但显然不是所有的性别认同都是建立在成功地完成对同性情欲的禁忌的基础之上。如果女性与男性倾向是有效内化了那个禁忌的结果，如果对失去的同性客体的抑郁解决方式，是通过建立自我理想来合并，确切地说，是**变成**那个客体的话，那么在根本上，性别身份似乎是内化了某种被证实是身份形成之因的禁律的结果。此外，这种身份的建构和维持系于不断地应用这种禁忌，不仅在身体的程式化／风格化上符合截然区分的性别范畴，在性欲望的生产和"倾向"上也是如此。"倾向"（disposition）这个词语从一种动词形态（**使之具有某种倾向**［to be disposed］）转变为名词形态，从而变得凝固（**具有一些倾向**［to have dispositions］）；"倾向"这个词语最后成了一种谬误的本质主义，这是通过禁制的影响而形成或"固定"的情感作用的结果。因此，倾向不是心灵的原初性/性别事实，而是文化以及自我理想带有共谋性的、价值重建的行动所强加的律法产生的结果。

在抑郁的情形里，所爱的客体由于各种不同的方式而失去：分离、死亡或者一段情感联系的断绝。然而在俄狄浦斯情结的情形里，丧失是由某种**禁律**专横地强加的，它伴随着一套惩罚措施。因此，对于"回应"俄狄浦斯两难困境、性别认同上的抑郁，我们必须把它理解为某种内在道德指令的内化，而这个指令的结构和能量得自一个外在强加的禁忌。虽然弗洛伊德并没有明确地这样主张，但同性情欲的禁忌似乎应该是**先于**异性恋乱伦禁忌的；同性情欲禁忌事实上创造了异性恋"倾向"，由此俄狄浦斯冲突才成为可能。带着乱伦的异性恋目的进入俄狄浦斯戏码的小男孩和小女孩，他们早已受到那些使他们"倾向"于截然不同的性别走向的禁律的支配了。因此，弗洛伊德认为是性/性别生活的原初的或本质的事实的倾向，其实是律法的结果，这律法被内化后，生产并管制截然区分的性别身份和异性恋情欲。

这些倾向非但不是基础性的，它们还是一个以掩饰自身的系谱为目的的过程的结果。换句话说，"倾向"是强加的性禁制的历史所留下的痕迹，这历史没有被讲述，而且这些禁制试图使这历史无法被讲述。从倾向假定出发的关于性别获得的叙事诠释，实际上排除了那能够揭露这个叙事是禁制本身自我强化的一个手段的叙事出发点。在精神分析叙事里，倾向受到禁制的整训，被固定、巩固，而这禁制在后来以文化的名义出现，压制未受拘束的同性情欲投注所产生的骚乱。从把这个禁制律法当作这个叙事的奠定契机的观点来说，这律法以"倾向"的形式生产了性欲，同时又在后来的某个时间点狡狯地出现，把表面上"自然"的这些倾向，转化为文化可以接受的异族通婚的亲属关系结构。为了隐藏生产现象的律法——它后来宣称不过是对这些现象加以疏导或压抑而已——的系谱，这律法执行了第三种功能：将自己设立为某种因果关系叙事的逻辑连续原则，而这个叙事以心理事实作为它的出发点。这样的律法设定排除了以一个比较激进的系谱学来探究性欲和权力关系的文化根源的可能性。

　　颠倒弗洛伊德的因果关系叙事，并把原初倾向看作是律法的结果，这究竟意味着什么？福柯在《性史》第一卷里批判了压抑假说，因为它假定有一个原始的欲望（不是拉康所说的"欲望"，而是**圆满欢愉**）存在，它保持着本体的完整性，而在时序上早于压抑的律法。[37] 根据福柯的说法，这律法随后压制了那欲望，或将它转化为一种次级的、必然无法令人满意的形式或表达（移置）。福柯指出，被设想为原初的、受到压抑的欲望，是那压制性律法本身所造成的结果。因此，律法生产了压抑的欲望这个精心构想，为的就是要合理化它自我壮大的策略。而且，与其他地

37　福柯，《性史·卷一》，第 81 页。

方一样，在这里司法性的律法并非行使压抑的功能，而应该被重新设想为一种话语实践，具有生产或生成的力量——它是话语的，因为它生产了压抑的欲望这个语言虚构，为的是维系它自身作为一个目的论工具的位置。这里所讨论的欲望获取了"压抑"的意义，以至于律法构成了它的一个语境框架；的确，律法确认并鼓舞所谓"压抑的欲望"，传播这个词语，而且，事实上它为所谓"压抑的欲望"这个自觉的、语言精心建构的经验开拓了话语的空间。

乱伦禁忌以及隐晦的同性情欲禁忌是一种压抑性的律令，它假定了一个原初的欲望，落实在"倾向"这个概念上，这欲望经受了对原初同性力比多倾向的压抑，而产生了异性恋欲望的移置现象。这个独特的、关于幼儿发展的后设叙事（metanarrative）结构，把性倾向设想为前话语的，时序上是原初的，而且是本体论上截然区分的内驱力。它们具有一个目的，因此拥有一个它们在语言和文化中出现之前就存在了的意义。在进入文化领域的那个时刻，欲望偏离了它的原始意义，其结果是文化里的欲望必然是一系列的移置。因此，这个压抑律法实际上生产了异性恋情欲，它不只扮演一种负面的或排除性的法典的角色，同时它也是一种核批机制，最适切的说法是一种话语律法：它区别什么是可说的、什么是不可说的（划定并建构不可说的领域），什么是合法的而什么是不合法的。

第四节　性别的复杂性与认同的局限

前面有关拉康、里维埃尔以及弗洛伊德《自我与本我》的分析，对性别认同如何运作——实际上是关于性别认同是否真能说是"起了作用"——提供了各种相持不下、不同版本的论点。性别的复杂性和不一致的问题，是否能够以文化上多种不一致的认同之间的相乘与辐合来解释？还是说，所有的认同都是通过排除某种性欲而建构的，而这使得那些认同遭到质疑？在第一种情况里，多重认同能够建立一种非等级性的、游移而重叠的认同设定，这样的性别设定质疑了任何单义的性别属性的首要性质。在拉康的理论框架里，认同是在"拥有"或"作为"阳具的二元结构里确立的。结果，被这二元结构所排除的组项阴魂不散，打破任何形式的一致性姿态。这被排除的组项是某种被排除的性欲，它挑战了主体那些不证自明的说辞，也挑战主体所宣称的了解自身欲望的根源和客体的主张。

多数时候，关注精神分析理论认同难题的女性主义批评家，她们的焦点经常放在母亲认同的问题上，并试图从那个母亲认同和／或从那个认同的观点及其难点发展而来的母性话语（maternal discourse）来阐述一种女性主义的认识论立场。虽然这些研究许多都非常有意义，而且显然具有重要的影响，但它们已经在初具规模的女性主义理论经典里占据了一个霸权的位置。此外，这些研究往往强化了将性别划分为男性与女性的那个二元的、异性恋中心的框架，而对男同志和女同志文化所特有的那些颠覆的、戏仿的辐合形式，却排斥给予它们一个起码的描述。然而，作为一种极为片面的努力，以求能给予那母性中心话语客观的理解，下一章将考察克里斯特娃对符号态（the semiotic）作为象征秩序的一种母性颠覆的相关描述。

截至目前，我们从所思考的这些精神分析理论中，获得了什么样的批评策略和颠覆资源？诉诸无意识以作为一种颠覆的资源，似乎只有在父系律法被理解为一种严格的、普遍的决定论，而使"身份"成为一种固定的、幻想的事物时才有意义。即使我们接受身份的实质内容是幻想，我们也没有理由认定，确立那幻想框架的律法是不受历史的可变性和可能性影响的。

相对于一个先行确立身份、奠定象征秩序的律法，我们也许可以重新思考一下构成性认同的历史，而不预设一个固定的、奠基性的律法。虽然我们可以从人类学的领域来驳斥父系律法的"普遍性"，但似乎这样的思考是很重要的：律法在任何一个特定的历史语境里所维系的**意义**，并不像拉康的诠释所显示的那样单义且绝对有效。我们应该可以提供一种模式，说明一系列的认同如何符合，或是无法符合文化所强加的性别完整性的标准。自传性叙事里的那些构成性认同总是在述说过程中部分编造出来的。拉康宣称我们永远不可能讲述我们的起源故事，归根结底是因为语言阻止了说话的主体，使它无法接近它被压抑的言语的力比多根源。然而，父系律法建立主体的那个创建时刻，它的作用似乎是像一种后设历史（metahistory），我们不但能够也必须讲述它，即使主体的创建时刻——律法的建制——跟无意识本身一样都是先于说话主体的。

有关认同，从精神分析理论发展而来的另一可能的观点认为，多重而并存的认同，在性别设定中生产矛盾、辐合以及创新性的异调，挑战父系律法方面对男性和女性位置的固化。事实上，多重认同（不能最终简单归结为固定在男性和女性位置的原初或基础的认同）的可能性显示了大写律法不是决定一切的，而且"那"律法甚至可能不是单数的。

到目前为止，关于多重认同的意义或颠覆的可能性的论辩，并没有清楚指明究竟在哪里可以找到那些认同。所谓保留那些认同的内在心灵空间，只有在我们能够将那内在空间理解为一个幻想的场域，而它还为其他的心理功能服务的时候才有意义。精神分析学者罗伊·沙弗尔似乎与尼古拉斯·亚伯拉罕和玛丽亚·托洛克意见一致，他认为"合并"是幻想而不是一个过程；一个客体被吸纳进的内在空间是想象的，而且是在一个能够召唤、具化这样的空间的语言里想象出来的。[38] 如果通过抑郁维系的认同是

38　罗伊·沙弗尔（Roy Schafer），《精神分析的新语言》(*A New Language for Psycho-Analysis*)，新港：耶鲁大学出版社，1976年，第162页。沙弗尔早期对各种不同的内化（internalization）——内摄（introjection）、合并（incorporation）、认同（identification）——的区分也值得关注，见罗伊·沙弗尔，《内化的面貌》(*Aspects of Internalization*)，纽约：国际大学出版社，1968年。有关内化和认同这些精神分析词语的历史，见梅瑟纳（W. W. Meissner），《精神分析里的内化》(*Internalization in Psychoanalysis*)，纽约：国际大学出版社，1968年。

"被合并"的话，那么问题仍然没有解决：这个合并的空间在哪里？如果它不是照字面意义所显示的那样是在身体内的话，那么它也许是在身体上，是身体的表面意义，这样的话身体本身就必须**作为**一个合并的空间来理解。

亚伯拉罕和托洛克指出内摄（introjection）是为哀恸（在此客体不仅是丧失了，而且也被承认是丧失了）的运作服务的一个过程。[39] 另一方面，合并比较恰当地说是属于抑郁：一种被否认或悬置的哀伤（grief）状态，在其中客体以某种方式奇妙地被保留在"身体内"。亚伯拉罕和托洛克指出，作为哀恸特点的对丧失的内摄建立了**一个净空的空间**（an empty space），直观地形诸空洞的嘴，成为语言和意义表达的先决条件。要把力比多成功地从丧失的客体上移置，需要通过既意指又移置那个客体的**言语**的

---

39 这里关于尼古拉斯·亚伯拉罕和玛丽亚·托洛克的讨论，是以《哀恸还是抑郁：内摄-合并、后设心理学真实与幻想》(*Deuil ou mélancholie, introjecter-incorporer, réalité métapsychologique et fantasme*) 一文为基础。此文收录在《外壳与内核：精神分析的更新》(*The Shell and The Kernel: Renewals of Psychoanalysis*)，尼古拉斯·兰德（Nicholas T. Rand）主编、翻译以及导言，芝加哥：芝加哥大学出版社，1994年（法文原版 [*L'Ecorce et le noyau*] 于1987年由巴黎弗拉马里昂出版社出版）。部分讨论的英文版见亚伯拉罕和托洛克所著，《内摄-合并：哀恸还是抑郁》(*Introjection-Incorporation: Mourning or Melancholia*)，收录于《法国的精神分析》(*Psychoanalysis in France*)，瑟哲·勒伯维奇（Serge Lebovici）与丹尼尔·维德洛屈（Daniel Widlocher）编，纽约：国际大学出版社，1980年，第3—16页。另见同作者所著，《关于幻影的笔记：对弗洛伊德后设心理学的补充》(*Notes on the Phantom: A Complement to Freud's Metapsychology*)，收录于《精神分析的考验》(*The Trial (s) of Psychoanalysis*)，弗兰萨斯·梅茨尔（Francoise Meltzer）编，芝加哥：芝加哥大学出版社，1987年，第75—80页；以及《精神分析诗学："失去的客体—我"》(*A Poetics of Psychoanalysis: "The Lost Object-Me"*)，刊载于《实质》(*Substance*)，卷43，1984年，第3—18页。

形成来完成；从原来的客体移置力比多，在本质上是一种隐喻性的（metaphorical）心理活动，在这过程中言语"表征"那不在场者（the absence）并超越它。内摄被理解为哀恸的运作，而合并——一种对丧失的**神奇**的解决方式——却是抑郁的特征。内摄找到了隐喻意指的可能性，而合并却是反隐喻的，因为它执意认为丧失之痛是根本无以名状的；换句话说，合并不仅无法做到对丧失的命名或承认，它也侵蚀了隐喻意指本身的根本条件。

如同拉康的观点一样，对亚伯拉罕和托洛克来说，弃绝母性身体（the maternal body）是在象征秩序里能够进行意指的先决条件。他们进一步指出，这个原初压抑建立了个体化以及具有意义的言语的可能性，而从指涉物——欲望的客体——是一种无止境的移置这层意义来看，言语必然是隐喻性的。根据他们的理解，失去母性身体这个爱的客体，事实上建立了一个净空的空间，而言语由此而生。然而，拒绝接受这个丧失——抑郁——造成了无法移置于言语的结果；的确，母性身体的位置在身体里被建立，用他们的话来说，它被"加密隐藏"（encrypted）了，永远住在身体里，成为身体的一个死去、正在死去的部分，或者是一个被各种各样的幻象所占据或附身的部分。

当我们把性别身份视为一种抑郁结构时，选择"合并"作为完成那认同的方式是有道理的。的确，根据上面所说的模式，性别身份需要通过否认丧失来建立，这丧失深深隐藏于体内，并且实际上决定着活着与死去的身体的对比。作为一种反隐喻的心理活动，合并把丧失**直观地化于**身体上或身体内，因而看起来是身体的一个事实存在，这是身体把"生理性别"当作它的一个不折不扣的事实性来呈现的方法。在给定的"性感带"定位（localization）和/或禁止快感和欲望的，正是这样一种弥漫于身体的表面、具有性别分化功能的抑郁。引起快感的客体的丧失，通过对那快感的合并获得解决，结果通过性别分化律法的强制效力，那快感同时受到了限定和禁止。

乱伦禁忌当然比同性情欲禁忌包含面要更广，但在通过异性恋乱伦禁忌建立异性恋身份的情形里，丧失之痛以哀伤的形式被承受。而由同性乱伦禁忌建立异性恋身份的情形里，丧失的所爱通过一种抑郁结构延续下来。弗洛伊德认为异性情欲客体的丧失，带来的结果是对那客体而不是对异性恋目的的移置；另一方面，同性情欲客体的丧失，则必定同时失去目的**和**客体。换句话说，不仅客体失去了，欲望本身也完全受到了否认，因此，"我从来没有失去过那个人，我也从来没有爱过那个人，事实上我从来都没有感受过那样的爱"。通过否认这个绝对化的轨道，抑郁心理对那爱的保存更为安全稳固。

伊利格瑞指出，弗洛伊德理论里的抑郁结构与发展完成的女性特质的结构非常相似，她指的是对客体和目的两者的否认，这种否认构成了充分发展的女性特质所特有的"两波"压抑。对伊利格瑞来说，正是对阉割的察觉让小女孩进入了一个根本无法再现的"丧失"中。[40] 抑郁因此是对女人的一个精神分析规范，这

40　伊利格瑞，《他者女人的内视镜》，第68页。

规范的依据是她貌似想要拥有阴茎的欲望，而这欲望刚好又那么适时地无法再被感受到或察觉到。

伊利格瑞的解读处处可见嘲弄的引述，这样的解读有利于揭穿弗洛伊德文本里明显充斥的、关于性欲和女性特质的发展主张的虚假性。正如她同时指出的，还有其他解读那套理论的可能的方式，可以超越、逆转和置换弗洛伊德所陈述的目的。想想看这情形：对同性情欲投注的否认——欲望和目的一并都否认——是由社会禁忌所强迫的一种否认，并在各个发展阶段被挪用，它造成了一种抑郁的结构，这个抑郁结构事实上把那目的和客体，封闭在通过持久不懈的否认而建立的肉体空间或"密窖"内。如果异性恋机制对同性情欲的否认造成了抑郁，而且如果抑郁是通过合并来运作的话，那么这个被否认的同性爱欲，通过对一个以对立的模式界定的性别身份的耕耘而被保留下来。换句话说，被否认的男性同性情欲最终造成一种强化的或巩固的男性特质，而这男性特质认为女性范畴是不可想的和不可命名的。而对异性恋欲望的承认，使得欲望从一个原初客体移置到一个次级客体上，这是一种力比多的割舍以及重新依附，正是弗洛伊德所断言的正常的哀伤所具有的特性。

显然，对一个无法想象异性恋欲望的同性恋者来说，他／她同样大可以通过一种合并的抑郁结构——与那既不被承认也没有经历哀伤过程的爱欲对象认同，并以身体将之具化——来维系那异性恋情欲。但这里很清楚的是，异性恋者拒绝承认原初的同性情感依恋，是由于一种同性情欲禁忌并由文化所强制执行的，而抑郁同性恋者的情形是完全无法与之相比的。换句话说，异性恋抑郁是由文化所建制并维持的，而这是以二元对立的欲望关系建立的性别身份为求稳定所付出的代价。

然而，什么样的表层和深层的语言足以表达抑郁的这种合并作用？我们可以在精神分析话语里找到这个问题的初步答案，但更全面的理解导致我在最后一章将性别设想为一种演绎实践，通过操演为它自身的内在执念（fixity）建立一种外表风貌。但是在目前这个点上，认为合并是一种幻想这样的论点，意味着对一个认同的合并是一种直译的幻想（a fantasy of literalization），或者说是**直译化的幻想**（literalizing fantasy）。[41] 正是借助其抑郁结构，这种身体的直白表意掩藏了它的系谱，使它自身跻于"自然事实"的范畴之内。

维系一个直译化的幻想是什么意思？如果性别分化是从乱伦禁忌以及更早的同性情欲禁忌而来，那么"成为"某个性别就是一个"被自然化"的艰辛的过程；这过程要求根据性别化的意义，对身体的各种快感和各个部位加以分化。快感被说成是存在于阴茎、阴道和乳房上，或者是从这些部位散发出来的；然而这样的描述是与一个已经被建构的，或自然化为某种特定性别的身体相应的。换句话说，身体的一些部位成为可以想象的快感的焦

---

41 沙弗尔，《精神分析的新语言》，第177页。在这本书和他较早期的著作《内化的面貌》中，沙弗尔很清楚地指出，内化的空间的比喻是一些幻想建构，而不是过程。很有意思地，这显然跟亚伯拉罕和托洛克所提出的论点——"合并只是宽慰自我的一个幻想"（《内摄-合并》，第5页）——不谋而合。

点，是因为它们符合了一个特定性别身体的规范理想。在某种意义上，快感被性别的抑郁结构所支配，根据这个结构，一些器官变得对快感麻木无感，而另一些器官则被激活为快感带。哪些快感将存活、哪些快感将死亡，这个问题经常取决于哪个能满足在性别规范矩阵里所发生的、形成身份的那些合法化实践的要求。[42]

变性人经常宣称在性快感和一些身体部位之间有非常大的断裂性。大多数时候，快感方面的渴望需要一个人对一些他／她实际上没有的身体部位——可以是附属器官（appendages），可以是孔口（orifices）——进行想象的参与。或者，同样地，快感也许也要求人将一些身体的部位加以想象地夸大或缩小。当然，欲望的想象特质并不只限于变性人这个身份；欲望的幻想本质显示，身体不是欲望的基础或原因，而是欲望**展现的场域**（occasion）及其**客体**（object）。欲望的策略部分是使有着欲望的身体改变它自身的形貌。事实上，想要能够有所欲望，也许必须先相信一个改变了的身体自我（bodily ego）[43]，而这个身体自我在性别化的想象

42　显然，这是维蒂格《女同志身体》（*The Lesbian Body*，彼得·欧文［Peter Owen］译，纽约：埃文出版社，1976 年）的理论基础。这部小说指出，异性恋化的女性身体被区隔为各个部分，而变得在性上感受迟钝。通过女同志性爱，那个身体的肢解而又重新接合的过程演绎了一种"倒错"，揭露所谓整合的身体其实完全是崩解的，并被去除了情欲；而"活生生"崩解了的身体，却能在所有的身体表面享受性快感。值得注意的是，这些身体没有稳定的表面，因为就我们所了解的，强制性异性恋机制的政治原则决定了什么才算是完整的、完成了的以及解剖学上截然区分的身体。维蒂格的叙事（同时是一种反叙事）质疑了文化所建构的、关于身体的完整性的那些概念。

43　弗洛伊德的"身体自我"的概念，部分论及了这个身体表面作为一种投射的观点。弗洛伊德宣称"自我首先是一个身体自我"（《自我与本我》，第 16 页），（转下页）

秩序规则里，也许符合了一个能够有所欲望的身体的要求。这个想象的欲望情境总是超越它所由以运作，或它作用于其上的物质的身体。

身体总是、已经是一种文化符号，它对它所展现的想象的意义设立了限制，但是它永远不能摆脱一种想象的建构。幻想的身体永远不能从它与真实的身体的关系来理解；它只能从它与另一个由文化建制的幻想——占据所谓"直观事实"（the literal）和"真实"（the real）的位置的幻想——的关系来理解。对"真实"的限制，产生于身体的自然化和异性恋化，在其中肉体事实被当作原因，而欲望则是反映了那肉体性无可动摇的结果。

对欲望和真实的混同，亦即相信是身体的一些部位，"字面上的"阴茎、"字面上的"阴道，引发了快感和欲望，这正是抑郁异性恋症候所特有的一种直白表意的幻想。被否认的同性情欲是抑郁异性恋的基础，它以不证自明的生理性别的解剖学事实重新出现，而在此"生理性别"指代一种解剖学上模糊的统一性、

（接上页）这意味着有某种身体的概念决定着自我发展。弗洛伊德接着上面的句子说："［身体］不只是一个表面实体而已，它本身也是一个表面的投射。"有关弗洛伊德这个观点的一个有趣的讨论，见理查德·沃尔海姆，《身体自我》（*The Bodily Ego*）一文，收录于《论弗洛伊德哲学文选》（*Philosophical Essays on Freud*），理查德·沃尔海姆与詹姆斯·霍普金斯（James Hopkins）编，剑桥：剑桥大学出版社，1982年。有关"表皮自我"（the skin ego）的挑战性论点——可惜它并没有思考这个论点对生理性别化的身体的意涵——见迪迪耶·安齐厄（Didier Anzieu），《表皮自我》（*Le moi-peau*），巴黎：伯尔达出版社，1985年；英译版为《表皮自我：关于自我的精神分析理论》（*The Skin Ego: A Psychoanalytic Theory of the Self*），克里斯·透纳（Chris Turner）译，新港：耶鲁大学出版社，1989年。

"自然的身份"以及"自然的欲望"。那丧失被否认并被合并，而这个转化的系谱完全被遗忘，受到了压抑。因此身体的生理性别化的表面，成为一个自然（化）的身份和欲望的必要符号。同性情欲的丧失被否认，而那爱欲被保留或是被加密隐藏于身体的一些部位里，直接转译为生理性别表面上的解剖学事实。在此，我们看到了直译作为一种遗忘形式的总体策略：在一个直译化的生理性别构造上，这种直译"遗忘"了想象界，而一并遗忘的还有一种可想象的同性情欲。在抑郁异性恋男人的情形里，他从来没有爱过另一个男人，他是一条汉子，而且他可以诉诸经验事实来加以证明。然而，解剖学上的身体的直译化不仅不能证明什么，它还径自把快感限制在号称是男性身份符码的那个器官上。对父亲的爱被贮存在阴茎上，受到滴水不漏的否认的防护；而如今以那阴茎为中心的欲望，它以那种持续不断的否认作为它的结构和任务。的确，客体女人（woman-as-object）必须作为那个符号，显示他不仅从来没有同性欲望的感觉，也从来没有感受过失去它的悲伤。的确，符号女人（woman-as-sign）必须有效地移置以及隐藏那前异性恋情欲的历史，以神圣化一种天衣无缝的异性恋情欲的历史。

第五节　禁制重新表述为权力

　　福柯对基础主义的系谱学批判，指引了此文对列维-斯特劳斯、弗洛伊德以及异性恋矩阵的解读，但是我们需要更明确地理解，精神分析的司法性律法——压抑——如何生产它试图控制的各种性别并使之增衍。女性主义理论家关注到精神分析关于性差异的论述，部分是因为俄狄浦斯和前俄狄浦斯动能似乎提供了一条追溯原初性别建构的途径。那发挥禁制作用并认可等级的、二元的性别化位置的乱伦禁律，是否能够被重新设想为一种生产性的权力，而它无意间产生了几种不同的性别文化设定？乱伦禁忌是否也在福柯所提出的压抑假设的批判之列？女性主义对那种批判的运用将会呈现什么样的一个面貌？对打破异性恋矩阵强加于生理性别/社会性别的二元限制这个志业而言，这样的批判能起到动员的作用吗？无疑地，对列维-斯特劳斯、拉康和弗洛伊德的女性主义解读中，最有影响力的文本之一是盖尔·鲁宾于1975年发表的《交易女人：性的"政治经济学"笔记》。[44] 虽然福柯并没有出现在那篇文章里，但鲁宾事实上为福柯式的批判创造了条件。鲁宾后来在她关于激进的性理论的研究

44　见本书第二章注4。以下这篇文章的引文的页码将在正文里标示。

里[45] 挪用了福柯的理论，引发了一个回溯性的问题：她那篇影响深远的文章可以如何在福柯的框架下重新改写？

福柯对禁制律法具有文化生产可能性的分析，与现有的关于升华的理论——弗洛伊德在《文明及其不满》（*Civilization and Its Discontent*）一书中提出，而后马尔库塞又在《爱欲与文明》（*Eros and Civilization*）里重新诠释——显然有所关联。弗洛伊德与马尔库塞都指出升华的生产性作用，认为文化产物和制度是爱欲升华的结果。弗洛伊德认为对性欲的升华产生了一种普遍的"不满"，马尔库塞却以柏拉图式的模式把爱欲置于逻各斯（Logos）之下，而在升华的行为里看到了最令人满意的人类灵性的表达。然而福柯与这些升华理论有一个最根本的分歧，他支持一种生产性的律法的概念，但他的论述并没有假定某种原初的欲望；这个律法通过建构一个关于它自身系谱的叙述故事来合理化和巩固其运作，而这叙述故事有效地遮掩了它本身深陷于权力关系之中的这个事实。因此，乱伦禁忌没有压抑什么原初倾向，却成功创造了"原初的"和"次级的"倾向的区别，来描述并再生产合法的异性恋情欲和不合法的同性情欲之间的区别。的确，如果我们将乱伦禁忌设想为主要是在效果上具有生产性的，那么建立"主体"并作为主体欲望的律法而存在的禁忌就成了构成身份，尤其是性别身份的手段。

45　鲁宾，《关于性的思考：性政治激进理论笔记》，收录于《快感与危险》，第267—319页。鲁宾在1979年讨论西蒙·德·波伏娃《第二性》的研讨会上所发表的关于权力和性的论文，启发了我在思考女同性恋性欲的建构特性上的一个重要的转折。

鲁宾强调乱伦禁忌既是一种禁律，也是一种认可，她写道：

> 乱伦禁忌在性与生殖的生物活动之上，强加了异族通婚与联盟的社会目的。乱伦禁忌把性选择的世界划分为允许的与禁止的性伴侣范畴。（173）

由于所有的文化都寻求自我再生产，也由于亲属团体的独特社会身份必须受到维护，异族通婚因而获得建制，而作为它的先决条件的异族通婚的异性恋情欲也一样。因此，乱伦禁忌不仅禁止同一血缘关系的成员之间的性结合，它也包含了对同性情欲的禁制。鲁宾写道：

> 乱伦禁忌预设了一个更优先的，但没那么清楚表明的同性情欲禁忌。禁止一些异性恋结合的禁律，理所当然地假定了非异性恋结合的禁忌。社会性别不只是与一种生理性别认同；它也限定了性欲必须导向异性。性／性别分工的含义包含了社会性别的两个方面——它创造了男性和女性，并且把他们创造为异性恋。（180）

鲁宾将精神分析，尤其是拉康的精神分析，理解为对列维-斯特劳斯关于亲属关系的论述的补充。特别是，她认为"性／社会性别制度"（sex/gender system）——将生物上的男性和女性转化为截然不同的、有等级之分的社会性别的一种管控化的文化机制——一方面是文化制度（家庭、"交换女人"的残留形式、强制性异性恋制度）所认可的，另一方面通过那些结构并推动个人心理发展的律法加以反复灌输。因此，俄狄浦斯情结例示并执行了文化的乱伦禁忌，进而造成了截然区分的性别认同以及相应的异性恋倾向。鲁宾在这篇文章中更进一步主张，在生物的男性或女性转变成社会性别化的男人或女人之前，"每一个小孩都拥有人类所能表达的所有性／性别的可能性"（189）。

找出一个"律法之前"的性欲，并把它描述为一种原初的双性情欲，或者是一种理想的、不受拘束的多形态性欲，这样的努力隐含的意义是律法先于并且决定性欲。作为对原初完满性的一种限制，律法禁止一些先于惩罚的（prepunitive）性欲可能性，同时认可另一些可能性。然而，如果我们把福柯对压抑假设的批判运用于乱伦禁忌——范式性的压抑律法，那么将会显示律法**既**生产了被认可的异性恋情欲，**又**生产了违反规范的同性恋情欲。两者实际上都是**结果**，在时序上和本体论上都晚于律法本身，而先于律法的性欲这个错觉本身就是这律法的产物。

鲁宾的文章仍然执着于生理性别和社会性别的区分，认定有某种截然区分而且先在的"生理性别"本体真实，它在律法的名义下被重新打造，也就是说在后来转化为"社会性别"。这个性别获得的叙事需要对事件做某种时序的安排：假定叙述者在某种程度上能够"知晓"律法之前和之后是什么情形。然而这个叙述是在语言里发生的，而严格地说，语言是后于律法的，是律法的结果，因此是以一种滞后的、回顾的观点展开的。如果这语言是为律法所结构的，而律法实际上是在语言里被体现并演绎，那么这种描述，这种叙述，不但不能知道它以外——律法之前——的事，而且它对那个"之前"的描述总是会为"之后"服务。换句话说，这种叙述不仅宣称能回到一个它在定义上（由于它的语言特质）被排除在外的"之前"，而且它对"之前"的描述也是在"之后"的框架下展开的，因此，这叙述成了律法本身堕入它不在场的场域而式微的过程。

虽然鲁宾宣称对前俄狄浦斯时期的孩童来说，性/性别的世界充满着无限的可能性，但她并不同意有一个原初的双性情欲。事实上，双性情欲是养育小孩的实践的结果，在这过程中父母双亲都在场，并在当下都专心一意地照顾小孩，而且在这过程中不论对男人还是对女人来说，拒绝女性特质都不再是性别身份的一个先决条件（199）。当鲁宾倡议"亲属关系的革命"时，她所展望的远景是能够根除对女人的交易；交易女人的痕迹不仅在当代异性恋的制度化上清晰可见，也见于一些残留的心理规范（心理的制度化）——这些规范以异性恋框架认可并建构性欲与社会性别身份。随着异性恋的强制特性日渐松弛，以及随着行为和身份上双性恋和同性恋的文化可能性的浮现，鲁宾设想了社会性别被推翻的景象（204）。鉴于社会性别是从生物上的多元性欲变为文化所认可的异性恋的一种文化转换，并且鉴于异性恋制度运用截然区分的、等级化的社会性别身份来达到它的目的，对鲁宾来说，异性恋的强制特性的崩溃就相应地意味着社会性别本身的崩溃。而社会性别是否能够完全根除，在什么意义上它的"崩溃"

在文化上是可想象的，仍是她的分析中引人入胜但并没有阐明的一些含义。

　　鲁宾立论的基础在于律法有被成功推翻的可能性，也在于文化对不同生理性别的身体的诠释在理想的情况下可以不考虑社会性别不一致的问题。强制性异性恋制度可以改变——事实上已经改变，而女人的交换，不管是什么样的残留形式，不一定都支配着异性恋交换，这似乎是显而易见的了；在这层意义上，鲁宾认识到了列维-斯特劳斯为人所诟病的、非历时性的结构主义的厌女症含义。但是，是什么使得她得出这样的结论，认为社会性别只是强制性异性恋制度的一个功能，而如果没有了那强制的性质，身体的领域就不再会依据社会性别化的原则被标记？显然，鲁宾已经想象了一种另类的性/性别世界，它归属于幼儿发展的一个乌托邦阶段：它是一个先于律法的"之前"，可望在那律法终结或消亡"之后"重新浮现。如果我们接受福柯和德里达的概念，对于认识或指涉这样一个"之前"的可行性持批判的态度，我们又要如何修改这个关于社会性别获得的叙事呢？如果我们拒绝接受有某种理想的性欲存在于乱伦禁忌之前这样的假定，并且，如果我们也拒绝接受那个禁忌具有文化的永恒性这个结构主义前提，那么还剩下什么样的性欲和律法之间的关系，可以用以描述社会性别？我们是否必须诉诸律法之前的一种较为幸福的状态，才能够主张当代的社会性别关系以及借由惩罚机制而生产的社会性别身份是具有压迫性的？

　　福柯在《性史·卷一》批判了压抑假设，他这样论述：1）结构主义"律法"可以理解为一种**权力**的建构，一种特殊的历史性设定；2）律法可以理解为生产或创造了所谓它压抑的欲望。压抑的对象并不是**那个欲望**——律法将之作为它名义上压抑的对象——而是多元的权力设定本身；权力设定的多元性将汰换司法性或压抑性律法表面上的普遍性和必要性。换句话说，欲望以及对欲望的压抑，提供了巩固司法性结构的一个机会；欲望以一种仪式性的象征姿态被生产、禁止，而司法模式借此行使并巩固它自身的权力。

乱伦禁忌是司法性的律法，它被认为是通过强制的认同机制来禁止乱伦欲望，并且同时建构某些社会性别化的主体性。但是，什么保证了这个律法的普遍性或必要性？显然，在人类学里有一些论辩试图肯定以及质疑乱伦禁忌的普遍性，[46] 也有一些次级的论辩探讨普遍性的主张对于社会进程意味着什么（如果有任何含义的话）。[47] 宣称一个律法具有普遍性，并不是主张它超越文化的界限，以同样的方式运作，或者主张它以某种单方面的方式决定着社会生活。事实上，赋予一个律法普遍的属性，可能只是表明它是作为一种主导性的框架运作，而各种社会关系在

46　有关乱伦的一个决定论观点，参见（或者最好不要参见）约瑟夫·雪弗尔（Joseph Shepher）编，《乱伦：一个生物社会学的观点》(*Incest: A Biosocial View*)，伦敦：学术出版社，1985年。

47　米歇尔·罗萨多（Michele Z. Rosaldo），《人类学的运用与滥用：对女性主义和跨文化理解的反思》(*The Use and Abuse of Anthropology: Reflections on Feminism and Cross-Cultural Understanding*)，刊载于《符号：文化与社会中的妇女期刊》(*Signs: Journal of Women in Culture and Society*)，卷5，3号刊，1980年。

这个框架里发生。事实上，宣称一个律法在社会生活里普遍存在，绝非认为它存在于我们所思考的社会形式的每一个方面；最低限度来说，这意味着它在每一种社会形式的一隅里存在并运作着。

在此，我的任务并不是要指出在一些文化里没有如此的乱伦禁忌在运作，而是要强调在它实际有所运作的情境里，这个禁忌具有生成性，而不仅止于司法的特性。换句话说，乱伦禁忌不仅禁止并控制某些形式的性欲，它也不经意地生产了各种替代的性欲和身份；而除了它们是某种意义的"替代品"这点以外，这些性欲和身份绝非在事先就受到了限制。如果我们把福柯式的批判引申到乱伦禁忌上，那么这个禁忌以及对母亲／父亲的原初欲望，似乎就可以以一些方式历史化，而这样的历史化可以抗拒拉康理论里公式化的普遍性。这个禁忌也许可以被理解为创造并维系了对母亲／父亲的欲望，同时促成了对那欲望的强制性移置。因此，受到永久压抑与禁止的"原初"性欲这样的概念，变成律法的一个产物，而这律法随后又担当了对它行使禁制的功能。如果母亲是原初的欲望，而这对晚期资本主义社会下广大的家庭成员来说大有可能是真实的，那么，它就是在那个文化语境的框架下生产并遭到禁止的欲望。换句话说，禁止乱伦结合的律法与引致这样的结合的律法是同样一个律法，而我们不再可能将司法性乱伦禁忌的压抑功能与生产功能分开来看。

显然，精神分析理论一直都体认到乱伦禁忌的生产性功能；是它创造了异性恋欲望，以及截然区分的性别身份。精神分析理

178

论也一直很清楚，乱伦禁忌并不总是照着预期的方式运作而生产性别和欲望。负向俄狄浦斯情结的例子只不过是这样一种情形，在其中对跟自己不同性别的父母亲的乱伦禁忌，显然要比对同性别的父母亲的禁忌要强，而被禁止去爱的那个父亲或母亲成为认同的对象。但是我们要如何在乱伦禁忌既是司法性的也是生成性的这样的设想里，重新描述这个例子？对因为禁忌而成为认同对象的父母亲的欲望，是由同一个权力机制所生产并否认的；但是，是为了什么目的呢？如果乱伦禁忌管控截然区分的性别身份的生产，并且，如果那个生产需要同时禁止并认可异性恋情欲，那么同性情欲就成为必须被生产以保持被压抑的一种欲望。换句话说，如果要使异性恋成为一种明确的社会形式而保持完好无损，它就**需要**一种可理解的、关于同性情欲的设想，也需要使那设想成为文化上不可理解的，从而对它加以禁制。在精神分析理论里，双性情欲和同性情欲被认为是原初的力比多倾向，而异性恋情欲是建立在对它们逐步的压抑之上的一项艰辛建构。虽然这个学说本身似乎具有一种颠覆的可能性，但是精神分析文献里对双性情欲和同性情欲两者的话语建构，实际上推翻了关于其前文化的性质的主张。上文对双性情欲倾向的语言的讨论就是一个佐证。[48]

所谓"外在于"象征秩序、作为颠覆场域的双性情欲，它实

---

48 弗洛伊德，《性学三论》，詹姆斯·斯特拉屈译，纽约：基础图书出版社，1962年，第7页。

际上是在那个创制话语的框架下的一个建构，也就是把一个其实完全是"内在"的事物建构为"外在"的；它不是超越文化的一个可能性，而是被否认并被重新表述为不可能的一个具体的文化可能性。在一个既有的文化形式框架下，仍属于"不可想的"和"不可说的"事物，并不一定就是被那个形式里的理解矩阵所排除者；相反地，它不是被排除，而是被边缘化了，它是唤起惧怕的文化可能性，或者最低限度地说，是认可的丧失。没有得到社会认可而成为一名确实的异性恋者，意味着失去一个可能的社会身份，而或许得到了另一个比较起来极少受到认可的身份。"不可想的"因此完全是在文化里，但被完全排除在优势文化之外。假定双性情欲或同性情欲是存在于文化"之前"者，而将这"先前性"定为一种前话语的颠覆根源，这样的理论实际上从文化框架的内部禁绝了它既维护又矛盾地抵抗的那个颠覆本身。如我将在克里斯特娃的例子论证的，颠覆因此成了一种徒劳无功的姿态，只能在一个抽离了现实的美学模式里想着好玩，而永远无法转化为其他的文化实践。

在乱伦禁忌的情形里，拉康认为欲望（与需要相对）通过那律法得以建制。在象征秩序的框架下"可理解的"存在，需要对欲望及其不满——压抑与母体联系的**原初**快感和需要的必然结果——两者都进行制度化。阴魂不散地缠绕着欲望、成为它所永远无法企及者的这个极致的快感，是一种无可挽回的律法之前的快感记忆。拉康清楚地知道那律法之前的快感不过是幻想出来的，它不断出现在欲望无穷无尽的幻觉里。但是在什么意义上，这个幻觉——它本身被禁止对一种原初快感有任何实质上的恢复——是一个"原初"幻想的建构，而这幻想也许相应也许不相应于一个实际的力比多情境？确切地说，在何种程度上，这样一个问题可以在拉康理论的框架里得到判定？移置或替代之所以为移置、替代，只有从它们跟一个原件（an original）之间的关系来看才能理解，而在这里的情形这个原件是永远无法恢复或认知的。这个推测性的起源，总是从一个回溯的位置推测而来，并且它由此而获得一种理想（an ideal）的特质。对这个带来愉悦的"超越"的神圣化，是通过召唤一个本质上不可变[49]的象征秩序而建制的。事实上，我们必须将象征秩序、欲望以及性差异建制的戏码，解读为一种自给自足的意指经济，它舞动权力的大刀，在文化理解的框架下划分哪些是可想的、哪些是不可想的。对什么是在文化"之前"、什么是在文化"之中"这个区分的调用，是从一开始就排除了一些文化可能性的一个手段。"表象秩序"（the order of appearances）——建立这个叙事基础的暂时性状态——在将分裂引进主体、将**裂隙**引进欲望而挑战了叙事的一致性的同时，也在时序铺展的层次上重新建制了一种一致性。结果，这种

---

49 彼得·杜斯（Peter Dews）在《崩解的逻辑：后结构主义思想与批判理论的主张》（ *The Logics of Disintegration: Post-structuralist Thought and the Claims of Critical Theory*，伦敦：伏尔索出版社，1987 年）中指出，拉康挪用了列维-斯特劳斯象征秩序的概念，但对这概念作了相当的窄化："拉康对列维-斯特劳斯理论的改编，将列维-斯特劳斯的多元'象征体系'转换为单一的象征秩序，而仍然忽略了那些促进或遮掩权力关系的意义系统的可能性。"（105）

叙事策略——围绕着一个无可挽回的起源和永远被移置的现在之间的区分打转——使得试图以颠覆之名恢复那个起源的所有努力不可避免地被延宕了。

第三章

颠覆的身体行为

第一节　朱莉娅·克里斯特娃的身体政治

克里斯特娃有关语言的符号维度的理论，起初似乎只是援引拉康理论的前提以揭露其有限性，并提出一个明确的、在语言内颠覆父系律法的女性场域。[1]根据拉康，父系律法结构了所有语言意义的生成，名之为"象征秩序"，如此成为文化本身的一个普遍运作原则。这律法通过压抑原初的力比多内驱力，包括小孩对母体的极度依赖，而创造了有意义的语言的可能性，因此也创造了有意义的经验的可能性。所以，否定与母体的原初关系，才有了象征秩序的可能。从压抑的结果产生的"主体"，成为这个压抑律法的承担者或支持者。早期的依赖所特有的力比多混乱，此时完全被一个统一的能动者所抑制，而这能动者的语言是被那个律法所结构的。这个语言继而又通过抑制多元的意义（这总是让人想起原初的与母体的关系所特有的力比多多元性），代之以单义并明确区分的意义来结构世界。

克里斯特娃挑战了拉康的叙事，这叙事假定文化要有意义，则必须压抑原初的与母体的联系。她指出"符号态"（the semiotic）是语言的一个维度，由那原初的母性身体所承载展现；

1　这节"朱莉娅·克里斯特娃的身体政治"原来发表于《海芭夏：女性主义哲学期刊》的法国女性主义哲学特刊，卷3，3号刊，1989年冬，第104—118页。

而原初的母性身体不但推翻了拉康的基本前提，也成为象征秩序中一个永恒的颠覆根源。对克里斯特娃而言，符号态是在文化的框架本身内，更确切地说，是在多元意义以及语义的开放性占上风的诗语言里，表达那原初的力比多多元性。事实上，诗语言是母性身体在语言框架里的复苏，有着干扰、颠覆和置换父系律法的潜能。

尽管克里斯特娃批判了拉康，但她的颠覆策略证实是有可质疑之处的。她的理论似乎倚赖父系律法的稳定及其再生产，而父系律法却正是她所努力寻求置换的。虽然她有力地揭露了拉康在语言里普遍化父系律法的做法的局限，然而她还是承认了符号态总是屈居于象征秩序之下，并在某种豁免于挑战的等级框架里取得其独特性。如果说符号态促进了父系律法被颠覆、置换或被瓦解的可能性，但若象征秩序一再重申它的霸权地位的话，那么那些框架又能够具有什么意义呢？

以下对克里斯特娃的批评，就她论证符号态作为一种有效的颠覆根源的几个步骤，提出了不同的意见。首先，我们不清楚克里斯特娃和拉康两人都认可的与母体的原初联系是不是一个可行的建构，甚至也不清楚，根据他们中任何一人的语言理论，它是不是一种可以认知的经验。作为符号态特点的多元内驱力构成了一个前话语的力比多经济，它偶尔在语言里呈现，却维持着一个先于语言的本体论身份。它在语言，尤其是诗语言里展现的时候，这前话语的力比多经济成为文化颠覆的一个场域。其次，克里斯特娃认为，这个颠覆的力比多根源无法在文化的框架内维系，它在文化中的持续在场会造成精神错乱以及文化生活本身的崩溃。因此，对符号态作为一种解放的理想，克里斯特娃交替着假定又否定的态度。虽然克里斯特娃告诉我们，符号态是经常被压抑的一个语言维度，但她也承认它是一种永远不可能前后一贯地维系着的语言。

为了评价克里斯特娃似乎是自砸阵脚的理论，我们需要追问这力比多多元性是如何展现于语言的，而又是什么情况决定了它在语言里短暂的生命周期？此外，克里斯特娃将母性身体描述为承载了一套先于文化本身的意义，因此，她这样做不啻维护了文化是一种父权结构的观念，并把母性在本质上划归为一种前文化的真实。她对母性身体的自然主义描述事实上物化了母性，排除了对它的文化建构性和可变性进行分析的可能。当我们追问前话语的力比多多元性是否可能的时候，我们也将一并思考：克里斯特娃宣称她在前话语的母性身体上所发现者，本身是否就是一个特定历史话语的产物，是文化的**结果**，而不是文化的秘密或者原初的成因。

即使我们接受克里斯特娃原初内驱力的理论，我们也不清楚，这些内驱力通过符号态所达到的颠覆效果，除了对父系律法霸权造成一种短暂的、徒劳的干扰之外，还能够有什么作用？我将尝试说明她的政治策略之所以会失败，部分原因来自她几乎是未加批判地挪用了内驱力理论。此外，在仔细检视她对语言里符号态的功能的描述之后，我们发现克里斯特娃似乎在符号态本身的层次上使父系律法复了位。最后，克里斯特娃似乎给我们提供了一个颠覆策略，但这个策略永远无法成为一个可持续的政治实践。在本节的最后一部分，我将提出重新设想内驱力、语言和父权制特权之间关系的一条途径，这也许可以作为一种比较有效的颠覆策略。

克里斯特娃对符号态的描述，历经几个很有问题的步骤。她假定内驱力在进入语言之前有其目的，语言一律压抑或者升华这些内驱力，而这些内驱力只展现于那些可以说是违反了象征秩序领域所要求的单义意指的语言表达里。她进一步声称，多元内驱力于语言中的浮现在符号态里是显而易见的；而符号态是与象征秩序截然不同的语言意义领域，它是母性身体在诗言语里的展现。

早在《诗语言的革命》(*Revolution in Poetic Language*，1974)里，克里斯特娃就主张内驱力的异质性（heterogeneity）与诗语言的多义可能性之间有某种必然的因果关系。与拉康不同，克里斯特娃认为诗语言并不是建立在压抑原初内驱力的基础上。相反地，她宣称诗语言是一种语言契机，在其中内驱力冲破了语言惯常的、单义的框架，并展现多元声音和意义不可抑制的异质性。克里斯特娃主张诗语言有它自己的意义形式，它不遵从单义指代的要求，因此，她挑战了拉康将象征秩序与所有的语言意义等同的做法。

在这同一本书里，克里斯特娃赞同一种自由的或非欲力投注（uncathected）的能量的概念，这能量通过诗性功能在语言里呈现。比如她宣称："从语言中内驱力的交混……我们可以看到诗语言经济（the economy of poetic language）。"而在这个诗语言经济里，"一元的主体将找不到他的［原文如此］立身之地"。[2] 这个诗性功能是一种拒绝性或分裂性的语言功能，它往往使意义分裂和增衍；它通过对单一意指的增衍和破坏来演绎内驱力的异质性。因此，导向一套高度分衍或多元意义的冲动，似乎是内驱力对象征秩序的统治的报复，而象征秩序又是建立在压抑内驱力的基础上。克里斯特娃把符号态定义为展现在语言中的内驱力多元性。这些内驱力以它们坚持不懈的能量和异质性干扰着意指的功能。因此在她这部早期的著作里，克里斯特娃把符号态定义为："与原初过程（primary process）［的］形态有关的……意指功能。"[3]

在《语言中的欲望》(*Desire in Language*，1977）的各篇文章里，克里斯特娃更全面地以精神分析的词语来定义符号态。象征秩序所压抑并由符号态迂回显示的原初内驱力，在此被理解为**母性内驱力**（maternal drives），那些内驱力不仅是属于母亲，也是幼儿的身体（男女都是）依赖于母亲的标记。换句话说，"母性身体"代表了一种浑然一体的关系，而不是一个分离的欲望的主体或客体；事实上，它指代那先于欲望、先于作为欲望先决条件的主体/客体二分的圆满欢愉。象征秩序建立在拒绝母亲的基础上，而符号态则通过韵律、谐音、音调、声音游戏和重复，在诗

---

2 朱莉娅·克里斯特娃，《诗语言的革命》，玛格丽特·沃克（Margaret Walker）译，利昂·卢迪耶导论，纽约：哥伦比亚大学出版社，1984 年，第 132 页。原书（*La Revolution du language poetique*）由巴黎色伊耶出版社于 1974 年出版。

3 同上，第 25 页。

语言里再现或者恢复母性身体。甚至"婴儿的牙牙学语"和"精神病症话语的呓语",都是母亲-婴儿关系的浑然一体状态的展现——这是在婴儿与母亲分割/个体分化之前的一个异质性的冲动领域,它同样是强制执行的乱伦禁忌所带来的结果。[4] 乱伦禁忌造成的母亲与婴儿的分离,在语言上表达为音与义的割裂。用克里斯特娃的话来说:"音素(phoneme)作为区别意义的元素,它属于作为象征秩序的语言。但这同一个音素也牵涉了韵律和音调的重复;因此它往往有独立于意义之外、自给自足的倾向,从而使自身保持一种符号态的性质,趋近于本能内驱力的身体。"[5]

在克里斯特娃的描述中,符号态摧毁或侵蚀着象征秩序:它"先于"意义,比如说当小孩开始会发声的时候;或者出现于意义"之后",比如说一个精神病患者不再使用言语来意指的时候。如果我们把象征秩序和符号态理解为语言的两种形态,并且,如果符号态主要是被象征秩序所压抑的,那么在克里斯特娃的理解里,语言是一个象征秩序在其中仍维持着霸权地位的体系——除开符号态通过元音省略、重复、纯声音,以及借由意指不明确的意象与隐喻使意义增衍,而干扰象征秩序的意指过程的时候。在象征秩序模式中,语言建立在切断对母亲依赖的关系上,它因此

4　克里斯特娃,《语言中的欲望》,第135页。见本书第二章注32。此书是文章合集,来自两个不同的来源:《复语术》(*Polylogue*,巴黎:色伊耶出版社,1977年)与《符号:解析符号学的系统研究》(*Semeiotike*: *Recherches pour une sémanalyse*,巴黎:色伊耶出版社,1974年)。

5　同上,第135页。

变得抽象（抽离了语言的物质性）而意义单一；这在数量或纯粹形式的推理中最为明显。而在符号态模式中，语言以诗化的方式投入对母性身体的恢复——它是一种弥散的物质性，抗拒所有明确以及单义的意义表达。克里斯特娃写道：

> 在任何一种诗语言里，比如说格律上的限制，不仅敢于违反一个民族语言的某些文法规则……而且，在最近的文本里，这些符号态限制（格律、象征主义作品的元音音质［vocalic timbres］，以及诗页上的书写布局）更伴随了无以恢复的句构省略；我们无法重建那个被省略的特定句构范畴（受词或动词），而这句构范畴是语言表达的意义能够确定下来的关键。[6]

对克里斯特娃来说，这种无法确定性正是语言里的本能时刻（the instinctual moment），它的分裂性功能。因此诗语言意味着一致的、具有意指能力的主体的崩解，回到原初的浑然一体，也就是母性身体的状态：

> 作为象征秩序功能的语言，是以压抑本能的内驱力以及与母亲之间浑然一体的关系为代价建立起来的。而相反地，不稳定的、未确立的诗语言主体（其所发出的言语从来并不

6　克里斯特娃，《语言中的欲望》，第134页。

独独为符号），则以重新激活这个受到压抑的、本能的、母性的元素为代价来维系其自身。[7]

克里斯特娃提及诗语言的"主体"并不十分恰当，因为诗语言侵蚀、破坏主体，而在此对主体的理解却是参与象征秩序的一个言说的存有。她追随拉康的看法，认为禁止与母亲乱伦结合的禁忌是奠定主体基础的律法，这个基础切断或打破了依赖母体的浑然一体的关系。在创造主体的同时，禁制律法创造了象征秩序或语言的领域，以之作为一个单义的意指符号体系。因此，克里斯特娃总结道："对未确立的、过程中的主体（subject-in-process）而言，诗语言可以说是与乱伦相当。"[8] 违反它自身奠定基础的律法而打破象征秩序语言，或者意义上相当地，裂隙从其自身的内在本能性浮出到语言之中，这不仅是力比多异质性在语言里的喷发，它也意指自我在个体化之前依赖于母体的一种身心状态。因此，诗语言总是意味着回归到母性身体的领域，而母性领域既意指力比多的依赖性，也意指内驱力的异质性。

克里斯特娃在《贝里尼所谓的母性》一文里指出，由于母性身体意指着失去一致的、明确的身份，因此诗语言处于精神错乱的临界点。就女人在语言中的符号态表达而言，回归母性领域则意指了一种前话语的同性情欲，而克里斯特娃显然也将之与

7　克里斯特娃，《语言中的欲望》，第136页。
8　同上。

精神错乱联系起来。虽然克里斯特娃承认诗语言通过参与象征秩序——也因此参与了语言沟通的规范——而得以在文化中持续下去，她却否定了同性情欲也同样能够有非精神错乱的社会表达。我认为，克里斯特娃关于同性情欲本质为精神错乱的观点，关键要从她接受了结构主义的假定来理解，这个假定认为异性恋情欲是与象征秩序的建立同存共延的。因此根据克里斯特娃，同性欲望的投注只有通过在象征秩序里被认可的一些移置，比如像诗语言或生产行为，才能得到实现：

> 经由生产，女人进入了与其母亲的联系；她成为、她就是自己的母亲；她们是同一个连贯整体的自我分化。她因此实现了母亲身份的同性情欲的一面；通过母亲身份，女人一方面更接近她的本能记忆，另一方面更向她的精神错乱状态敞开，结果也更加否定了与社会和象征秩序的联结。[9]

根据克里斯特娃，生产的行为无法成功重建个体化之前的那种浑然一体的关系，因为幼儿总会经受乱伦的禁制，并分离为一个独立的身份。就母亲与女孩分离而言，这对两方面都造成了抑郁，因为这分离永远无法彻底完成。

抑郁与哀伤或哀恸不同，在哀伤或哀恸的情形里，分离得到了承认，而投注于原初客体的力比多成功地移置到一个新的替代

9　克里斯特娃，《语言中的欲望》，第239页。

客体上；而抑郁代表了无法进入哀伤的状态，在其中丧失只不过是被内化了，因此在这个意义上说是被**拒绝接受**了。母性身体并没有成为与身体的一种负向情感联系，而是作为一种否认而被内化，因此，小女孩的身份认同本身成了一种丧失，一种独特的剥夺或缺乏。

这样一来，所谓同性情欲的精神病症，就在于它以抑郁回应了与母性身体的分离，而与父权律法和女性"自我"的建立基础——尽管它可能是脆弱的——彻底决裂。因此根据克里斯特娃的观点，女性同性情欲是精神病症在文化中的浮现：

> 同性情欲–母性（the homosexual-maternal）的这一面是言语的纷乱，意义与观看完全缺席；它是触觉、移置、韵律、声音、闪现，以及一种幻想着仍紧紧依附着母体、不致陷落的状态……对女人来说，它是失去的乐园，但又似乎是近在咫尺。[10]

然而对女人而言，这样的同性情欲展现于诗语言中，而事实上诗语言成为除了生产以外，唯一能在象征秩序的框架里得到维系的一种符号态形式。因此对克里斯特娃来说，公然的同性恋无法成为文化上可持续的一种行为，因为它将以无中介的方式打破乱伦禁忌。但是，为什么情况一定是如此呢？

10　克里斯特娃，《语言中的欲望》，第239—240页。

克里斯特娃接受文化等同于象征秩序这样的假定，认为象征秩序完全归属于"大写父亲律法"之下，而唯有那些在某种程度上参与象征秩序者，才是非精神病症的行为模式。因此，她的战略任务不是以符号态取代象征秩序，也不是将符号态建立为一个可与之抗衡的文化可能性，而是去合法化在象征秩序里，允许展现象征秩序和符号态的分界地带的那些经验。正如同生产被理解为服务于某种社会目的论的一种本能内驱力的投注，诗的创作也被设想为一个场域，在其中本能与再现的分裂以一种文化上可以表达的形式存在：

> 说话者只有借由称之为"艺术"的这个特殊的、话语的实践，才能达到这个边界，这个社会性不可或缺的一环。女人也可以通过奇异的分裂象征表达形式（语言和本能内驱力、"象征秩序"和"符号态"之间的门槛）——生产行为是由此构成的——来达到这个边界（**尤其**是在我们的社会中）。[11]

因此对克里斯特娃来说，诗作和母性在父权所认可的文化中代表了特权的实践，它们提供机会让人们能够以一种非精神

---

11 克里斯特娃，《语言中的欲望》，第 240 页。有关再生产的隐喻被拿来描绘诗创作的过程，温蒂·欧文（Wendy Owen）对此做了非常有趣的分析，见《九个音节的谜语：西尔维亚·普拉斯诗作的女性创造力》（*A Riddle in Nine Syllables: Female Creativity in the Poetry of Sylvia Plath*），耶鲁大学英语系博士论文，1985 年。

病症的方式，经验母性领域所特有的异质性和依赖。这些**创作**（poesis）行为透露了某种本能的异质性，这异质性随之又暴露了象征秩序的压抑基础，挑战单义能指的统治，削弱了作为这些行为之必要基础的主体之独立自主性。内驱力的异质性在文化上作为一种颠覆的置换策略运作，它经由释放语言内部受到压抑的多元性来驱逐父系律法霸权。正因为这个本能的异质性必须在父系律法内并通过父系律法重新呈现，它不能全然藐视乱伦禁忌，而必须留在象征秩序里最脆弱的地带。于是，置换父系律法的诗性–母性实践服从于句法的要求，它们若即若离却始终在父系律法的限度之内。因此，全面拒绝象征秩序是不可能的，而对克里斯特娃而言，"解放"的话语也没有可能。就最乐观的情形来说，对这个律法的战术性颠覆和置换，挑战了这律法不证自明的假设。然而再一次，克里斯特娃并没有认真挑战所谓禁制性父系律法是文化本身的基础的结构主义假设。因此，要颠覆父权所支持的文化，不可能得力于另一种形式的文化，而只能依靠文化本身被压抑的内在，依靠构成文化所隐藏的基础的那些内驱力的异质性。

异质性内驱力与父系律法之间的这种关系产生了一个极有问题的关于精神错乱的观点。一方面，它指明了女同性恋是文化上无法理解的一种实践，本质上是精神错乱的；另一方面，它认可母性作为抵抗力比多无序混乱的一种强制性的防御机制。虽然克里斯特娃并没有就两点主张中的任何一点做过明白的表示，但是这两种含义都可以从她有关律法、语言和内驱力的观点推而得之。对克里斯特娃而言，诗语言打破乱伦禁忌，因而总是濒于精神错乱的边缘。如果我们从这点来思考，那么，诗语言作为自我对母性身体的回归、作为去个体化（deindividuation）的实践，它在由女人表达的时候就变得尤其具有威胁性。这样一来，诗性所挑战的就不仅是乱伦禁忌，而且是同性情欲禁忌。因此对女人来说，诗语言不仅仅是移置的对母体的依赖，由于这依赖是力比多性质的，它也是一种移置了的同性情欲。

对克里斯特娃来说，没有中介的女性同性欲望的投注，毋庸置疑地将导致精神错乱。因此，一个人只有通过一系列的移置——合并母亲身份，亦即自己也成为母亲，或者，通过那迁回展现母体依赖所特有的内驱力异质性的诗语言——才可以满足这个内驱力。母性与诗是唯一被社会认可，因此是非精神错乱的移置同性欲望的途径，而对在异性恋文化中适当地涵化了的女人来说，它们都构成某种抑郁经验。异性恋的诗人-母亲经历无休无止的同性欲力投注移置之苦，然而如果这个欲望最后实现了，那么按照克里斯特娃的说法——其假定是对女人而言，异性恋情欲与一致的自我身份之间有着牢不可破的联系——这将导致精神错乱的身份崩溃。

我们要如何理解将女同性恋经验建构为一种无可挽回的自我丧失的场域的做法？克里斯特娃显然认为异性恋是亲属关系以及文化的先决条件，因此，她把女同性恋经验视为接受父权认可的律法之外的另一种精神错乱的选择。但是，为什么把女同性恋建构为精神错乱？而基于什么样的文化观点，女同性恋被建构为融合为一、自我丧失与精神错乱的场域？

　　克里斯特娃将女同性恋投射为文化的"他者"，将女同性恋的言语描绘为精神错乱式的"混乱语言"，她这样做等于把女同性恋情欲建构为在本质上是无法理解的。克里斯特娃以父系律法的名义，巧妙地罔顾并简单化了女同性恋经验，这使得她被划归到父权-异性恋特权阵营的一方。而为她这个根本上的前后矛盾提供保护伞的父系律法，正是将女同性恋建构生产为非理性的场域的那个机制。值得注意的是，这个对女同性恋经验的描述是从外部进行的，它透露更多的是一个忧虑的异性恋文化如何为了防范它自身的同性情欲的可能性而生产的各种幻想，而不是关于女同性恋经验本身。

　　克里斯特娃宣称女同性恋代表自我的丧失的时候，她似乎在陈述一个精神分析的事实：压抑对个体分化来说是必要的。因此，对这种"退化"到同性情欲的恐惧，其实是害怕一股脑儿失去文化的认可和特权。虽然克里斯特娃宣称这丧失指涉一个**前**文化的位置，但是我们没有理由不可以将它理解为一种新的，或是未受到承认的文化形式。换句话说，克里斯特娃宁愿把女同性恋经验解释为文化涵化之前的一种退化的力比多状态，而不接受女同性恋对她狭隘的、有关父权认可的文化律法的观点所提出的挑战。在视女同性恋为精神错乱这样的建构里，编码于其中的恐惧，是心理发展必要的压抑所造成的结果，抑或，它其实是对失去文化合法性的恐惧——所害怕的并不是因此被抛在文化之外或是文化之前，而是被抛在文化的**合法性**之外，虽然在文化中，却成为文化上"不合法"的？

　　克里斯特娃从一个被认可的异性恋位置来描述母性身体和女同性恋经验，而这个位置无法察觉到它本身对失去那认可的恐惧。她对父权律法的物化不仅否认了女性同性情欲，也否定了母性特质作为一种文化实践所具有的多元意义和可能性。然而，**文化颠覆**不是克里斯特娃真正关注的问题，因为当颠覆出现的时候，它是从文化表层之下浮现的，而最终必然还是要回到原来的地方。虽然符号态是语言的一个可能性，可以逃脱父系律法，但它仍不可避免地处在这个律法的疆域之内，或确切地说，是在它表层之下。因此，诗语言和母性的快感构成了对父权律法的局部置换，它们是暂时的颠覆，最终还是要服从于它一开始反抗的对象。克里斯特娃把颠覆的源头限制在一个外在于文化本身的位置，她这样做等于排除了颠覆作为一个有效的或可实现的文化实践的可能性。超越父系律法的快感，只能够跟它必然的不可能性一块儿被想象。

　　克里斯特娃的受挫颠覆理论是以她对内驱力、语言和律法之间的关系所持有的一些观点为前提的，而这些观点是有问题的。她对颠覆性的内驱力多元性的假设，引发了一些认识论和政治上的问题。首先，如果这些内驱力只在已经被确定为象征秩序的语言或文化形式里展现，那么我们如何能够证明它们的前象征秩序的本体论身份？克里斯特娃指出，诗语言让我们可以接近这些本质为多元性的内驱力，但是这个答案并不十分令人满意。因为在她看来，诗语言有赖于这些多元内驱力的先已存在，因此我们不能用循环论辩的方式，诉诸诗语言来证明这些内驱力假设的存在。如果语言必须先压抑内驱力才能存在，如果我们只能够对那些可以在语言里再现的事物赋予意义，那么我们要在这些内驱力出现于语言之前赋予它们意义是不可能的。同样地，赋予内驱力一种因果性，以使它们能顺利转化为语言，而语言本身也因此得到某种解释，这在语言的限度内是无法合理地做到的。换句话说，我们只有在它们的效果里、通过这些效果，才能认识到这些内驱力是"原因"，如果是这样的话，那么我们没有理由不把内驱力与它们的效果等同。如此获致的结论是，（一）内驱力与其再现是同存共延的，或（二）再现先于内驱力本身而存在。

我认为后面一个选项很重要，必须予以考虑，因为我们怎么知道克里斯特娃论述里的本能客体（the instinctual object）不是话语本身的一个建构呢？而我们又有什么论据可以假设这个客体，这个多元的领域，是先于意指存在的呢？如果诗语言必须参与象征秩序才能在文化中沟通，如果克里斯特娃自己的理论文本就是一种象征秩序的标志，那么我们要往哪里去寻找一个可信的、在这个领域之外的"化外之地"呢？当我们发现母性内驱力被认为是"生理命定"的一部分，而且它们本身是"某种非象征秩序、非父系的因果关系"的展现时，克里斯特娃关于某种前话语的身体多元性的假设就显得更成问题了。[12] 对克里斯特娃来说，这前象征秩序的、非父系的因果关系，是一种符号态、**母性**的因果关

---

12 克里斯特娃，《语言中的欲望》，第239页。

系，或者更具体地说，是一种母体本能的目的论概念：

> 肉体的强迫冲动；间歇出现的记忆，属于某个物种，它们或者是结合一起，或者是分裂开来，以求自身的永恒；一系列的标记，除了向生与死的生物循环永恒地回归以外，它们没有其他的意义。我们如何用语言描述这个前语言的、无法再现的记忆？赫拉克利特（Heraclitus）的流动概念、伊壁鸠鲁（Epicurus）的原子说、中世纪犹太神秘哲学的涡尘、阿拉伯和印度的神秘主义、幻觉艺术者的点彩画——看来都是比存有理论、逻各斯及其法则要好的隐喻。[13]

在此，受到压抑的母性身体不仅是多元内驱力的场域，也是一个生物目的论的承载者。在早期西方哲学、非西方的宗教信仰与实践里，以及在精神病患或是几近精神错乱状态的人所创作的艺术作品里，甚至在先锋艺术实践里，它似乎是显而易见的。但是，我们为什么要认定这些不同的文化表达展现了同一种母性异质性的原则呢？克里斯特娃把这些文化契机一径都划归到同一个原则之下。结果，符号态代表了所有在文化上取代逻各斯（值得玩味的是，她将之与赫拉克利特的流动作对照）的努力，而逻各斯代表单义的能指、身份的律法。在此，克里斯特娃所谓的符号态与象征秩序之间的对立，被简单化为一个规避了无矛盾（non-

---

13　克里斯特娃，《语言中的欲望》，第239页。

contrdiction）要求的多元性原则与建立在压抑那多元性的身份原则之间的形而上学的争端。奇怪的是，克里斯特娃倾力为之辩护的多元性原则本身，它的运作模式几乎是跟身份原则相同的。注意一下各种形式的"原始的"和"东方的"事物，是如何被概括归于母性的原则之下的。无疑，她的描述不仅肯定会被指责为东方主义，而且引发了一个重要的质疑：多元性是否反讽地成了一种单义的能指？

克里斯特娃把母性内驱力归结于一种目的论，认为其先于它们在语言和文化中的建构，这引发了一些对克里斯特娃的政治构想的质疑。虽然她显然在那些符号态的表达上看到了挑战父系律法霸权的颠覆和破坏的潜力，但这个颠覆的含义究竟是什么就不是那么清楚了。如果律法被理解为建立于一个建构的基础之上，而底下潜藏着被压抑的母性地域，这样的发现会在文化的框架内带来什么样具体的文化运作？表面上，与母性力比多经济联系的多元性，具有消解父系能指的单义性的力量，并且似乎创造了不再受到无矛盾法则所严格限制的其他文化表达的可能性。然而，这颠覆性的行动究竟是开启了一个意义的场域，还是，它是某种依据自然和"前父系"因果原则运作的生物返古主义（biological archaism）的展现？如果克里斯特娃认为前者是对的话（事实上她不这么认为），那么她应该会对置换父系律法感到有兴趣，而代之以不断增衍的文化可能性场域。然而，她却执意回归一种母性异质性的原则，而这母性异质性被证明是一个封闭的概念，这异质性事实上被一个既是单线也是单义的目的论局限。

克里斯特娃把生育的欲望理解为一种物种欲望（species-desire），认为其是某种集体而古老的女性力比多内驱力的一部分，这内驱力构成了一种不断重现的形而上学真实。在此，克里斯特娃物化了母性，将这物化的母性举扬为符号态的颠覆潜能。结果是，父系律法——被理解为单义意指的基础——被一个同样单义的能指，也就是母性身体原则置换，而尽管它有"多元性的"展现，这母性身体原则在它的目的论上始终如一。

克里斯特娃把这种母性本能设想为具有一个先于父系律法的本体论身份，就这点来说，她未能考虑到那律法本身大有可能就是所谓它**压抑**的欲望的**原因**。与其说这些欲望是某种前父系律法因果关系的展现，不如说也许它们更加证实了母性是因应亲属关系的迫切性所必需而且一再重演的一种社会实践。克里斯特娃接受了列维-斯特劳斯的分析，认为对女人的交易是巩固亲属关系联结的先决条件。然而，她把这样的交易理解为母性身体受到压抑的文化时刻，而不是文化将女性身体强行建构为母性身体的一套机制。事实上，我们可以把交易女人理解为在女人的身体上强加一项生育的强制性义务。根据盖尔·鲁宾对列维-斯特劳斯的解读，亲属关系实现了一种"对性欲……的塑形"，因此生育的欲望是社会实践的结果，这些社会实践要求并生产这样的欲望，以实现它们再生产的目的。[14]

那么，克里斯特娃是基于什么论据，把一种母性目的论归于

---

14 盖尔·鲁宾，《交易女人：性的"政治经济学"笔记》，第182页。见本书第二章注4。

浮现于文化之前的女性身体？这样的提问已经是质疑了象征秩序和符号态的区分，而这是她母性身体概念的前提。克里斯特娃认为，母性身体作为起源的意义先于意指本身，因此在她的框架里，母性范畴不可能被当作一种意指，而对文化可变性开放。她的论点清楚地指出，母性内驱力构成了一些原初的过程，而那些原初过程一律被语言所压抑或升华。但我们也许可以在一个包含面较广的框架里改写她的论点：什么样的语言，更确切地说是话语的文化设定，产生了这种前话语的力比多多元性的比喻，而又是为了什么目的？

当克里斯特娃将父系律法限定为一种禁制的或压抑的功能时，她没能理解情感作用本身所由以产生的那个父权机制。所谓压抑符号态的律法大有可能就是支配符号态本身的那个原则，这样一来，那顶着"母性本能"的名号的，很有可能就是一种文化建构的欲望，而这欲望通过自然主义的词汇被诠释。如果那欲望是依照亲属关系律法建构的，而这律法要求以异性恋模式生产以及再生产欲望，那么这些自然主义的情感词汇便有效地使"父系律法"隐而不现。如此一来，对克里斯特娃来说是前父系因果关系的，就似乎是某种以自然主义或独特的母性因果关系为幌子的**父系**因果关系。

值得注意的是，把母性身体及其本能的目的论描绘为始终如一的、坚持不懈的形而上学原则——一种集体的、特定性别的生物建构的返古主义——是建立在一种单义的女性性别的设想上的。而这个性别——被设想为既是起源也是因果关系——以一种纯粹的创生原则的姿态呈现。事实上，对克里斯特娃来说，它等同于**创作**本身；在柏拉图的《会饮篇》里，这种创造行为被举扬为既是生育也是诗的构思行为。[15] 然而，女性的创生能力真的是一个没有前因的原因（uncaused cause）吗？它是否开启了把全人类带到乱伦禁忌的影响范围之下、带进语言里的那个叙事？克里斯特娃所说的前父系因果关系，是否意指了一套原初的女性快感与意义经济？我们能不能倒转这个因果关系的次序，把这符号态经济理解为某个先在的话语的产物？

福柯在《性史》第一卷的最后一章里，提醒大家不要错把性别范畴"假想为一个整体……［以及］因果原则"来使用，他强调性别这个我们虚构的范畴造成了因果关系的倒转，以至于"性别"被理解为形成欲望的结构和意义的原因：

> "性别"的概念……使我们能够把解剖学的元素、生物的功能、行为、感官感受与快感，集合到一个人为的整体之下。它使得人们能够将这个虚构的整体作为一种因果原则、一种无所不在的意义来运用：性别因此能够作为一个独特的能指以及一个普遍的所指来运作。[16]

---

15 柏拉图，《会饮篇》（*Symposium*），209a：关于"精神……的生殖（procreancy）"，他写道，这是诗人独特的能力。因此，诗创作被理解为升华的生育欲望。

16 福柯，《性史·卷一：导言》，罗伯特·赫尔利译，纽约：温提子出版社，1980年，第154页。

对福柯来说，在身体于某种话语里被决定，并通过这个话语被赋予一个自然的或本质的性别"理念"之前，它并没有任何重要意义上的"性别化"可言。身体只有在权力关系的语境下于话语中获得意义。性意识（sexuality）[译者按：sexuality 视情况和语境，译为"性意识"，或"性"]是在某个特定历史时空里由权力、话语、身体与情感构成的一个整体。因此，在福柯的理解里，性意识生产了一个人为概念的"性别"，而这个概念有效地扩展并掩盖了创生它的那些权力关系。

福柯的架构提供了一条途径，可以解决从克里斯特娃关于女性身体的观点衍生而来的一些认识论与政治上的难题。我们可以把克里斯特娃有关"前父系因果关系"的主张理解为一种根本的倒置。克里斯特娃假定一个先于话语的母性身体，它以内驱力的结构发挥它的因果力量；然而福柯无疑会坚持，把母性身体建构为前话语的话语生产，是那些母性身体的比喻修辞所由以产生的特定权力关系壮大自身并隐匿的一种手段。在这样的框架下，母性身体不再被理解为所有意指的隐藏基础，所有文化未言明的原因；相反地，它将被理解为一个性体系的效果或结果，而在这性体系里，女性身体被要求将母性作为其自我的本质以及其欲望的律法来承担。

如果我们接受福柯的框架，我们势必要将母性力比多经济重新描述为特定历史时空里的某种性机制的产物。此外，充斥着权力关系的性话语本身，成为前话语的母性身体这个比喻修辞的真正根基。克里斯特娃的论述遭到彻底的逆转：象征秩序和符号态不再被诠释为语言的不同维度——来自压抑或展现母性力比多经济的结果。相反地，这样的经济被理解为一种物化，它不但扩展也隐藏了将母性强加于女人的那个制度。的确，当那些维系母性制度的欲望经过价值转换成为先于父系律法、先于文化的内驱力的时候，这个制度在恒定不变的女性身体结构里就获得了某种永久的正当性。的确，那显然是父权的、支持并要求以生育功能作为女性身体的主要特点的律法，它铭刻于那身体上，作为它的自然需求的法则。克里斯特娃捍卫那个所谓生物上必然的母性法则，认为它是先于父系律法本身存在的一种颠覆性运作，她助长了对这律法的不可见性的系统性生产，也因此助长了它的必然性的假象。

由于克里斯特娃自我局限于一种全然**禁制性**的父系律法概念，因此她无法解释父系律法如何将某些欲望**生成**为自然内驱力形式。她试图表达的女性身体，本身正是它原本要打破的那个律法所生产的一个建构。这些对克里斯特娃的父系律法概念的批评，并不尽然会使她基本的立场——文化或象征秩序是建立在否定女人身体的基础上——成了无稽之谈。然而我要指出的是，任何断言意义的生成是建立在否定或压抑女性原则的基础上的理论，必须考虑女性特质是否真的是外在于压抑它的文化规范。换句话说，就我的解读，对女性／阴性的压抑，并不一定就需要压抑的能动者与压抑的客体在本体论上是截然区分的。事实上，压抑可以理解为生产了它要予以否定的那个客体。这样的生产大有可能是压抑的能动者本身的一个精心构造。如福柯所清楚指出的，在文化上矛盾运作的压抑机制，既是禁制的也是生成的，这使得"解放"这个难题益形严峻。从父权律法的桎梏下解脱出来的女性身体，有可能最后证明只是那律法的另一个化身，它以颠覆之姿出现，所作所为却为了那律法的自我壮大和增衍服务。为了避免压迫者以受压迫者之名所施行的解放，我们必须全面考虑这律法的复杂性和微妙性，同时去除自身对于律法之外有个真实的身体这样的幻想。如果颠覆是可能的，那么它将是从这个律法的框架内部，通过这律法在自相抵触而产生它本身未预期的变化时所出现的可能性而形成的一种颠覆。这样，文化建构的身体才能得到解放：不是回归到它的一个"自然的"过去，也不是回归到它的原初快感，而是面向一个有着各种文化可能性的开放未来。

第二节　福柯、赫尔克林与性别不连贯的政治

福柯的系谱学批判提供了一条批判拉康和新拉康派理论的途径，那些理论将文化上边缘的性欲形式打造为文化所无法理解的东西。福柯从对一个解放的大写爱欲（Eros）概念幻灭的框架里书写，他认为性充斥着权力，而对主张有某种存在于律法之前或之后的性的理论，提出了批判的观点。然而，当我们思考福柯批判性别范畴与性的权力机制的文本例子时，显然他自己的理论还是维持了某种未被察觉的解放理想，而这理想被证明越来越难维持，哪怕是在他自己的批判工具所责难的对象范围内。

福柯在《性史·卷一》里提出的性意识理论，和他出版的19世纪法国阴阳人赫尔克林·巴尔宾的日记里所发表的简短但重要的导言，在某些方面是矛盾的。赫尔克林一出生时性别被判定为"女性"，在二十岁出头的时候，在对医生和神父作了一连串的坦白和告解之后，她/他在法律的强制下被迫将性别改成"男性"。福柯宣称他所发现的日记，连同那些讨论她/他的"真实"性别判定所依据的基础的医学和法律文件，都一并在这本日记集里发表。德国作家奥斯卡·潘尼扎（Oscar Panizza）的一篇讽刺短篇小说也收录其中。福柯为这本日记集的英文译本写了导言，在这篇导言里，他质疑了真实性别的概念是否确有必要。起先，这个质疑跟他在《性史·卷一》近结尾部分所提出的，对"性别"范

畴的批评系谱似乎是一脉相承的。[17] 然而，这些日记及其导言给我们提供了一个机会，让我们以福柯在《性史·卷一》里提出的性意识理论来检视他对赫尔克林的解读。虽然他在《性史》里主张性是与权力同存共延的，但他却没有认识到那些既建构又谴责赫尔克林的性欲的具体权力关系。事实上，他似乎浪漫化了她/他的快感世界，把它当作"快乐的无身份化外之地"（happy limbo of a non-identity）（导言，第8页），一个超越了性别和身份范畴的世界。在后来赫尔克林自己的自传书写里出现的关于性差异以及性别范畴的话语，让我们对赫尔克林有了另类的解读，有别于福柯对她/他文本的浪漫化挪用以及视而不见。

福柯在《性史·卷一》里指出，"性别"的单义性建构（一个人就是他/她的性别，因此，不会是另一个性别）（一）是为了服务社会对性的管理和控制而生产的；（二）掩盖了各种不同的、不相联系的性功能，将它们人为地统一起来；于是，（三）在话语里以**原因**的姿态呈现，是一种内在的本质，将各种各样的感官感受、快感与欲望生产为性别所独有的，并使它们能够被理解。换句话说，身体的快感不仅可以依据某种因果关系简化为这种表面上为性别独具的本质，同时，它们也很容易作为这个"性别"

17　福柯编，《赫尔克林·巴尔宾：新近发现的十九世纪阴阳人回忆录》（*Herculine Barbin, Being the Recently Discovered Memoirs of a Nineteenth Century Hermaphrodite*），理查德·麦克当高尔（Richard McDongall）译，纽约：柯乐芬出版社，1980年。法文原版《赫尔克林·巴尔宾，别名阿丽西娜·巴尔宾：福柯出版版本》于1978年由巴黎伽利玛出版社出版。所有相关引文均出自此回忆录的英文和法文版。

的外在展现或符号来诠释。[18]

福柯运用一种逆转话语，视"性别"为一个**结果**而不是起源，以对抗这种将"性别"当作单义的、具有因果关系的虚假建构。扬弃"性别"是身体快感的原初的、持续的原因以及意义的概念，他提出"性意识"（sexuality）是一个开放的、复杂的话语和权力的历史体系，它生产了"性别"这个错误命名，作为隐藏并因此长久巩固权力关系的策略之一。要使权力得以长久并被隐藏，一个方法是在权力（被设想为压制或宰制）与性（被设想为无畏但受挫的能量，等待着释放或是真实的自我表达）之间，建立一种外在的或专断的关系。这样的司法模式的运用，不仅假定权力和性之间的关系在本体论上是截然区分的，而且权力的作用总是也只是压制或者解放本质上完好无缺、自给自足、与权力本身有所区别的性。当性被这样自然化以后，它在本体论上得以免受权力关系的影响，同时也免除了它本身的历史性。结果，对性的分析流于对"性别"的分析，而任何对"性别"范畴本身的历史生产的探究，都被这个本末倒置的以及伪造的因果关系所排除。根据福柯的论点，"性别"不只应该重新放到**性意识**的框架里，司法性的权力也应该被重新设想为某种生成性的权力所生产的建构，而这个生成性权力又反过来隐藏了它自身的生产性

---

18 "'性别'的概念……使我们能够把解剖学的元素、生物的功能、行为、感官感受与快感，集合到一个人为的整体之下。它使得人们能够将这个虚构的整体作为一种因果原则……来运用"，参见福柯，《性史·卷一》，第154页。这段引文见本书第三章第一节。

机制：

> 性别的概念带来一种根本的倒转；它使得对权力与性的
> 关系的再现可以倒转过来，让后者看起来**不是与权力处在一**
> **种本质的、正向的关系中**，而像是根植于权力极尽所能去控
> 制的某种明确且无以缓解的紧急性之中。（154）

福柯在《性史》里明确地站在反对解放或自由主义的性模
式的立场，因为它们认同的是一种司法性的模式，而没有认识
到"性别"作为一个范畴——作为权力关系的一个神秘化的"**结**
果"——是历史的生产。他与女性主义表面上的问题似乎也是起
因于此：女性主义分析以生理性别范畴——因此，如果从福柯的
观点来看，就是对社会性别的二元限制——作为它的出发点。而
福柯认为自己的研究是探究"性别"范畴和性差异是如何在话语
里被建构为一种必要的身体身份的特征。根据福柯的观点，结构
着女性主义解放模式的司法性律法模式假定解放的主体——在某
种意义上是"性别化的身体"——本身是不需要受到批判解构的。
如同福柯在讨论一些人道主义的监狱改革举措时所说的，得到解
放的罪犯主体可能比人道主义者原来所想的要受到更深重的桎
梏。对福柯而言，性别化意味着臣服于一整套社会规则，让指导
着那些规则的律法不仅成为一个人的生理性别、社会性别、快感
与欲望的形成原则，也成为诠释自我的解释学原则。性别范畴因
此不可避免地是管控性的，而任何将这个范畴当作先决条件的分

析，都不加批判地拓展并进一步正当化了那个作为一种权力／知识体制的管控策略。

福柯在编辑出版赫尔克林·巴尔宾的日记时，显然想指出阴阳人或间性人的身体，是如何隐含了揭露、驳倒性别分类的管控策略的意味。由于福柯认为"性别"统一了彼此之间并没有必然关联的各种身体的功能和意义，所以他预期"性别"的消失将带来一个可喜的结果，即这些不同的功能、意义、器官以及身体和生理学过程的解散，同时也使得那些在二元关系的单义性别概念所强加的认知架构之外的快感得以增衍。根据福柯，在赫尔克林所处的性／性别世界里，身体快感并不是直接意指着"性别"，以性别作为快感的原初成因和终极意义；他宣称，这是一个"没有了猫儿，而笑容四处蹦跶"（导言，第8页，见本书第一章注37）的世界。的确，这些显然是超越了强加于它们之上的规则的快感。在此，我们看到了福柯对解放话语的一种情感上的耽溺，而解放话语正是他在《性史》的分析里所试图汰换的东西。根据这个福柯式的解放性政治模式，"性别"的颠覆导致一种原初的性欲多元性的释放，这与精神分析原初多形态性欲的假定，或是马尔库塞所谓后来被某种工具主义取向的文化所压抑的原始的、具有创造力的双性大写爱欲的概念相比，并没有多大的差距。

福柯在《性史·卷一》与《赫尔克林·巴尔宾》导言里立场上显著的差异，其实已经在《性史》里显现出来，成为此书里一个没有解决的矛盾（他在书中提到在各种不同的管控策略强行介入之前存在的"田园般的""纯真的"跨代之间的性交换［31］）。

一方面，福柯想要强调，没有任何"性"本身不是从复杂的话语和权力的交互作用里生产的；然而，似乎有某种"快感的多元性"**在本质上**不是任何具体的话语／权力交换的结果。换句话说，福柯调用了一个前话语的力比多多元性的比喻修辞，它实际上预设一种存在于"律法之前"的性欲，确切地说，就是等待着从"性别"的桎梏解放的性欲。另一方面，福柯公开主张性与权力是同存共延的，我们不能认为对性说"是"就是对权力说"不"。在他的反司法、反解放的模式下，"官方"的福柯主张性欲总是处于权力的矩阵里，而且它总是在具体的历史实践——在话语上也在制度上——里被生产或被建构；诉诸一个律法之前的性欲，是解放性政治的一种虚幻的、共谋性的妄想。

赫尔克林的日记给我们提供了检视福柯自身的论点的机会，或者更确切地说，揭露了这种反解放话语的性自由诉求在本质上的矛盾。赫尔克林的日记里通篇都以阿丽西娜（Alexina）自称，她／他述说自己一生经历的悲惨境遇，她／他是不公平待遇的牺牲者，生命充满了谎言、渴望以及必然的不满足。她／他说自己还是个年轻女孩的时候，和其他女孩都不一样。在整个故事里，这样的不同让她／他交替经验了焦虑与自负的心境；但是在律法介入成为这个故事的一个直接行动者之前，这差异只是一个默认的事实。赫尔克林在日记里并没有直接叙述她／他的身体特征，但是从福柯连同她／他的日记一起发表的医学报告的蛛丝马迹来看，赫尔克林可能拥有一个所谓的小阴茎或增大的阴蒂，而应该是阴道的地方，用医生的话说，只有一个"盲囊"（cul-de-sac）状的东西。还有，她／他似乎没有明显可辨的女性乳房。她／他似乎也有某种射精的能力，但在这些医学文件里没有充分的说明。赫尔克林从没有提到她／他的这些身体特征，而是以自然的错误、形而上学的无家可归、永远无法满足的欲望以及极度的孤寂等文辞，来说明她／他的困境。这困境在她／他自杀之前，转成满腔的愤怒情绪，起初是针对男人，但最后却如我们所见的那样针对了整个世界。

赫尔克林省略一些细节，叙述她／他和学校里的女孩、修道院的修女姆姆的关系，最后谈到她／他对成为她／他爱人的萨拉（Sara）的炽烈感情。一开始她／他被罪咎感折磨，后来又为不知名的生殖器部位的疼痛所苦，赫尔克林因此向一位医生，然后向一位神父坦白了她／他的秘密，这一系列的坦白／告解行动导致她／他被迫与萨拉分离。有关当局进行协商并在法律上实行她／他向男性的转变，依法她／他必须穿着男装，行使男人在社会中的各种不同的权利。赫尔克林的日记以多愁善感和感伤的语调，叙述了一种永恒的危机感，它最后带来自杀的结局。我们可以说在法律把阿丽西娜转变为男人之前，她／他可以自由地享受那些实际上逃离了司法性的、管控的"性别"范畴的压力的快感。的确，福柯似乎认为这些日记正让我们深入看到了单义的性别律法强行介入之前的那个不受管控的快感领域。然而他的解读等于从根本上误读了这些快感的运作；这些快感总是已经渗透在无处不在但没有明言说出的律法当中，它们事实上正是所谓它们违抗的那个律法所生产的。

我们当然应该拒绝浪漫化赫尔克林的性欲，拒绝把它当作是"性别"强行介入并带来种种限制之前的一种乌托邦式的快感游戏这样的诱惑。然而，我们仍然可以提出一种另类的福柯式问题：是什么社会实践与惯例生产了这种形式的性欲？在探究这个问题的时候，我想我们有机会了解：（一）权力的生产能力——管控策略如何生产它后来予以抑制的主体；（二）在这个自传叙事的语境里，权力所由以生产性欲的具体机制。当我们放弃对多元性欲的形而上学的物化，而在赫尔克林的案例里，探究生产、管控赫尔克林的性 / 性别世界里那些温柔的亲吻、弥散的快感、因受挫和逾越带来的兴奋刺激的具体叙事结构以及政治和文化惯例的时候，我们对性差异的问题会获得新的角度的理解。

　　在各种各样生产赫尔克林和她 / 他各个情侣之间的性的权力矩阵里，其中显然有既被女修道院及其背后的宗教意识形态所鼓励又被其谴责的女性同性爱习俗。关于赫尔克林我们所知道的一件事是她 / 他喜欢阅读，而且阅读大量的书籍，她 / 他的十九世纪法国教育包含了古典文学与法国浪漫主义的陶养，而她 / 他自己的叙事是在一套确立的文学惯例之下进行的。事实上，这些惯例生产并为我们诠释了这种福柯和赫尔克林都以为是外在于所有惯例的性欲。对无望的爱的浪漫式和多愁善感的叙事，似乎也生产了这个文本里各式各样的欲望和痛苦；基督教命运多舛的圣徒传奇、希腊神话里自杀的阴阳人以及明显的基督这个形象本身，同样加入了这个生产。不管是在律法"之前"的多元性欲，还是"外在于"律法、违反自然的逾矩行为，这些位置一律都是"内在于"话语的；这话语生产性欲，然后又通过设定一种"外在于"文本本身、勇敢而叛逆的性来掩盖这个生产过程。

当然，回归到赫尔克林生物学上两重性的男性的那一面，来解释她／他与年轻女孩的性关系，一直是这个文本给我们的一个诱惑：如果赫尔克林对一个女孩产生欲望，那么也许我们可以从荷尔蒙或染色体的结构，或是身体特征上存在的发育不全的阴茎上找到证据，证明有一个比较明确的男性性别特征，随后这特征产生了异性恋的能力和欲望。那些快感、那些欲望、那些行为——它们在某种意义上难道不是从这个生物学上的身体发散出来的吗？而对于这样的发散，难道我们不能把它理解为那个身体的一个必然结果，同时，它也展现了这个身体的性别的独特性吗？

也许因为赫尔克林的身体男女两性兼具，所以试图在概念上区别有关她／他主要的性特征的描述，以及她／他的社会性别身份认同（亦即她／他对自己的社会性别的意识；顺带说一下，她／他在这点上一直在改变，而且一点也不明确）、她／他的欲望的倾向和客体，这方面的努力显得特别困难。她／他自己在不同的地方都认为，她／他的身体是她／他的性别混淆和逾越快感的**原因**，好似它们是某种不知何故落在了自然／形而上学事物秩序之外的本质的结果和外现。然而，与其把她／他异常的身体理解为她／他的欲望、她／他的困扰、她／他的恋情和坦白／告解的原因，我们也许可以将这个身体——在此完全被文本化了——解读为一种符号，代表了单义性别的司法性话语所产生的一种无法解决的矛盾。我们无法如福柯所期待的那样，在单义性所在之处发现多元性。相反地，我们面对的是由禁制律法所产生的某种致命的矛盾性：尽管这些矛盾带来快感散布的结果，但它最终的结局却是赫尔克林的自杀。

如果我们一路阅读赫尔克林叙述中的自我剖析——这本身就是经由坦白／告解而生产自我的一个过程，似乎她／他的性倾向一开始就是充满矛盾的，而她／他的性欲重演了它产生之初的这个矛盾结构，这可以部分归因于制度要求她／他去追求对修道院这个大家庭里的各个"姐妹"和"姆姆"的爱，同时又严格禁止这爱逾越规范。福柯无意间暗示了赫尔克林的"快乐的无身份化外之地"之所以可能，是由于某种具有历史特殊性的性欲结构，亦即"她与世隔绝的生活，而与她为伍者几乎全是女性"。如福柯所形容的，这"奇异的幸福"在修道院传统的规范里，同时是"强制性的和受到禁止的"。这里他显然暗示了就是在这个同性恋环境——实际上是被一个情欲化的禁忌所建构的——中，"快乐的无身份化外之地"得到微妙的鼓励。福柯旋即又收回了赫尔克林参与某种女性同性恋传统的实践这样的暗示，而坚持其中产生作用的关键是"无身份"（non-identity），而不是各种不同的女性身份。让赫尔克林占据"女同性恋"这个话语位置，等于是让福柯援用性别范畴——而性别范畴正是福柯希望赫尔克林的叙事能够说服我们去拒绝接受的。

也许福柯的意图正是两方面都想顾及；的确，他想含蓄地指出无身份是在同性恋语境里生产的，也就是说，这同性恋对推翻性别范畴是起到重要作用的。要注意的是，福柯接下来对赫尔克林的快感的描述中，性别范畴是如何被调用又被拒绝的：学校和女修道院"鼓励这些温柔的快感，这些快感是无性别身份者悠游于那些彼此相似的身体之间时所发现并挑动的"（导言，第14页）。在此，福柯认定这些身体的相似性构成了它们快乐的无身份化外之地的要件，这论点不止从逻辑上和历史上来说很难让人接受，它也不足以描述赫尔克林的情况。到底是对她们身体的相似性的认知构成了修道院里年轻女性的性游戏的条件？还是，其实是那禁止同性恋的律法被情欲化了的存在，以一种强制性的告解/忏悔模式生产了这些逾越的快感？即使在这个表面上为同性恋的语境里，赫尔克林仍然维持了她/他自己的性差异话语：她/他注意到并享受自己与激起她/他欲望的年轻女人之间的差异，然而这差异并不是对异性恋欲望矩阵的简单复制。她/他知道在那样的交流里自己的位置是逾越规范的，用她/他的话来说，她/他是一个男性特权的"篡夺者"；而即使在复制这个特权的时候，她/他也在挑战它。

篡夺这个用词显示她/他参与了这些她/他不可避免地感到疏离的范畴，并且也意味着一旦这些范畴不再与假定的性别固定性有因果上的关联，不再是它们形之于外的表征的时候，这些范畴就有了去自然化和流动的可能性。赫尔克林的身体特征并不是在性别范畴之外，而是搅乱并重新分配组合了这些范畴的构成元素；的确，这些属性自由任意的组合所带来的一个结果是，揭露了性别作为这些不同的属性所依附的一个持久的实在基础的虚幻性质。此外，赫尔克林的性欲构成了一套逾越社会性别规范的实践，挑战了对异性恋与女同性恋情欲交换的这个区分，并凸显了它们之间一些暧昧的辐合以及重新分配组合之处。

然而，我们似乎必须追问：即使是在话语建构的性/性别暧昧的层次，难道"性"，以及更确切地说，它与"权力"的关系，没有对性别范畴的自由组合加上一些限制吗？换句话说，那个自由组合——不管我们将它视为一种前话语的力比多多元性，还是话语建构的多元性——究竟有多自由？福柯原来反对性别范畴，是因为它把一套统一的、单义的设计强加于本体论上不同的性/性别功能和元素之上。福柯几乎与卢梭的做法一样，他建立了一个人为的文化律法的二元架构，这个架构简化而且扭曲了我们原本可以理解为某种**自然的**异质性之物。赫尔克林在提及她/他的性欲时这样说："这个天性与理智之间不断的挣扎。"（103）然而，粗略检视一下这各个不同的"元素"，我们发现它们彻底地被医学话语化，成为"功能""感官感受"，甚至"内驱力"。因此，福柯所诉诸的异质性本身，正是被他划归为压抑的司法性律法的医学话语所建构的。然而，福柯似乎如此看重的这个异质性究竟是什么？它又为了什么目的服务？

如果福柯主张性别上的无身份在同性恋语境里受到鼓励，那么他似乎会确认异性恋语境正是身份得以建构的情境。我们已经知道，福柯把性别与身份范畴整体理解为一个管控的性/性别体制的结果和工具；但是，那管控是以生殖为目的、是异性恋中心还是什么其他的，并不是那么清楚。那样的性管控是否在一个对称的二元关系里生产男性和女性的身份？如果同性情欲生产性别上的无身份，那么同性恋本身就不再倚赖于身份彼此**相同**的这个基础；实际上，同性恋不能再被如此描述为同性恋。然而，如果同性情欲是指代一种**无以名状**的力比多异质性处境，那么我们也许可以追问：这是否其实是一份无法或是不敢道出的爱？换句话说，只接受过一次有关同性恋的访谈，而且在他自己的著作里一直抗拒着自白时刻来临的福柯，却毫无窘迫地以道德说教的模式向我们呈现了赫尔克林的自白。这是不是一种移置的自白，而它似乎指出了福柯与赫尔克林的生命历程之间，有某种连贯性或是相应之处？

在法文版的封面，福柯写道，普鲁塔克（Plutarch）认为杰出的人物构成了**对应的**生命轨迹，在某种意义上，这些生命沿着无限延伸的时间线前进，最后终将在永恒里会聚。他说有些生命偏离了无限的轨道，面临消逝于黑暗而永远无法补救的危险——那些生命可以说没有沿着那通往永恒的伟大国度的"康庄"大道而行，而是偏离了正轨而有彻底无可挽救之虞。"那将是普鲁塔克信念的颠倒，"他写道，"在平行点上的生命，没有任何力量能使之重新会聚。"（作者的翻译）这里的文本最明显地是指涉赫尔克林——后来取的男性名字（虽然有个奇怪的阴性字尾）——与阿丽西娜——那个指代女性状态的赫尔克林的名字——的分离。但它也指涉赫尔克林和她/他的情人萨拉，两人彻底分开了，而且显然走上了分道扬镳的道路。然而，或许赫尔克林在某种意义上也与福柯相对应：从偏离的生命轨迹——绝非"正道"——所可能有的意义上来说，他们正是彼此对应的。的确，或许赫尔克林和福柯彼此呼应，但这并非在任何字面的意义上，而在于他们对理所当然之事物——尤其是对性别范畴——的挑战本身。

福柯在导言里指出有些身体在某种意义上是彼此"类似的"，他忽视了赫尔克林身体上明显并存的男女两性特征，也忽视了她／他在自我表述时所说的她／他和她／他爱慕的女子非常不一样。事实上，在一些形式的性爱交流之后，赫尔克林使用占有和征服性的语言宣称萨拉永远属于她／他："从那刻起，萨拉属于了我……！！！"（51）那么，福柯为什么对他意图用以作出如此主张的文本有所抗拒呢？在福柯接受的一次关于同性恋的专访里，访问者詹姆斯·欧希金斯说道："在美国知识分子圈里，尤其是在激进女性主义圈子里，越来越多的人倾向把男同性恋与女同性恋区分开来。"他认为，在这两类交往中，身体所感受的东西大相径庭；女同志比较喜欢一对一的伴侣关系之类，而男同志一般来说并非如此。福柯的反应是失笑，文中用"［笑］"表示，并说："我只能失声大笑。"[19] 我们也许记得，福柯在阅读了博尔赫斯

---

19 《性选择，性行为：福柯与同性恋》（ *Sexual Choice, Sexual Act: Foucault and Homosexuality* ），詹姆斯·欧希金斯（James O'Higgins）译，原刊登于《杂文》（ *Salmagundi* ），卷58—59，1982秋季号—1983冬季号，第10—24页。后收录于《福柯，政治，哲学，文化：1977—1984年间的访谈与其他文章》（ *Michel Foucault, Politics, Philosophy, Culture: Interviews and Other Writings, 1977—1984* ），劳伦斯·克里茨曼（Lawrence Kritzman）编，纽约：劳特利奇出版社，1988年，第291页。

之后也这样不可抑止地笑出来，如《事物的秩序》(*The Order of Things*) 的序言里所记载的：

> 这本书的起源是博尔赫斯的一段文字，起源于我阅读那段文字时的大笑，这笑粉碎了我思想里所有熟悉的坐标物……打破了所有井然有序的表面和所有平面，而这些是我们习以为常的、用以驯化无数混乱的现存事物的工具；并在过后很久仍继续干扰着我们长久以来对同一（the Same）与他者的区别，使之有崩溃的危险。[20]

当然，这段文字出自搞混了亚里士多德对普遍范畴和特殊事例之间的区分的中文百科全书。然而，还有皮埃尔·里维埃尔"粉碎性的狂笑"，他杀害家人从而摧毁了自己的家庭——或许对福柯来说是摧毁了家庭这个概念，这几乎等于否定了亲属关系范畴，进而否定了性别范畴。[21] 当然，还有现今很著名的那个巴塔耶（Bataille）的笑，德里达在《书写与差异》里告诉我们，这笑指代

---

20 福柯,《事物的秩序：人文科学的考古学》(*The Order of Things: An Archaeology of the Human Sciences*)，纽约：温提子出版社，1973 年，序，第 15 页。

21 福柯编,《我，皮埃尔·里维埃尔，残杀了我的母亲、我的姐妹和我的兄弟：一个十九世纪近亲谋杀的案件》(*I, Pierre Rivière, Having Slaughtered My Mother, My Sister, and My Brother: A Case of Parricide in the 19th Century*)，弗兰克·杰里内克（Frank Jellinek）译，林肯：内布拉斯加出版社，1975 年。法文原版（ *Moi, Pierre Rivière ayant égorgé ma mère ma soeur et mon frère...* ）由巴黎伽利玛出版社于 1973 年出版。

逃脱了黑格尔辩证法概念掌控的一种过度（excess）。[22]福柯会发笑，正因为这个问题的立意基础就是他寻求置换的那个二元结构，这个令人生厌的同一与他者的二元结构，不仅贻害了辩证法的传承，也贻害了性别的辩证。然后当然还有埃莲娜·西苏告诉我们的美杜莎的笑，它粉碎了那让人石化的凝视所造成的平静表面，揭露了同一与他者的辩证是以性差异为轴线进行的。[23]赫尔克林以一种自觉的姿态呼应了美杜莎的故事，她／他写道，"我的凝视所具有的冰冷的凝固力似乎冻结了"（105）那些与我的视线相遇的人。

当然，伊利格瑞揭露了这个同一和他者的辩证是一个虚假的二元结构，它是一种对称的差异的假象，巩固了形而上学的阳具逻各斯中心经济，也就是同一经济（the economy of the same）。根据她的观点，他者和同一都是男性的标记；他者不过是从反面来阐发男性主体，它造成的结果是女性这一性别无法得到再现，也就是说在这个意指经济里，这是一个不算数的性别。然而，女性不是一个性别，也是从它逃避了象征秩序所特有的单义意指这层意义上来说，还因为它不是一个实体的身份，它总是且只是一种与造成它不在场的那个经济之间的未确定的差异关系。它并非"单一"的，因为它的快感和它的意指模式是多元而弥散的。的

---

22 德里达，《从限制到总体经济：毫无保留的黑格尔主义》(*From Restricted to General Economy: A Hegelianism without Reserve*)，收录于《书写与差异》(*Writing and Difference*)，法文原版由色伊耶出版社于 1967 年出版。

23 埃莲娜·西苏（Hélène Cixous），《美杜莎的笑》(*The Laugh of Medusa*)，收录于《新法国女性主义》。

确，赫尔克林那些显然是多样多元的快感，也许可以成为女性／阴性的标记——具有多元价值，而且拒绝屈服于单义意指实践的简化作为。

但是我们别忘了赫尔克林与笑的关系，她／他的笑出现过两次，第一次是害怕被人取笑（23），再后来是轻蔑的嘲笑，这是针对医生而发的；这位医生得知了这个天生异常的状况，却没有向适当的单位举报，在这之后她／他失去了对他的尊敬（71）。对赫尔克林来说，笑似乎代表的不是羞辱就是轻蔑。这两种立场无疑都与一个谴责性的律法有关，两者都屈从于这个律法，或者作为它的工具，或者作为它的目标。赫尔克林并没有踏出那律法的辖权之外；甚至于对她／他的放逐的理解也是以惩罚的模式为根据。就在第一页，她／他述说了她／他的"位置在这个拒我于千里之外的世界里没有被标示出来"。她／他道出了她／他自小就有的一种卑贱感，后来这卑贱感先是表现为跟一条"狗"或一名"奴隶"一样忠实的女儿或情人；最后，当她／他被驱逐并自我放逐于所有人类的领域之外时，这卑贱感终于演变为一种全面的、致命的形式。从这种自杀前的孤立中，她／他宣称自己远远凌驾于两性之上，然而她／他的愤怒大半还是针对男人：在她／他与萨拉的亲密关系里，她／他曾经试图篡夺男人的"名号"；而现在她／他毫无保留地控诉男人，认为他们以某种方式禁绝了她／他爱的可能。

在叙事的一开头，她／他安排两段彼此"对应"的单句的段落，暗示了对失去的父亲的一种抑郁合并——通过结构性地将那负面情绪建制到她／他的身份和欲望里，来延宕被遗弃的愤怒。在说出她／他在事先不知情的情况下迅速地被母亲抛弃之前，她／他告诉我们，因为某些缘故，她／他在弃儿与孤儿的收容所里待了几年。她／他提到那些"可怜虫，被剥夺了母爱的摇篮"。下一句里，她／他形容这家收容所是"痛苦和磨难的庇护所"，而接下来的句子提到她／他的父亲，说"突如其来的死亡将他……从我母亲的温柔情意里强行带走"（4）。虽然她／他通过怜悯其他突然丧母的人而两次转移了自己被遗弃的痛苦，但通过这样的转移，她／他建立了一种认同，这认同在后来重新以父女共同的不幸遭遇——被剥夺了母性的抚慰——的面目出现。当赫尔克林持续地爱上一个又一个的"母亲"，然后爱上许多不同的母亲们的"女儿"而冒犯了形形色色的母亲时，这些欲望的转移可以说是在语义上形成了一种复合的状况。事实上，她／他一直在大家所爱慕、为之激动的对象与受轻蔑、被抛弃的对象之间摆荡，这是不加以干预而任其自食其果的一种抑郁结构的分裂的结果。如果如弗洛伊德所说的，抑郁牵涉了自责，而如果那样的自责是一种负面的自恋（关注自我，即使只是以指责那个自我的模式），那么我们可以这样理解赫尔克林：她／他不断地陷入负面与正面的自恋情绪里，一方面自认为是这个世界上彻底被遗弃和最被忽略的人，另一方面认为自己对所有接近她／他的人都具有一种魅惑力，事实上，对所有女人而言，她／他是比任何一个"男人"（107）都要好的人。

她／他提到那所收容孤儿的医院，说它是她／他早年的一个"痛苦的庇护所"，而她／他在叙事的结尾，带有象征意味地再度与这个寓居之地相遇，而此时它是一个"坟墓的憩息所"。如同那家早期岁月的庇护所使她／他能够与父亲的幽灵神奇地交流和认同，死亡的坟墓里也已经躺着她／他希望能在死后与之相逢的父亲："看到这坟墓让我与生命和解，"她／他写道，"它让我对那躺在我脚下的枯骨感到一种莫名的温柔。"（109）然而这爱——被表述为面对抛弃他们的母亲的一种休戚与共的关系——绝非完全涤除了被抛弃的愤怒：在"[她／他]脚下的"父亲，之前被扩大为代表男人这个整体，而她／他凌驾于所有男人之上，她／他宣称自己俯视着他们（107），向他们发出轻蔑的嘲笑。稍早她／他提到发现她／他异常状况的医生时说："我希望他被打入十八层地狱！"（69）

赫尔克林的矛盾情绪意味着福柯的"快乐的无身份化外之地"这个理论的局限。赫尔克林在怀疑自己是不是"一个不可能实现的梦想的玩物"（79）的时候，她／他几乎是预示了她／他将为福柯取得的位置。赫尔克林的性倾向从一开始就是充满矛盾的，如前面所说，他／她的性欲概括了这个性倾向产生之初的矛盾结构，这部分可以归因于制度要求她／他去追求对修道院这个大家庭里的各个"姐妹"和"姆姆"的爱，同时又严格禁止这爱逾越规范。她／他的性欲并没有在律法之外，而是律法的矛盾产物，在其中**禁制**的概念本身横跨了精神分析和制度的领域。她／他的自白，以及她／他的欲望，既是臣服也是反抗。换句话说，这个被死亡或遗弃或两者所禁绝的爱，是一种把禁制当作它的先决条件以及它的目的的爱。

屈服于律法之后，赫尔克林成为法律所认可的一个"男人"主体，然而社会性别范畴证实不像她／他自己提及的奥维德的《变形记》里所说的那样具有流动性。她／他的多声性（heteroglossic）话语挑战了"本质的人"（person）——也许可以说是先于社会性别而存在，或是可以从一个性别改为另一个性别的人——这样的概念的可行性。如果她／他没有受到别人严厉的谴责，她／他就自我谴责（甚至称自己是"法官"［106］），这显示司法性律法实际上比致使她／他转换性别的经验法则的影响要大得多。的确，赫尔克林永远无法以她／他的身体具化那律法，因为她／他不能在身体特征的象征结构上，给这律法提供一个自然化自身的场域。换句话说，律法并非只是文化在原来应该是自然的异质性上所强加的东西；律法要求人遵奉它关于"自然"的概念，通过对身体二元而不对称的自然化来获得它的合法性，而其中大写阳具虽然明显地不等同于阴茎，然而它仍调用了阴茎作为它自然化的工具和符号。

　　赫尔克林的快感和欲望绝非一种世外桃源般的纯粹状态，在某种司法性律法强行介入之前可以尽情茁壮增衍。她／他也不是完全外在于男性中心的意指经济；她／他"外在于"律法，但律法将这外在性保持在它的管辖范围内。事实上，她／他的身体具化了那律法，但并非作为一个合格的主体，而是作为一个活生生的见证，证明这律法离奇的能力：它只生产那些它能保证终究会——由于忠诚——自食败果的反抗，以及生产那些在全然臣服之后别无选择，而只能重申创生他们的律法的主体。

篇末非科学后记

在《性史·卷一》里，福柯似乎把身份追求的问题放在司法性的权力形式语境里，而这种司法性的权力形式随着19世纪末精神分析等性科学的兴起得到了充分的表达。虽然福柯在《快感的使用》(*The Use of Pleasure*) 的开头修订了他对性史的编撰，致力从古希腊和罗马的文本里挖掘主体形成的压抑/生成规则，然而他试图揭露身份是管控生产的结果的哲学志业一直是不变的。在细胞生物学的最近发展中，我们可以看到这样的身份追求的一个当代例子，而这个例子无意间证实了福柯的批判仍然适用。

最近关于主控基因 (the master gene) 的争议，可供我们探究性别单义性的问题：麻省理工学院的一群研究员于1987年年底声称他们发现了作为性别的秘密，以及在某种程度上决定性别的主控基因。大卫·佩奇博士与他的同事以高度复杂的技术方法，发现了在Y染色体上构成特殊DNA序列的主控基因，他们把它命名为"TDF"(testis-determining factor)，或是睾丸决定因子。佩奇博士在《细胞》(*Cell*，51期) 发表了他的发现，他宣称已经找到"关系着所有性别二态性特征的二元转化枢纽"。[24] 让我们来思

---

24 引自安·浮士多-斯德尔令 (Ann Fausto-Sterling)，《XY掌控下的生命》(*Life in the XY Corral*)，载于《妇女研究世界论坛》(*Feminist International Forum*)，卷12，第3期，1989年，《女性主义与科学特刊：纪念露斯·布雷尔》(*Special Issue on Feminism and Science: In Memory of Ruth Bleier*)，苏·罗塞尔 (Sue V. Rosser)（转下页）

考一下关于这个发现的一些宣称，看看为什么这些令人不安的关于性别判定的问题仍不断地被提出来。

根据佩奇的论文，《人类Y染色体性别决定区域转译指蛋白》，他的DNA样本是从一群非常不寻常的人身上采集的，这些人当中有一些拥有XX染色体，却在医学上被判定为男性；有些人具有XY染色体构造，却在医学上被判定为女性。他没有告诉我们究竟是依据什么基础，这些人被判定为跟他们染色体的检查结果相反的性别；我们只能假定从明显的第一和第二性征来看，他／她们的性别判定是正确的。佩奇与他的工作伙伴提出了以下的假设：一定有某种DNA序列，虽然我们无法在普通显微镜下看到它，但它却是男性的决定因子，而这DNA序列必定是因为某种不知名的原因，从Y染色体——它通常应该在的位置——移位到某个其他的染色体之内，而我们没有意料到会在那里发现它。只有在我们能做到：一、假定这无法检测到的DNA序列存在；二、证明它是可移位的，我们才能够解释为什么会发生具有XX染色体的男人，没有可辨识的Y染色体，但事实上仍然是男性这样的情形。同样地，我们也可以解释会发生Y染色体出现在

（接上页）编，第328页。这节里其他的引言均出自她的论文，以及她引用的两篇论文：大卫·佩奇（David Page）等，《人类Y染色体性别决定区域转译指蛋白》（ *The Sex-Determining Region of the Human Y Chromosome Encodes a Finger Protein* ），载于《细胞》，第51期，第1091—1104页；伊娃·埃舍尔（Eva Eicher）与琳达·瓦胥本尔（Linda L. Washburn），《老鼠的主要性别决定的基因控制》（ *Genetic Control of Primary Sex Determination in Mice* ），载于《遗传学评论年刊》（ *Annual Review of Genetics* ），第20期，第327—360页。

女性身上这样奇怪的情形，正是因为那个 DNA 序列不知何故被错置了。

虽然佩奇与他的研究团队得出这个发现的取样有限，但他们的研究部分所依据的推测是，多达百分之十的人有染色体的变异，不符合 XX—女性、XY—男性这样的归类。因此，与先前的染色体标准相比，"主控基因"的发现被认为对了解性别决定以及连带的性差异问题来说，提供了一个更可靠的基础。

对佩奇来说很不幸的是，他基于这个 DNA 序列的发现而提出的主张一直受到一个问题的困扰：同样一组所谓决定男性特征的 DNA 序列，事实上也被发现出现于女性的 X 染色体里。佩奇起初对这个奇特的发现的回应，是主张也许决定性别的关键，并不是这个基因序列在男性身上**存在**而相对地在女性身上**不存在**；而是它在男性身上是**活跃的**，在女性身上却是**不活跃的**（亚里士多德还魂了！）。然而这个看法仍然是假设性的，而且根据安·浮士多-斯德尔令的说法，在发表于《细胞》的那篇文章里，佩奇和他的研究团队没有提到他们采集基因取样的那些人，在身体和生殖构造上远远不是没有疑义的。我从她的论文《XY 掌控下的生命》里摘录了一段话：

> 他们研究的四位拥有 XX 染色体的男性都是不能生育的（没有精子生产），睾丸偏小，完全没有生殖细胞，也就是精子的前身细胞。还有，他们的荷尔蒙指数偏高，而睾丸激素指数偏低。我们可以推测，他们被归类为男性是因为他们的

外生殖器，以及睾丸的存在……同样地……两位拥有 XY 染色体的女性的外生殖器正常，[但是]她们的卵巢没有生殖细胞。（328）

显然，这些案例里性别的成分并不符合一般性别范畴所指定的、可辨识的一致性或统一性。这些不一致也使得佩奇的论证产生了问题：我们不明白为什么我们一开始就得同意这些人是 XX 染色体的男人和 XY 染色体的女人，尤其是需要讨论的正是男性与女性的判定问题，而这问题却暗地里已经由外生殖器来决定了。事实上，如果外生殖器足以作为决定或指定性别的标准，那么对主控基因的实验研究就几乎没有什么必要。

但是，让我们思考一个不同的问题，想想那样的假设是如何形成、被检验和被合法化的。要注意的是，佩奇和他的工作同人把性别决定与男性决定以及睾丸决定混同了。遗传学家伊娃·埃舍尔与琳达·瓦胥本尔在《遗传学评论年刊》里指出，研究性别决定的文献里从来没有考虑过卵巢决定，而在概念化女性特征的时候，总是以缺乏男性决定因子，或是那个因子的存在不活跃为基准。既然是缺乏的或是不活跃的，那么就不具备作为研究对象的资格。然而，埃舍尔和瓦胥本尔指出，它其实是活跃的，而且正是文化偏见，事实上是一系列关于性别、关于什么构成一项有价值的探究的性别化假定，使得对性别决定的研究产生了偏斜和局限。浮士多-斯德尔令引述了埃舍尔和瓦胥本尔的话：

一些研究员过度强调 Y 染色体牵涉了睾丸决定的这个假设，他们把睾丸组织的诱导呈现为一种主动的（基因主导的、显性的）活动，而卵巢组织的诱导却是一种被动的（自发的）活动。当然，卵巢组织的诱导跟睾丸组织的诱导，或跟其他所有细胞分化过程的诱导一样，都是一个主动的、由基因主导的发展过程。几乎没有研究文献撰写过诱导未分化的性腺发展为卵巢组织的相关基因。(325)

在类似的模式下，整个胚胎学领域也因为过于偏重细胞核在细胞分化中的中心角色而受到批评。分子细胞生物学领域的女性主义批评者反对以细胞核为中心的一些假设，而提出一项新的研究计划，其中细胞核被重新设想为只有在其细胞环境内才能获得意义和控制，以对抗那些试图将一个分化完全的细胞的细胞核，打造为一个完整成形的新有机体的发展过程中的主控者或主导者的研究倾向。根据浮士多-斯德尔令的观点，"要追问的不是细胞核如何在分化的过程中变化，而是细胞核-细胞质活跃的互动如何在分化的过程中改变"(323—324)。

佩奇的研究架构完全符合分子细胞生物学的总体倾向。这个架构显示，这些个体对现有性别范畴的描述效力所隐含的挑战，从一开始就不在思考之列；他追索的问题是"二元的转化关键"如何启动，而不问以二元的性别架构来描述身体是否足以满足当前工作的需求。此外，把重点放在"主控基因"上，这表示女性特征必须从男性特征的存在或不存在来理解，或者，最多是以某种被动性的存在来理解；而这特性要是在男人身上，就一律是主动的。当然，这样的主张是在一个从来没有认真考虑过卵巢对性别分化的主动作用的研究语境里提出的。这里的结论不是说我们无法对性别决定提出有效的、可证明的主张，而是，有关男人和女人的相对身份，以及社会性别本身二元关系的文化假设，决定了这个研究的框架，而使它的重点放在性别决定上面。一旦我们了解到社会性别化的意义决定了那些生物医学研究——这些研究试图向我们证明"生理性别"是先于其所获得的文化意义——的假设和论证的框架，区别生理性别与社会性别的工作就变得更加困难。的确，当我们了解到生物学语言与其他形式的语言一起，携手复制它意图探究、中立地描述的对象上所聚积的文化积淀的时候，这个工作愈显复杂起来。

当佩奇和其他人判定一个在解剖学上有疑义、拥有 XX 染色体的人是男性的时候，他们参照的难道不是一种纯粹文化的传统，而这个文化传统把外生殖器当作了性别的一个定义性"符号"？也许有人会认为，诉诸一个单一的决定因素，不能解决这些案例里不连贯的问题，而且，生理性别作为一个包含各种不同的元素、功能以及染色体与荷尔蒙因素的范畴，它已经不再像我们想当然的那样在一个二元的架构里运作。这里的重点不是诉诸一些例外、一些奇异的现象，而仅仅是为了相对化那些为了正常性/性别生活的利益而作出的主张。然而，如同弗洛伊德在《性学三论》里指出的，例外、奇异的事物提供了一条线索，让我们了解寻常的、理所当然的性别意义世界是如何被建构的。只有从一个自觉的、去自然化的位置，我们才能看到自然的表象本身是如何建构起来的。那些不符合文化传统框架里为我们自然化身体领域并使之稳定的范畴的案例，使我们对性别化的身体所作的一些预设——有关它们不是某个性别就是另一个性别，以及有关这些身体所谓与生俱来的或是由于性别划分而获得的意义——突然之间而且明显地被打乱了。因此，这些奇异的、不一致的、"外在于"规范的事物提供了一条途径，让我们了解这个理所当然的性别分类世界是一个建构的世界；而事实上，这个世界也大可以建构为不同的面貌。

虽然我们不一定立刻就同意福柯的分析，亦即，性别范畴是为了服务于一个规训的、生殖的性体系而建构的，但是很有意思的一点是，佩奇选定外生殖器——对生殖性欲的象征表达来说很重要的解剖学上的身体部位——作为性别判定的一个明确的、先验的决定要素。我们也许有充分的理由可以说，佩奇的研究因为两种话语而受到困扰，而这两种话语在这个例子里是有冲突的：把外生殖器当作明确的性别符号，而且以此为生殖利益服务的文化话语；以及试图把男性原则建立为主动的、单一性原因的——如果不是自生的（autogenetic）话——那个话语。因此，想要一劳永逸地决定性别，判定它明确属于某个性别而并非其他，这样的欲望似乎是来自社会对性/性别再生产的系统化，而这系统化的达成，在于建构清晰明确的身份以及性别化的身体之间的相对位置。

在生殖性欲的框架里，男性身体通常被描绘为主动的能动者，因此在这层意义上，佩奇研究上的问题在于他试图调和生殖话语和男性主动性话语；这两种话语通常在文化上是携手合作的，但在这里的例子里却有了分歧。有意思的是，佩奇自动自发地以活跃的 DNA 序列作为拍板定案的基准，这实际上给予了男性主动原则高于生殖话语的优先性。

然而，根据莫尼克·维蒂格的理论，这样的优先性其实只不过是一种表象而已。性别范畴从属于一个强制性的异性恋体系，而这体系显然是通过一种强制性的性／性别再生产系统来运作的。我们现在转到维蒂格，在她的观点看来，"男性"与"女性"、"男人"与"女人"只存在于异性恋矩阵里；事实上，它们是自然化的词语，它们使得那个矩阵得以保持隐蔽，也因此保护它不至于受到根本的批判。

第三节　莫尼克·维蒂格：身体的瓦解与虚构的性别

语言在社会身体上铸造各种形式的真实。

——莫尼克·维蒂格

西蒙·德·波伏娃在《第二性》中写道："一个人不是生来就是女人，而是**变成**的。"这句话很奇怪，甚至没有道理，因为如果一个人之前一直都不是女人，他怎能变成一个女人呢？产生了这变化的"这个人"是谁？是不是有某个人在某个时间点上变为其性别？我们设想这个人在成为其性别之前，并非其性别，这样合理吗？一个人是如何"变成"一种性别的？性别建构的关键时刻或机制是什么？而也许最切身的问题是，这个机制什么时候出现在文化场景中，将人类主体转换为一个性别化的主体？

有没有过一些人，他们可以说不是一开始就已经是性别化了的呢？性别标记似乎让身体成为"合格"的人类身体；婴儿成为一个人的时刻，是当"是个男孩还是女孩"这个问题有了答案的时候。那些不能划入两种性别之一的身体不属于人类的范畴，它们事实上构成了非人类、贱斥者（the abject）的领域，人类世界是通过与它们的对比反衬建构起来的。如果性别总是已经存在，预先划定作为人的资格是什么，我们怎能说一个人变成其性别，就好像性别是某种后记，或是某种事后追加的文化补记一样？

当然，波伏娃的用意只是指出女人的范畴是一个可变的文化成果，是在一个文化范围里获得或接受的一套意义，没有人生来就具有一个社会性别——社会性别都是后天获得的。另外，波伏娃愿意承认人一出生就有了生理性别，就是某个生理性别，是生理性别化的；生理性别化与做一个人是同存共延的、同步的；生理性别是人的一个分析属性；没有人是没有被生理性别化的；生理性别是作为一个合格的人的必要属性。但是生理性别并不是造成社会性别的原因，而社会性别也不能理解为反映或表达生理性别。事实上对波伏娃来说，生理性别具有不可改变的事实性，社会性别则是后天获得的。尽管生理性别不能够改变——或者说是波伏娃认为如此，社会性别却是可改变的生理性别的文化建构，是在一个性别化的身体上所展现的无数的、开放的文化意义的可能性。

波伏娃的理论看起来隐含了非常激进的结果，这些结果是她自己未曾想到过的。比如说，如果生理性别和社会性别根本上是有别于彼此的，那么我们就不能推论具有某个生理性别的人一定会成为某个社会性别；换句话说，"女人"不一定是对女性身体的文化建构，而"男人"也不一定是诠释男性身体的。这个关于生理性别/社会性别的区分的激进设想显示，生理性别化的身体可以是展现多种不同的社会性别的场域，此外，社会性别本身也不一定只限于平常的那两种性别。如果生理性别并不对社会性别有所限定，那么也许会有一些社会性别、一些文化诠释生理性别化身体的方式，完全不受生理性别外观上的二元性所限制。让我们进一步思考一下这个结果：如果社会性别是一个人变成的某种东西——但是永远无法达成——那么社会性别本身就是一个变成的过程或行动，而且社会性别不应该被设想为一个名词、一个实体的事物，或是静止的文化标记，而应是某种持续而不断重复的行动。如果，不管是从因果关系还是外现的方面来说，社会性别不与生理性别绑缚在一起，那么社会性别就是某种行动，它有扩增的潜能，可以超越生理性别表面的二元性所强加的二元限制。事实上，社会性别将成为一种文化/肉体的行动（cultural/corporeal action），它需要新的词汇，以建制和扩增各种各样的现在分词（present participles）——它们是可以重新意指、可以扩张的范畴，抗拒横加在社会性别上的二元的、实体化的文法限制。然而，这样一个构想要如何在文化上成为可被设想的，而避免堕入一种不可能实现的、虚幻的乌托邦志业的命运？

"一个人不是生来就是女人。"莫尼克·维蒂格在发表于《女性主义议题》（第一卷，第一期）的一篇同名文章里呼应了这句话。然而，莫尼克·维蒂格如何呼应了波伏娃，又重新呈现了她的什么观点？维蒂格的两点主张让人想起波伏娃，同时让她跟波伏娃有所区别：第一点，生理性别范畴既不是不变的，也不是天生自然的，而是对这个自然范畴的一种特殊的政治运用，以服务于生殖性欲的目的。换句话说，我们没有理由把人的身体划分为男性和女性这样的性别，如果不是因为这样的区分符合异性恋的经济需要，而且可以给异性恋制度一个自然的假象。因此对维蒂格而言，生理性别与社会性别之间是没有区别的；"生理性别"

这个范畴本身就是**社会性别化**的范畴，充满了政治投资，被自然化了却不是天生自然的。维蒂格的第二个主张是相当违反人的直觉的，她说：女同性恋者不是女人。她指出女人只是作为一个稳定、巩固与男人的二元对立关系的一个词语存在；而她认为这关系是异性恋。她宣称，女同性恋者在拒绝异性恋的时候，不再根据那个对立关系来定义。她认为女同性恋者事实上超越了男人和女人的二元对立关系；女同性恋既不是女人也不是男人。更进一步来说，女同性恋者没有性别，她超越了性别范畴。通过女同性恋者对那些范畴的拒绝，女同性恋者（这儿代名词是个问题）暴露了那些范畴、那社会默许而持久存在的异性恋矩阵假定，是随历史发展而改变的文化建构。因此我们也许可以说，对维蒂格而言一个人不是天生就是女人，而是变成的；进一步来说，一个人不是天生就是女性的，而是**变成女性**的；而更激进地说，如果要选择的话，一个人可以变得既不是女性也不是男性，既不是女人也不是男人。事实上，女同性恋者似乎是一种第三性别，或者，如我将说明的那样，女同性恋这个范畴从根本上质疑了作为稳定的政治描述范畴的生理性别和社会性别。

维蒂格认为语言对"性别"的区别，确保了强制性异性恋的政治与文化运作。她认为这个异性恋**关系**既不是通常意义上的互惠性的，也不是二元的；"性别"一直都已经是女性的，而且只有一种性别，那就是女性。作为男性意味着不必被"性别化"；被"性别化"总是一种变得特殊和相对的方式，而男性是以普遍的人的形式参与这个体系的。因此，对维蒂格来说，"女性"并不像"男性"那样隐含着其他性别；"女性"只意味着它自身，它可以说是纠缠在性别这个罗网里，陷入波伏娃所说的内在性的循环（the circle of immanence）里。由于"生理性别"是对身体的一种政治和文化的诠释，因此没有传统认知上的生理性别 / 社会性别的区分；社会性别内置在生理性别中，而生理性别被证实从一开始就已经是社会性别。维蒂格指出，在这套强制性的社会关系里，女人在本体论上为性别所充满；她们**是**她们的性别，而反过来说，性别必然是女性的。

维蒂格认为"性别"是由一个压迫女人、男同性恋者和女同性恋者的意指体系通过话语生产并传播的。她拒绝参与这个意指体系，也不相信在这个体系里采取一个改革或颠覆的位置具有可行性；调用这个体系的部分，意味着调用或认可这整个体系。因此，她所构想的政治任务是要推翻整个关于性别的话语，更确切地说，是推翻将"社会性别"——或"虚构的生理性别"——建构为人和物体（在法语里尤其显著）的本质属性的那个文法本身。[25] 维蒂格通过她的理论和小说，呼吁从根本上重新组织对身体与性欲的描述，不求诸生理性别，自然也不求诸那用以管控、分配社会性别矩阵里的言语权的代名词区分。

---

25 维蒂格指出，"跟法语比较，一般对英语的看法是它几乎不带性属，而法语则是性属严格的语言。的确，严格地说，英语没对无生命的宾语、对物体或非人类的存有使用性别标记。然而就人的范畴而言，两种语言都在某种程度上负载了性别"[《性别标记》（The Mark of Gender），载于《女性主义议题》，卷5，第2期，1985年秋季号，第3页]。亦收录于《异性恋思维及其他文章》，第76—89页，见本书第三章注49。

维蒂格认为"生理性别"之类的话语范畴是强加于社会领域的抽象概念，它们生产一种次级秩序，或者物化的"真实"。虽然看起来个体对生理性别有着"直接的感知"，而且这感知被当成一种客观的经验事实，维蒂格却认为这样的一个客体是被暴力地形塑成这样的一个事实的，而那暴力形塑的历史和机制不再与那客体一起显露于外。[26] 因此，"生理性别"是一个暴力过程所造成的真实–结果（reality-effect），而这暴力过程被这个结果本身所隐蔽。所有呈现在外的只是"生理性别"，因此"生理性别"被认为是那存在者的全部整体；它没有前因，但这是因为那个原因无处可见。维蒂格了解她的论点是反直觉的，但是对直觉的政治性涵化正是她所意图阐明、揭露和挑战的：

> 生理性别被当作一种"直观的既定事实""可感知的既定事实""身体的特征"，属于自然的秩序。然而，我们认为是有形的和直接的感知之物，其实只是一种复杂的、神话的建构，一种"想象的结构"，通过身体特征被感知的关系网络来重新诠释身体的特征（它们本质上跟其他特征一样是中

---

26 虽然维蒂格本人没有论述这点，但是她的理论也许可以将施于性／性别化的主体——女人、女同性恋、男同性恋，仅举几例——的暴力，解释为暴力地执行一个被暴力建构的范畴。换句话说，针对这些身体的性罪行，事实上是把这些身体简化为它们的"性／性别"，由此再次肯定并强化这个范畴的简单化特性。由于话语并不只局限于书写或言说，它也是社会行动，甚至是暴力的社会行动，所以我们也应该把强奸、性暴力、"殴打同性恋"等理解为付诸行动的性别范畴。

性的，却印上了一种社会系统的标记）。[27]

"身体特征"在某个意义上似乎是在语言遥远的**彼端**，没有受到社会系统的标记。然而，我们不清楚这些特征能否以某种方式命名，而不致复制生理性别范畴的简化运作。这许多特征通过它们在生理性别范畴的表达，获得了社会意义，得到了统一。换句话说，"生理性别"在一组原本没有连贯性的属性上横加了人为的统一性。"生理性别"既是**话语的**也是**感知的**，它标志了一套具有历史偶然性的认识体制——通过强行塑造物质性身体所由以被感知的那个关系网络而形成认知的一种语言。

有没有一个"物质的"身体存在于被感官感知的身体之前？这是一个无法判定的问题。把一些属性集合在生理范畴之下这样的做法值得怀疑，不单单如此，可怀疑的还包括对这些"特征"本身的区别。把阴茎、阴道、乳房等命名为性器官，不仅把身体的性感带局限于这些部位，也造成了身体这个整体的分裂。生理性别范畴强加于身体的"统一性"，事实上是一种"不统一"，是一种分裂与区分，是对情欲的生发的一种简化。也难怪维蒂格在《女同志身体》(*The Lesbian Body*)里，借由摧毁和分裂性别化的身体，以文本演绎了对生理性别范畴的"推翻"。由于"生理性别"使身体分裂，所以女同志在推翻"生理性别"的行动中，锁定那

27　维蒂格，《一个人不是生来就是女人》(*One Is Not Born a Woman*)，载于《女性主义议题》，卷1，第2期，1981年冬季号，第48页。亦见《异性恋思维及其他文章》，第9—20页，见本书第三章注49。

些因性别而有所不同的身体完整性的规范——这些规范支配了那些使性别化的身体得以"统一"并具有一致性的要素——作为她们所攻击的统治模式。维蒂格在她的理论和小说里指出，身体的"完整性"和"统一性"，时常被认为是正面的理想，但它们其实被用来达成分裂、限制和统治的目的。

语言通过言说主体（speaking subjects）的语内表现行为（locutionary acts）而获得创造"社会真实"（the socially real）的权力。在维蒂格的理论里，似乎有两个层次的真实，两种本体的秩序。社会建构的本体秩序是从一个更基本的，而且似乎是前社会的、前话语的本体秩序形成的。"生理性别"属于话语建构的真实（次级秩序），然而有某种前社会的本体存在，它是这个话语建构的决定要素。维蒂格显然拒绝接受结构主义所假定的观点，即有一套普遍的意指结构存在于言说的主体之前，支配着这个主体以及他或她的言语的形成。在她看来，的确是有一些具有历史偶然性的结构存在，它们带有异性恋和强制性的特征，将完整而权威的言语权利分派给男性，却拒绝给女性同样的权利。但是这个社会建构的不对称，遮蔽、侵犯了由一体的、平等的个人所构成的一个前社会的本体秩序。

维蒂格认为女人的任务是争取权威的、言说主体的位置——这在某种意义上是立基于她们本体的"权利"，同时一并推翻生理性别范畴以及它的源头，即强制性异性恋体系。对维蒂格来说，语言是一套不断重复的行为，由此产生了真实-结果，这些真实-结果最后又被误认为"事实"。从整体来看，一再重复的命名性差异的实践，创造了这样的自然区分的表象。对生理性别的"命名"是一种掌控和强制的行为，是制度化的操演，它要求依照性差异的原则对身体做话语／感知的建构，从而创造并制定社会真实。因此维蒂格总结说："我们被迫在我们的身体上，在我们的心里，在一个又一个的特点上，都要符合那为我们建立了的自然的理念……'男人'和'女人'是政治的范畴，不是自然的事实。"[28]

通过维蒂格所称的强制的契约，作为范畴的"生理性别"支配了作为身体的社会设定的"生理性别"。因此"生理性别"范畴是造成奴役的一个命名。语言"在社会身体上铸造各种形式的真实"，但这些真实的印记不是说丢弃就可以丢弃的。她接着说，"在它上面印上戳记，暴力地形塑它"。[29] 维蒂格说"异性恋思维"明显存在于人文科学话语里，它们"压迫我们所有人，女同性恋、女人和男同性恋"，因为它们"理所当然地认为建立社会——任何社会——的基础是异性恋"。[30] 当话语要求一个言说的主体为了要发言而必须参与那个压迫的框架——理所当然地认定那个主体本身有某种不可能性或不可理解性——的时候，话语变得具有压迫性。她认为这个先入为主的异性恋假设在话语里

28　维蒂格，《一个人不是生来就是女人》，第 17 页。

29　维蒂格，《性别标记》，第 4 页。

30　莫尼克·维蒂格，《异性恋思维》，载于《女性主义议题》，卷 1，第 1 期，1980 年夏季号，第 105 页。亦见《异性恋思维及其他文章》，第 21—32 页，见本书第三章注 49。

的作用是传达一种威胁："你——要么——是——异性恋——要么——你——就——不——存在。"[31] 她指出，女人、女同性恋和男同性恋无法在强制性异性恋的语言体系里取得言说主体的位置。在这个体系里说话就意味着被剥夺了言语的可能性；因此，在这个语境里的任何发言都是一种操演上的矛盾——在语言上确立一个自我，而这个自我却无法在确立它的语言里"存在"。

维蒂格赋予这个语言"体系"巨大的权力。她指出，各种观念、范畴和抽象概念能够对它们声称要建立或诠释的身体造成有形的和实质的暴力："关于科学和理论所拥有的可以对我们的身心产生实质与真实的作用的权力，并没有什么抽象之处。如马克思所说的，这是统治的形式之一，是它真实的表达。而我会说，这是它操作的方式之一。所有受到压迫的人都知道这权力是什么，也不得不与之周旋。"[32] 语言所具有的作用于身体的权力，是性／性别压迫的原因，同时是超越这个压迫的途径。语言的运作并不神奇也不是不可撼动的："真实与语言的关系具有某种可塑性：语言对真实具有一种塑造的作用。"[33] 语言通过语内表现行为获得并且改变它作用于真实的权力，这些语内表现行为经由不断地重复，成为一些确立的实践，最后变成制度。不对称的语言结构——将为普遍代言且以普遍的姿态说话的主体与男性等同，而

31　莫尼克·维蒂格，《异性恋思维》，载于《女性主义议题》，卷 1，第 1 期，1980 年夏季号，第 107 页。

32　维蒂格，《异性恋思维》，第 106 页。

33　《性别标记》，第 4 页。

把女性主体当作"特殊的""有利益倾向的"——绝不是个别语言或是语言本身的内在本质。我们不能把这些不对称的位置理解为出自男人或女人的"天性",因为如同波伏娃所明确指出的,没有这样的"天性"存在:"我们必须了解男人不是生来就有普遍的天赋,女人也不是一出生就被贬低为特殊性的存有。普遍一直以来都是、持续是、时时刻刻都是被男人所占用的。它不是自然而然就发生,它必须有某种作为。它是一个行为,一个罪行,由一个阶级对另一个阶级犯下的罪行。它是一个在概念、哲学、政治层次上施展的行为。"[34]

虽然伊利格瑞指出,"主体一直都已经是男性的",但是维蒂格反对"主体"完全是男性的领地这样的概念。对她来说,语言的可塑性使主体位置无法被定为男性的。实际上对维蒂格而言,假定一个绝对的言说主体是"女人"的政治目标,而这目标如果达成的话,最后将完全消解"女人"这个范畴。女人不能使用第一人称"大写的我",因为作为女人的说话者是"特殊的"(相对的、非中立的、观点局限的);而调用"大写的我"假定了为普遍人类代言、作为普遍的人来言说的能力:"一个相对的主体是不可想象的,一个相对的主体根本不能言说。"[35] 基于所有的言说都预设了一个语言整体,并隐含对这个语言整体的召唤这样的假设,维蒂格如此描述言说的主体:在说出"大写的我"的这个行

---

34 《性别标记》,第 5 页。

35 同上,第 6 页。

为里，言说的主体"重新把语言当作为一个整体使用，从原来单独的个人进而拥有使用全部语言的权力"。这个说话的"大写的我"的绝对性基础，在维蒂格的论述里取得了上帝般的维度。说出"大写的我"的这个特权建立了一个独立自主的自我，使之成为绝对的完满和权力的中心；言说建立了"至高无上的主体性行为"。取得主体性代表成功地推翻了性别，也因此推翻了女性这个范畴："没有一个女人能说出大写的我，如果她自己不是一个完整的主体的话——完整的主体即是没有被性别化的，是普遍而完整的。"[36]

　　维蒂格继续对语言与"存有"的本质做出一些惊人的推论，这使得她的政治志业归属于传统的本体论神学话语。在她的观点里，原初的语言本体给予每一个人同样的机会以建立主体性。在试图通过言语建立主体性的过程中，女人所面临的实际任务在于她们作为一个集体，是否有能力摆脱强加于她们身上的物化的生理性别特质——这些特质把她们扭曲为不完整的或是相对的存有。由于如此的摆脱是对"大写的我"行使完整的调度的一个结果，所以说女人通过**言说**而挣脱她们的社会性别。社会对生理性别的种种物化，可以理解为遮盖或扭曲了一个先在的本体真实；这个真实是指在被性别标记之前，所有人都享有平等的机会使用语言来确立主体性。在言说中，"大写的我"假设了语言的整体性，因此潜在来说，有可能从所有的位置——以一种普遍的

---

36 《性别标记》，第 6 页。

模式——来言说。"社会性别……在这个本体事实上运作以将之抹杀",她如此写道,假定这个平等取得普遍性的首要原则具有那"本体事实"的资格。[37] 然而,这个平等机会的原则本身是立基于一个本体论的假定上,亦即个别的言说存有在大写的存有里是一体的,而大写存有先于性别化的存有存在。她指出,社会性别"试图达成对大写存有的分割",但是"大写存有作为存有,它是不可分割的"。[38] 在此,对"大写的我"的一致性的主张,不仅预设了语言的整体性,也预设了存有的一体性。

如果说在其他地方没那么明显的话,那么在此维蒂格把自己摆到了追求在场(presence)、大写存有(Being)、极致而不受干扰的完满(plenitude)等哲学追求的传统话语里。有别于德里达的立场,亦即所有意指都依赖于**延异**(différance)的运作,维蒂格认为言说要求所有事物必须有一个完整无缺的身份,并且对此加以调用。这个基础主义虚构给维蒂格提供了一个出发点,以批评现有的社会制度。然而,关键的问题仍然存在:这个对存有、权威以及普遍主体地位的预设,是为了何种具有历史偶然性的社会关系服务?为什么认为挪用那权威的主体概念是重要的?为什么不追求对主体及其普遍化的认识策略予以去中心化?虽然维蒂格批判"异性恋思维"将自身的观点予以普遍化,但是她似乎不仅普遍化了异性恋"那种"思维模式,而且她

---

37 《性别标记》,第6页。
38 同上。

没有考虑到这样一个主体自足的言语行为理论所带来的极权主义后果。

从政治上来说，把存有分割为普遍的和特殊的——在她看来这是对本体完满自足的领域所施行的暴力——是一种征服关系的先决条件。统治应该被理解为否认在一个前语言的存有里，所有人都具有一种先在的、原初的一体性。统治通过语言发生，而语言以其具有可塑性的社会行动，创造了一个次级秩序的、人为的本体，一种差异、不一致，也因此是等级的表象，而这表象**变成**了社会真实。

令人费解的是，维蒂格并没有在任何地方显示过她怀有与阿里斯托芬的神话相同的想法，认为不同性别原来是一体的，因为性别是一项分割的原则，一个征服的工具，它抗拒一体性这样的概念。值得注意的是，她的小说采取一种**消解**整体性（*dis*integration）的叙事策略，暗示二元的生理性别建构必须分裂、增衍，直到这个二元结构本身的历史偶然性被暴露出来为止。各种属性或"身体特征"的自由嬉戏（free play）从来不是一个绝对的解构，因为被性别扭曲的本体领域，仍是一个持续完满的领域。维蒂格批判"异性恋思维"无法从"差异"的思维中自我解放出来。维蒂格反对精神分析，指出它是一门建立在"缺乏"和"否定"的经济之上的科学，在这点上维蒂格的立场与德勒兹（Deleuze）和瓜塔里（Guattari）暂时一致。在早期的一篇文章《范式》里，维蒂格认为推翻二元的生理性别体系，也许可以开创一个具有**多种**生理性别的文化领域。在那篇文章里她提到了**反俄狄浦斯**："对我们而言不是只有一种或两种生理性别，而是有许多种（参见瓜塔里／德勒兹），有多少个人就有多少生理性别。"[39] 然而，生理性别的无限增衍，必然在逻辑上导致对生理性别本身的否定。如果生理性别的数目与存在的个人数目相当，那么生理性别作为词语就不再具有一般的应用价值：一个人的生理性别将变成绝对独一无二的属性，而不再具有一种实用的或描述的概括作用。

在维蒂格的理论和小说里起着作用的毁灭、推翻和暴力等隐喻，在本体论身份上却有难解之处。虽然语言范畴以一种"暴力的"方式塑造真实，以真实的名义创造各种社会虚构，但似乎有一个更真实的真实、一个统一的本体领域，是这些社会虚构所据

39　莫尼克·维蒂格，《范式》（*Paradigm*），收录于《同性情欲与法国文学：文化语境／批评文本》（*Homosexualities and French Literature: Cultural Contexts/Critical Texts*），伊莱恩·马尔克斯（Elaine Marks）与乔治·斯丹姆博连（George Stambolian）编，伊萨卡：康奈尔大学出版社，1979年，第119页。然而，我们要考虑维蒂格和德勒兹之间根本的差异：在维蒂格所接受的语言的使用概念中，言说的主体被评价为独立自主的、普遍的，而德勒兹却是追随尼采，试图置换言说的"大写的我"在语言权力的中心地位。虽然两人都批判精神分析，但德勒兹诉诸权力意志而对主体所作的批判，被证实跟拉康以及后拉康精神分析话语里，以符号／无意识（the semiotic/ unconscious）置换言说主体的做法有更多近似之处。对维蒂格而言，性欲和欲望似乎是个别主体自决的表达，而对德勒兹和他的精神分析对手来说，需求的欲望置换了主体，造成主体的去中心化。德勒兹认为："欲望非但没有预设一个主体，而且欲望也无法获得，除非在一个人被剥夺了说出'大写的我'的权力的时候。"吉尔·德勒兹（Gilles Deleuze）与克莱尔·帕尔内特（Claire Parnet），《对话》（*Dialogues*），休·汤姆林森（Hugh Tomlinson）与芭芭拉·哈勃杰姆（Barbara Habberjam）译，纽约：哥伦比亚大学出版社，1987年，第89页。

以衡量的标准。维蒂格拒绝区分"抽象的"概念和"物质的"真实，她认为概念是在语言的物质性里形成并传播的，而语言以一种**物质的**方式建构了社会世界。[40]另外，这些"建构"被理解为扭曲和物化之物，而必须对照着一个先在的、彻底统一和完满的本体领域来对它们做判断。因此，就它们是在话语中获得权力的虚构现象这点来说，这些建构是"真实的"。然而，通过那些隐含了回归到语言的普遍性和大写存有的一体性的语内表现行为，这些建构被卸除了它们的权力。维蒂格认为，"让文学作品像一部战争机器一样运作是完全可能的"，甚至是"一部完美的战争机器"。[41]这场战争的主要战略是让女人、女同性恋和男同性恋——他／她们都因为等同于"性别"而被特殊化——攻占言说主体的位置，夺得对普遍观点的调用权。

一个特殊的、相对的主体如何能够通过言说而摆脱生理性别的困境，这个问题主导了维蒂格对朱娜·巴恩斯（Djuna Barnes）[42]、马塞尔·普鲁斯特（Marcel Proust）[43]以及娜塔莉·萨罗

---

40 她在不同场合数度提到她的见解得自米哈尔·巴赫金（Mikhail Bahktin）作品的启发。

41 莫尼克·维蒂格，《特洛伊木马》（*The Trojan Horse*），载于《女性主义议题》，1984年秋季号，第47页。亦见《异性恋思维及其他文章》，第68—75页。见本书第三章注49。

42 《观点：普遍或特殊？》（*The Point of View: Universal or Particular?*），载于《女性主义议题》，卷3，第2期，1983年秋季号。亦见《异性恋思维及其他文章》，第59—67页。见本书第三章注49。

43 维蒂格，《特洛伊木马》。

特（Natalie Sarraute）[44]等的不同思考。在这些例子里，作为战争机器的文学文本炮火对准了性别的等级划分，以及普遍与特殊的分割，所凭借的名义是要恢复那些词语先在的、本质的一体性。普遍化女人的观点，等于是同时摧毁女人的范畴，建立一种新人道主义的可能性。摧毁因此总是重建，也就是说，摧毁那把人为的区分引进了一个原本是统一的本体的一整套范畴。

然而，文学作品保有接近这个原初的本体丰饶领域的优势。形式与内容的分割，呼应了哲学上抽象、普遍思维与具体、物质真实之间的人为区分。正如同她援引巴赫金的理论来证明概念就是物质真实一样，维蒂格对文学语言的调用，大致也是为了重建语言的整体性，而这整体性表现在形式和内容的不可分割上："通过文学……文字重新以一种整体回到我们面前"[45]；"语言像是天堂一样的存在，由可见的、可听的、可触摸的、可品尝的字词所建造"。[46]最重要的是，文学作品给维蒂格提供了一个机会以

44　莫尼克·维蒂格，《行动的场域》（*The Site of Action*），收录于《三十年来的法国新小说》（*Three Decades of the French New Novel*），洛伊斯·欧本海默（Lois Oppenheimer）编，尔巴那：伊利诺伊大学出版社（Urbana: University of Illinois Press），1986年。亦收录于《异性恋思维及其他文章》，第90—100页。见本书第三章注49。

45　维蒂格，《特洛伊木马》，第48页。

46　《行动的场域》，第135页。在这篇文章中，维蒂格区分了社会中的"一等"和"次等"契约：在一等契约中，交换言语的言说主体之间有彻底的平等互惠，而这些言语"保证"每一个人都可以使用全部和完整的语言（135）；在次等契约中，言语被用以对他人施行强力的统治，更确切地说，是剥夺他人言语的权利和社会资格。维蒂格指出，在这种"降格"的互动形式中，个人的特性本身经由在语言——（转下页）

对代名词进行实验；在强制性的意义体系里，这些代名词把男性与普遍等同，却总是对女性予以特殊化。在《女游击队》[47] 里，她试图消除他-他们（il-ils）之间的任何关联，事实上她是要消除"他"（il），让她们（elles）来代表全体的和普遍的。"这个做法的目标，"她写道，"不是要阴性化世界，而是要使性别范畴在语言里被废弃。"[48]

维蒂格以一种自觉的、挑衅的帝国主义策略（imperialist strategy），主张只有夺取普遍的与绝对的观点，让整个世界女同志化（lesbianizing），才能够摧毁强制性异性恋秩序。《女同志身体》里以斜线将我凸显为阴性（j/e），立意不在于把女同志树立为一个分裂的主体，而是把它树立为一个独立自主的主体，能够对那在语义上和句法上攻击女同志的"世界"发动语言的战争。她的重点不在于引起大家注意"女人"或"女同志"作为个人所拥有的权利，而是以一个有同等影响力和权力的逆转话语，来对抗全球化的异性恋中心认识体系；重点不在于取得言说主体的位置，以在一套平等互惠的语言关系里成为受到认可的个人，而是

（接上页）这个语言排除了听者作为一个言说者的可能性——中被表达而遭到抹杀。维蒂格最后以下列文字结束了这篇文章："社会契约的乐园只存在于文学中，在文学中各种'向性'（tropisms）因为它们的暴力而能够对抗任何将'大写的我'贬低为一个公分母（common denominator）之举，撕裂严密编织在一起的平凡之物，并且持续防止它们再度组成一个强制性意义的体系。"（139）

47 莫尼克·维蒂格，《女游击队》（Les Guérillères），大卫·勒维（David LeVay）译，纽约：埃文出版社，1973年，法文原版由巴黎午夜出版社发行。

48 维蒂格，《性别标记》，第9页。

使言说的主体变得大于个人，变成一个绝对的视角，可以把它的各种范畴强加于整个语言领域，也就是我们熟知的"世界"之上。维蒂格认为，只有一个在规模上能跟强制性异性恋体系相抗衡的战争策略，才能够有效地运作，挑战后者的认识论霸权。

对维蒂格来说，言说在其理想的意义上是一种具有效能的行为，是对自主权的主张，这同时隐含了与其他言说主体的平等关系。[49] 语言的这种理想或原初的"契约"在一种隐含的层次上运作。语言具有双重的可能性：它可以用来主张关于人的一种真实而全面的普遍性，或者，它可以建制一个等级的体系，在其中只有一些人有资格言说，而其他人由于被排除在普遍的观点之外，他们在"言说"的同时，也在瓦解着他们所说的言语的权威性。然而在这种与言语的不对称关系之前，存在一种理想的社会契约，在其中每个第一人称的言语行为预设并肯定言说主体之间绝对平等互惠的关系——维蒂格所认为的理想的言语情境；然而，是**异性恋契约**（the heterosexual contract）扭曲并掩盖了那理想的

---

49 维蒂格在她 1987 年于哥伦比亚大学发表的论文《论社会契约》(收录于《异性恋思维及其他文章》，波士顿：灯塔出版社，1992 年，第 33—45 页) 里，把她自己的原初语言契约理论，放到了卢梭的社会契约理论的框架中。虽然在这点上她并没有明白说明，但她似乎把前社会（前异性恋）的契约理解为一种意志的整体，亦即卢梭浪漫主义意义上的普遍意志（general will）。有关她的理论的有趣的应用，见特里莎·德·劳瑞提斯（Teresa de Lauretis），《性别冷漠与女同性恋再现》(Sexual Indifference and Lesbian Representation)，载于《剧场杂志》(Theatre Journal)，卷 40，第 2 期，1988 年 5 月，以及《女性身体与异性恋假定》(The Female Body and Heterosexual Presumption)，载于《符号学》(Semiotica)，卷 3—4，第 67 期，1987 年，第 259—279 页。

平等互惠关系，这是维蒂格最近的理论作品所关注的重点，[50] 虽然这在她的理论文章里一直都有触及。[51]

没有言明，但一直运作着，异性恋契约不能被简化为它的任何一种经验表象。维蒂格写道：

> 我面对一个不存在之物、一个恋物崇拜的对象、一种意识形态形式，它无法在现实里掌握，除了通过它造成的效果以外。它的存在系于人们的心智，但是它以某种方式影响了他们整个的生命、他们行为的方式、他们行动的方式、他们思考的方式。因此，我们所要处理的是一个既是想象又是真实之物。[52]

如同拉康一样，维蒂格自己的构想——对实践异性恋的身体行使控制——甚至也出现了对异性恋的理想化；这样的构想终究是没有可能的，事实上，也将因为它本身的不可能性而无法有效施行。维蒂格似乎相信只有彻底脱离异性恋语境，也就是成为女同性恋或男同性恋，才能够使这个异性恋体制垮台。但是，唯有在人们理解到所有对异性恋机制的"参与"等于是在重复和巩固异性恋的压迫之时，才能产生这样的政治结果。对异性恋本身重新进行意指的可能性之所以会被拒绝，正是因为异性恋被理解为

---

50 维蒂格，《论社会契约》。

51 维蒂格，《异性恋思维》以及《一个人不是生来就是女人》。

52 维蒂格，《论社会契约》，第40—41页。

一个绝对的体系，需要彻底地被汰换。从这样一种绝对化的异性恋权力的观点产生的政治选择是，（一）彻底的服从或（二）彻底的革命。

假定异性恋机制的体系完整性，对维蒂格理解异性恋实践，以及她对同性情欲和女同性恋关系的设想来说，是有极大的问题的。作为彻底"外在于"异性恋矩阵的同性情欲，被设想为完全不受异性恋规范的制约。这样对同性情欲的净化——一种女同性恋现代主义（lesbian modernism）——目前受到许多女同志和男同志话语的挑战；这些话语认为，即使在与异性恋文化设定的关系上，女同性恋和男同性恋文化是站在颠覆或者重新意指的立场，但它们还是深嵌于异性恋这个大的结构里。维蒂格的观点似乎拒绝承认有基于自愿或是自由选择的异性恋的可能性；然而，即使异性恋展现为强制性的或是假定性的，也不能就此推论所有的异性恋行为都是完全命定的。此外，维蒂格对异性恋和同性恋的截然区分复制了一种分立的二元论，而在她自己的描述中，这种二元分立是异性恋思维具有分裂作用的哲学姿态。

我本身确信，维蒂格所假设的异性恋和同性恋之间的截然区分根本不是事实；在异性恋关系里存在着心理上的同性恋结构，而在男同志和女同志的情欲和关系里，也存在着心理上的异性恋结构。此外，还有其他的权力／话语中心，建构以及结构了同性恋与异性恋情欲；异性恋并不是主导性欲形式的权力的唯一一种强制性的展现。一致的异性恋这样的理想——维蒂格将之形容为异性恋契约的规范和标准——是一个不可能企及的理想，如她自己所指出的，是一种"恋物崇拜"。从精神分析来阐释，也许会认为这个不可能性之所以会暴露，是由于无意识性欲——并非一直都已经是异性恋的——的复杂性和抗拒性。在这层意义上，异性恋提供了一些规范的性/性别位置，而这些位置在本质上是不可能以身体具化的；试图与这些位置全然认同、没有任何不一致之处，这样的努力不断遭遇挫败，显示了异性恋本身不仅是一项强制性的律法，也是一出不可避免的喜闹剧。我将从一个另类的男同志/女同志视角，提出深入了解异性恋的一个看法：它不仅是一个强制性的体系，并且在本质上也是一出喜闹剧，一种对自己不断进行的戏仿。

无疑，强制性异性恋规范的运作，的确如维蒂格所说的那样带有强力和暴力，但我本身的看法是这并非它运作的**唯一**方式。对维蒂格而言，抵抗规范性异性恋制度的政治策略是相当直接的：在具体的个人方面，事实上只有没有投入家庭范围内的异性恋关系——这异性恋关系以生殖为性欲的目的或终极目的——的那些人，才是积极地挑战了性别范畴，或者至少可以说，没有顺从于那些范畴的规范性预设和目的。对维蒂格而言，作为女同志或是男同志，等于不再去分辨自己的性别，而致力于混淆与增衍各类范畴，这使得性别成为一个不可能的身份范畴。维蒂格的主张乍听之下非常解放，但她无视了男同志和女同志文化里的一些话语，特别是那些经由挪用和重新调度性别范畴而使同志身份增衍的话语。女王（queens）、T（butches）、P（femmes）、姐妹（girls）等词语，甚至对男人婆（dyke）、酷儿（queer）、娘炮（fag）等的戏仿挪用，对性别范畴以及一些原来带有贬义的同性恋身份范畴重新作了调度并使它们变得不稳定。这些词语也许会被理解为具有"异性恋思维"的症候，是与压迫者对受压迫者的身份的看法认同的一些模式。此外，**拉拉**（lesbian）这个词确实部分收回了其历史意义，而戏仿范畴有助于生理性别的去自然化。当附近一间男同志餐厅因度假暂停营业，餐厅老板挂出了一个告示，说明"她工作过度，需要休息"。像这样的男同志对女性／阴性词语的挪用，有助于扩增这个词语可被应用的场合，揭露能指和所指之间任意的关系，使符号不稳定化并予以调用。这是对女性／阴性领域的一种殖民式"掠夺"吗？我认为不是。这样的指控假定了阴性领域属于女人，而这个假定当然是可质疑的。

在女同志的语境里，与男性气质"认同"而以 T 的身份展现，并不是简单地同化女同性恋而回复到异性恋的框架。如同一位身份为 P 的女同志所解释的，她希望她的男朋友是女孩，这意味着"是女孩"把"男性气质"置于一个 T 女同志的身份语境里，对它重新进行意指。因此，这个"男性气质"，如果可以这样说的话，总是像浮雕一样凸现在文化上可以理解的"女性身体"的底子上。正是这种不搭调的并置，以及这种逾越所产生的性／性别张力，构成了欲望的客体。换句话说，拉拉–P 的欲望客体［显然不止一个而已］既不是某个脱离语境的女性身体，也不是一个显然有别而叠加其上的男性身份，而是当这两个词语进入情欲的交互作用时所产生的不稳定性。同样地，一些异性恋或双性恋女人大有可能更喜欢"形象"与"底子"的关系是反过来的，也就是说，她们也许更愿意她们的女朋友是男孩。在那样的情形里，对"女性"身份的理解，要从它与作为底子的"男人身体"的对照来看，但是在这样的并置中，两个词语都将失去它们内在的稳定性，以及彼此的截然区分。显然，以如此的方式思考性别化的欲望交换，容许了更大的复杂性，因为对男性与女性的操弄，以及"底子"和"形象"的倒置，可以构成对欲望的一种高度复杂与结构化的生产。值得注意的是，作为"底子"的生理性别的身体，以及作为"形象"的 T 或 P 的身份，它们都可以改变、倒置，而且创造各种情欲的大破坏。两者都不能宣称自己是"真实"的，虽然视性交换动能的不同，它们各自都有资格成为一个信念上的客体（object of belief）。那些认为 T 和 P 在某种意义上是异性恋交换的"仿制品"或"复制品"的想法，低估了这些身份在对那些使它们得以运作的霸权范畴重新进行意指时，其内在的异调性与复杂性所具有的情欲意义。拉拉–P 也许可以说让人联想到异性恋情景，但它同时也置换了这个异性恋情景。在 T 和 P 两者的身份里，原初的或自然的身份这个概念本身都被质疑了；事实上，正是那具现在这些身份上的问题，成为他们的情欲意义的一个来源。

虽然维蒂格并没有讨论 T/P 身份的意义，但是她的虚构生理性别的概念也近乎暗示了，性别一致性——假定存在于生理性别化的身体、社会性别身份以及性欲之间——这种自然的和本真的概念所具有的掩饰性。维蒂格将生理性别描述为一种虚构的范畴，这隐含的概念是"生理性别"的各种成分非常有可能崩解。身体的一致性一旦崩解，那么生理性别范畴在任何一个既定的文化领域里，就不再能具有描述的功用。如果"生理性别"是通过不断重复的**行动**建立的，那么反之，在文化领域里各种身体的社会行动也可以撤回它们本身在这个范畴上所投资的真实权力（power of reality）。

如果权力要能够被收回，权力本身就必须被理解为可撤回的意志运作；那么，异性恋契约的维系将被理解为建立在一系列的选择上，正如同我们对洛克或卢梭的社会契约所理解的一样，它的先决条件在于所谓受它支配的人们的理性抉择或深思熟虑的意志。然而，如果我们不把权力简单化为意志，同时也拒绝接受古典自由主义和存在主义的自由模式，那么权力关系可以被理解为——而我认为应该如此理解——限制并建构了意志本身的各种可能性。因此，权力是不能够撤回或被拒绝的，而只能重新予以调度。事实上我的看法是，男同志和女同志实践的规范性焦点，应该放在对权力的颠覆性和戏仿性的重新调度上，而不是放在全面的超越这样一个不可企及的幻想上。

维蒂格显然想象女同性恋主义能够带来对异性恋机制的全面拒绝，然而我认为即便是这样的拒绝也构成了一种参与，并最终构成了对女同性恋主义所意图超越的那个框架的极度依赖。如果性和权力是同存共延的，如果女同性恋性欲与其他形式的性欲一样都是建构的，没有轻重程度之别，那么在摆脱生理性别这个枷锁之后，也不能保证会有什么不受限制的快感。在男同志和女同志性欲里结构性出现的异性恋建构，不代表那些建构**决定**了男同志和女同志的性欲，也不代表男同志和女同志性欲可以从那些建构推导出来，或者可以简化为那些建构。让我们思考一下同性恋对异性恋建构独特的重新调度，它所带来的消解权力和去自然化的效果：这些规范的存在不仅构成了一个无法拒绝的权力场域，同时它们能够也的确成为戏仿性的挑战与展演的场域，这些戏仿挑战使得强制性异性恋失去了它所宣称的自然性与原初性。维蒂格提倡一种超越生理性别的位置，这使得她的理论回到了一个有问题的人道主义上，而这人道主义立基于一个非常成问题的在场形而上学。但是她的文学作品似乎演绎了不同形式的政治策略，与她在她的理论文章里所明确提倡的有所不同。在《女同志身体》和《女游击队》中，政治改革所由以表达的叙事策略反复运用了重新调度和价值重估的手段，一方面使用原来的压迫词语，另一方面剥夺了这些词语的合法化功能。

维蒂格本人是"唯物主义者"，但是这个词在她的理论框架里有独特的意义。她意图克服"异性恋"思维所特有的物质与再现之间的分裂。唯物主义并非意味着把理念简化为物质，而在严格意义的思考上，也不是把理论看作其经济基础的反映。维蒂格的唯物主义把社会制度和实践，特别是异性恋制度，作为批判分析的基础。在《女同志身体》和《论社会契约》里，她认为异性恋制度是奠定男性控制的社会秩序的基础。"自然"与物质性领域是理念，是意识形态建构，由这些社会制度所生产以支持异性恋契约的政治利益。在这层意义上，维蒂格是一个古典唯心论者，她把自然理解为一种精神再现。某种具有强制性意义的语言生产了这个自然的再现，以推进性/性别统治的政治策略，以及合理化强制性异性恋的制度。

维蒂格与波伏娃不同，她不把自然看作某种抗拒的物质，一个媒介、表面，或一个客体；它是一种"理念"，为了社会控制的目的而被生产和维系。身体表面的物质性所具有的弹性，在《女同志身体》里具体展现为以文字塑造和重新塑造身体的各个部分，使之成为崭新的社会形式（以及反形式［antiform］）设定。如同那些日常与科学的语言，它们传播"自然"的理念，因而生产了明确区分性别的身体的自然化概念，维蒂格本身的语言演绎了一种另类的对身体形貌的破坏和重塑。她的目的在于揭露自然的身体的概念是一种建构，并且提出一套设定身体的解构/重构策略，以挑战异性恋权力。身体的形貌和形式，它们统一的原则，它们的组成部分，一直是由一种渗透了政治利益的语言所塑造的。对维蒂格而言，政治的挑战在于掌握**语言**作为再现**以及**生产的手段，将它视为总是在建构着身体领域的一个工具，而必须运用它来解构并重新建构身体，使之超越压迫性的生理性别范畴。

如果说性别可能性的增加，暴露并瓦解了二元的性别物化结构，这样一种颠覆性实践的本质是什么？这样的实践如何能构成颠覆？在《女同志身体》里，做爱的行动实际上是把伴侣的身体撕裂了。作为**女同志**性欲，这些超出了生殖矩阵的行动，将身体本身生产为各种不一致的属性、姿态和欲望的中心。在维蒂格的

《女游击队》里，"女人们"与她们的压迫者的斗争也出现了同样的瓦解性结果，甚至是暴力。在那个语境里，维蒂格显然特意与那些为了某种"女性独有的"快感、书写或身份等概念辩护的人保持距离；她几乎是嘲笑了那些高举着"圆形物"作为她们的象征标志的那些人。对维蒂格而言，所面对的任务不是唾弃男性／阳性，转向二元体系的女性／阴性那一方，而是通过独特的女同志实践，瓦解这个二元体系的构成范畴而将之予以置换。

如同《女游击队》里的暴力斗争一样，在这个虚构文本里瓦解是很直白地呈现的。维蒂格的文本由于这种暴力和武力——这些概念在表面上似乎与女性主义的目标有所扞格——的使用而受到批评。但要注意的是，维蒂格的叙事策略并不是要通过区别于或是排除于男性／阳性范畴之外的策略来确定女性／阴性范畴。这样的策略通过价值的转换，使女人作为正面价值领域的代表而巩固了等级与二元体系。不同于通过排除性的区分过程以巩固女性身份的策略，维蒂格提出的策略是，夺取原本属于男性／阳性领域的那些"价值"以为己用，对它们重新进行颠覆性的调度。也许会有人提出反对的意见，认为维蒂格吸纳了男性价值，或者更确切地说，她是"认同于男性"的；但是，重新在这部文学作品里出现的这个"认同"概念要复杂得多，其含意远非不加批判地使用这个词所能比拟的。值得注意的是，她文本里的暴力与斗争被重新置放于不同的语境，不再持续保有它原来在压迫的语境里所具有的那些意义。这不是一种简单的"局面大扭转"，变成女人对男人行使暴力，也不是简单地"内化"男性规范，以致女人以暴力对付女人自己。这文本的暴力锁定生理性别范畴的身份和一致性为目标——生理性别范畴是一种没有生命力的建构，它将使身体失去活力。由于那范畴是被自然化的建构，它使得规范的异性恋制度看起来像是不可避免的，因此维蒂格对那个制度所施展的文本暴力，主要并不是针对其异性恋，而是针对其强制性的部分。

另外也要注意，生理性别范畴以及自然化的异性恋制度是**建构的**，是由社会制定、社会管控的幻想或"恋物崇拜的对象"，它们不是**自然的**范畴，而是**政治的**范畴（这些范畴证明了在这样的语境下诉诸"自然"总是具有政治性的）。因此，被撕裂的身体、女人之间进行的战争，它们是**文本的**暴力，是对一直以来就以某种暴力对付身体的可能性的那些建构所进行的解构。

但在此我们也许要问：当凭借生理性别范畴而获得一致性的身体解体、陷于无秩序状态以后，还剩下什么？这身体还能够重新接合，恢复为一个整体吗？是否可能有某种能动性是不需要把这个建构重新整合为一致的？维蒂格的文本不仅解构了生理性别，提出一条途径以瓦解生理性别所指代的虚假的统一性，同时也演绎了一种弥散的身体能动性，它产生于多个不同的权力中心。事实上，个人与政治的能动性的起源不是来自个人的内在，而是在身体之间复杂的文化交换里、通过这些交换产生的；在这些交换中，身份本身不断地变动，事实上，身份本身只有在一个动态的文化关系领域的语境里，才能被建构、被瓦解而重新流通。因此对维蒂格也好，对波伏娃也好，**作为**一个女人，意味着**变成**一个女人。但由于这个过程绝不是固定的，因此有可能变成一个既不能以**男人**也不能以**女人**来正确描述的存有。这不是雌雄同体的形体，不是某种假设的"第三性别"，也不是对二元性别的一种**超越**。相反地，它是一种内在的颠覆：二元性别体系是它的先决条件，但也因为增衍到某个程度而不再具有意义。维蒂格的小说的力量、它的语言上的挑战，在于提出一种超越身份范畴的经验，它是一场情欲的争战，从旧有范畴的废墟上创造新的范畴，创造身体在文化领域里新的存有方式，以及创造全新的描述语言。

为了回应波伏娃的概念"一个人不是生来就是女人，而其实是变成的"，维蒂格声称一个人（任何人？）可以不变成女人，而变成一名女同性恋者。维蒂格拒绝女人的范畴，这使得她的女同性恋-女性主义（lesbian-feminism）似乎切断了一切与异性恋女人团结一体的关系，同时假定了女同性恋主义在逻辑上或政治上是女性主义必然的结果。这样一种分离主义的规定路线（separatist prescriptivism）当然不再有可行性。但是即使它在政治上是值得期待的，那么又要用什么标准来判定性别"身份"的问题？

如果成为一名女同性恋者是一项**行动**，是告别异性恋，是自我命名、挑战异性恋制度强加于**女人**和**男人**身上的意义，那么要如何防止女同性恋这个命名成为同样的强制性范畴？成为女同性恋的资格是什么？有人知道吗？如果一名女同性恋者不承认维蒂格所提倡的异性恋和同性恋经济之间的截然区分，那么这位女同性恋者就不再是女同性恋了吗？如果身份作为性欲的一种操演实现，它的基础是"行动"的话，会不会有一些形式的行动，与其他形式相比更具有作为基础的资格？一个人能不能以"异性恋思维"来进行这个行动？人们能不能理解女同性恋情欲不仅是对"生理性别""女人""自然身体"等范畴的挑战，也是对"女同性恋"范畴的挑战？

有趣的是，维蒂格认为在同性恋观点和象征语言的观点之间有一种必然的关系，好像作为一名同性恋者，就意味着挑战那建构"真实界"的强制性语法和语义。被排除于真实界的同性恋观点——如果有这样一种观点的话——有充分的理由认为真实界是通过一系列被排除者、没有呈现的边缘者、没有被表征的不在场者建构起来的。因此，如果建构男同志／女同志的身份也通过同样的排除手段的话，会是多么可悲的一个错误；好像那些被排除的——就因为它们是被排除的——对这个身份的建构来说一直不是一个先决条件，或根本是没有**必要**的。悖论的是，这样的排除反而建制了它企图克服的那个极度依赖的关系：这样一来，女同性恋主义将**需要**异性恋制度。将自己定义为彻底地被异性恋制度排除的女同性恋主义，使它自己丧失了对异性恋建构本身——它部分而且无可避免地是由这个异性恋建构所构成的——进行重新意指的能力。结果，这样的女同性恋策略将巩固强制性异性恋制度的压迫形式。

在我看来，更机巧而有效的策略是彻底地挪用以及重新调度身份范畴本身，这不仅是挑战"生理性别"而已，更是要在"身份"的场域里表达多元性／性别话语的辐合，以使那个范畴——不管是哪种形式——永远受到质疑。

第四节　身体的铭刻，操演的颠覆

> 每当嘉宝饰演某个极富魅力的角色，每当她向或从一个
> 男人的臂弯晕倒的时候，每当她就只是让她那天上才有的优
> 美颈项……承受着她后仰的头的重量的时候，嘉宝"进入了
> 扮装表演"……这表演的艺术是多么华丽啊！它整个就是扮
> 装表演，不管底下的性别是真的还是假的。
>
> ——帕克·泰勒，《嘉宝的形象》，引自
> 以斯帖·牛顿，《敢曝之母》

真实的生理性别范畴、明确区分的社会性别以及特定的性
欲，一直以来是许多女性主义理论和政治的一些稳定的参照点。
这些身份建构是认识论的出发点，从此理论得以产生，政治得以
成形。在女性主义的情形里，政治在表面上是为了表达"妇女"
的利益和观点而形成的。但是，有没有一种所谓的"妇女"的政
治形式，它先于并预示那代表她们的利益和认识观点的政治表
达？那身份是如何成形的？它是不是一种政治塑造，以生理性别
化的身体的形态和边界本身，作为文化铭刻的基地、表面或场
域？是什么让那场域确定为"女性身体"？"身体"或"生理性别
化的身体"是不是社会性别和强制性的性欲体系运作的一个稳固
基础？还是说，"身体"本身是由各种政治力量所形塑的，其策

略利益在于保持那个身体被性别标记所限制并建构？

　　生理性别／社会性别的区分以及生理性别范畴本身，其先决条件似乎是对存在于性别意义获得之前的"身体"的某种普遍化，这样的"身体"经常以一个被动的媒介的面目呈现，通过一个被描述为"外在于"这身体的文化源头的铭刻而获得意义。然而，当身体被描述为被动的，而且是先于话语的，任何关于文化建构身体的理论，都应该怀疑"身体"是否为某种可疑的普遍性的建构。关于这样的观点，我们有基督教和笛卡尔哲学的先例，在 19 世纪活力论生物学（vitalistic biology）出现以前，它们认为身体不过是无活力的物质，不指向任何意义，或者更明确地说，它意指了一种世俗的空虚、堕落的状态：欺骗、罪恶，是地狱和永恒的女性／阴性的预兆性隐喻。萨特和波伏娃的作品里多处把"身体"表述为某种沉默的事实性存在，等待着某种意义，而这意义只能由超越的意识——笛卡尔哲学将其理解为完全非物质性的——所给予。然而，是什么为我们建立了这个二元论？是什么把"身体"划定为对意指来说是无关紧要的，而又把意指当作一种彻底去除了肉体性的意识的行为——或者应当说是彻底去除那个意识之肉体性的行为？适应结构主义框架而以文化／自然重新表述心／身二元区分的现象学，在何种程度上以这个笛卡尔二元论为先决条件？在性别论述方面，这些问题丛生的二元论，在何种程度上仍在那些原本应该引领我们走出那个二元论及其所隐含的等级性的描述词语中运作？身体的形貌如何被明确标记为铭刻社会性别意义的一个想当然的基地或表面——仅仅是一种事实性的存在，没有价值而且先于意义存在？

维蒂格指出某种文化上特定的认识体系先验地建立了"生理性别"的自然性。然而，"身体"又是经由什么谜一样的方法，被认为是一个显见的既定存在，而不容许有系谱学探究的空间？甚至，福柯在讨论系谱学这个主题的文章中，把身体描述为文化铭刻的一个表面和场所："身体是受到事件铭刻的表面。"[53] 他宣称系谱学的任务在于"揭露一个完全被历史打上烙印的身体"。然而这句话接下来，他提到"历史"——这里显然是以弗洛伊德的"文明"的模式来理解——的目的是"对身体进行解构"（148）。具有多元方向性的精力和冲动，正是历史通过铭刻的历史事件（Entstehung）所一面摧毁又一面保存的。身体作为"不断解体的一个整体"（148），一直受到围剿，遭到历史条件本身的摧毁。历史是通过一种意指实践对价值与意义的创造，而这意指实践要求身体的臣服。身体的摧毁是生产言说主体及其意义所必需的。这是这样的一个身体：由表面和强力的语言所描述；通过一种统治、铭刻与创造的"单一戏码"而削弱了力量（150）。对福柯而言，这不是某种独特而有别于其他的历史的权宜之计，而是一个展现了它本质的、压抑的姿态的"历史"（148）。

---

53 福柯，《尼采，系谱学，历史》(*Nietzsche, Genealogy, History*)，收录于《语言，对抗性记忆，实践：米歇尔·福柯文章与访谈选集》(*Language, Counter-Memory, Practice: Selected Essays and Interviews by Michel Foucault*)，唐纳德·布夏尔德（Donald F. Bouchard）与雪利·西蒙（Sherry Simon）译，布夏尔德编，伊萨卡：康奈尔大学出版社，1977年，第148页。文中相关引文出自这篇文章。

虽然福柯写道，"人（man）[原文如此］身上没有任何东西——就连他的身体也如此——是稳定而足以作为自我认知或是了解其他人（men）[原文如此］的基础"（153），然而他指出，文化铭刻这个"单一戏码"持久不懈地在身体上施加作为。如果价值的创造，亦即意指的历史模式，需要摧毁身体，就如同卡夫卡《在流放地》里的酷刑工具一样，摧毁它书写于其上的身体，那么就一定有一个先于那铭刻的身体，它是稳定的、前后一致的，臣服于那献祭式的摧毁下。在某种意义上，对福柯而言如同对尼采一样，文化价值是对身体铭刻的结果，而身体被理解为一个媒介，更确切地说是一页白纸；然而，为了要让铭刻能够意指，这个媒介本身必须被摧毁，也就是说，完全转化到一个升华的价值领域里。在这个文化价值概念的隐喻体系里，历史被比喻为无情的书写工具，而身体是一个媒介，它必须被摧毁、变形，以便让"文化"得以产生。

福柯主张身体先于文化铭刻存在，这似乎假定了某种物质性，它先于意义和形式。由于这样的区分是他所定义的系谱学工作的核心，因此这个区分本身被排除在系谱学探究的对象之外。福柯在对赫尔克林的分析里，就时而引用了身体驱力的前话语多元性这样的概念，这些驱力冲破身体表面，颠覆了权力体制对那身体强加某种文化一致性的管控实践——被理解为"历史"的变迁。如果摒弃了有某种前范畴的颠覆源头存在这个假定，我们是否还能够以系谱学的诠释方法，将身体的疆界设定视为一种意指实践？这疆界的设定不是来自一个物化的历史，也不是来自一个主体。这样的标记是对社会领域进行广泛而积极的结构化的结果。这种意指实践在某种管控的理解坐标框架里，为身体实现了一个社会空间，也成为身体的社会空间。

玛丽·道格拉斯在《纯粹与危险》一书里指出，"身体"的疆界是由一些标记实践所建立的，这些标记实践试图建立明确的文化一致性的符码。任何建立身体疆界的话语，都服务于建制、自然化某些禁忌的目的，而这些禁忌定义什么是构成身体的适当界限、位置与交换模式：

> 分隔、净化、划分界限和惩罚逾越行为等理念，它们主要的功能是在本质为混乱的经验之上强加一套体系。只有通过夸张内与外、上与下、男性与女性、一致与违抗的差异，才能建立堪堪可以称为秩序的表象。[54]

道格拉斯显然赞同结构主义对本质上难以驾驭的自然与文化手段所强加的秩序之间的区分，但是她所说的"混乱"可以重新描述为**文化上脱序**以及无序的地带。由于道格拉斯认为自然／文化的二元分立结构是无可避免的，因此她无法提出一种另类的文化设定，以使这样的区分可以弹性调整或者增衍而突破二元的框架。然而，她的分析给我们提供了一个可能的出发点，以了解

54　玛丽·道格拉斯（Mary Douglas），《纯粹与危险》（*Purity and Danger*），伦敦、波士顿与亨莱：劳特利奇出版社与克根·保罗出版社，1969 年，第 4 页。

社会禁忌建制和维系身体疆界所依据的那些关系。根据她的分析，构成身体界限的绝对不仅是物质性的，身体的表面——表皮（skin）——也系统地由禁忌和预期的逾越行为所意指；事实上在她的分析里，身体的疆界成了社会的界限**本身**。如果以后结构主义来挪用她的观点，那么我们可以把身体的疆界理解为社会**霸权体系**的界限。她认为在多数文化里都存在着

> 一些污染的力量，它们是理念结构本身固有的一部分，对那些在象征意义上破坏了原本应该结合一体者，或是结合了原本应该分开者的行为进行惩罚。从这点可以得知，污染是不大可能发生的一类危险，除非结构的界线——不管是宇宙的还是社会的——被界定得非常清晰。
>
> 作为污染源的人总是错误的。他［原文如此］造成了某种错误的情境，或者，就只是跨越了某条不应该跨越的界线，而这样的移位为某人带来了危险。[55]

在某种意义上，西蒙·沃特尼在《管控欲望：艾滋、色情与媒体》[56] 一书中指出了"污染带源人"（the polluting person）如何在当代被建构为艾滋病患者。这种疾病不仅被描绘为"同性恋的疾病"，而且在整个媒体对这种疾病歇斯底里的、恐同症的反应里，

---

55 道格拉斯，《纯粹与危险》，第 113 页。

56 西蒙·沃特尼（Simon Watney），《管控欲望：艾滋、色情与媒体》（*Policing Desire: AIDS, Pornography, and the Media*），明尼阿波利斯：明尼苏达大学出版社，1988 年。

我们看到了一种策略的建构：在同性恋者由于同性情欲这种侵犯边界的实践而导致感染与这种疾病作为一种特定的同性恋污染的形式之间建立了一种关联性。在恐同症的意指体系所勾勒的耸动图像里，这种疾病通过体液交换而传播的事实，代表了可渗透的身体疆界对现有社会秩序可能带来的危险。道格拉斯说："身体可以是象征所有具有疆界的体系的一个原型。它的疆界可以代表任何受到威胁或岌岌可危的疆界。"[57] 她提出了一个问题，而这个问题也许是我们期待会在福柯的论著里读到的："身体的边缘地带为什么会被认为特别充斥了权力与危险？"[58]

道格拉斯指出所有社会体系的边缘地带都是脆弱的，因此所有的边缘地带都被认为是危险的。如果身体对整个社会体系**本身**来说是一隅可代全体，或者，是开放的体系汇聚的一个场域，那么任何一种未受管控的可渗透性就构成了污染和危险的场域。由于男人之间的肛交和口交显然建立了某些未经霸权秩序认可的身体的可渗透性形式，因此在这样的霸权观点里，男同性恋就构成了一个危险和污染的场域——早于而且无关乎艾滋在文化中的出现。同样地，尽管女同性恋是艾滋的低危险群，她们的"污染"情况也凸现了她们的身体交换的危险性。值得注意的是，处于霸权秩序"之外"，并非就意指处于污秽、紊乱的自然状态"之内"。悖论的是，在恐同症的意指经济里，对同性恋的设想一直

57　道格拉斯，《纯粹与危险》，第 115 页。
58　同上，第 121 页。

以来都几乎**既是**未开化的，**又是**非自然的。

　　建构稳定的身体界限，有赖于身体的可渗透与不可渗透的场域是固定的。在同性恋以及异性恋语境里，那些开拓或者另外封闭一些表面和孔口的情欲意指的性实践，事实上以新的文化界限重新铭刻了身体的疆界。男人之间的肛交就是一例，如同维蒂格《女同志身体》里对身体彻底的重新接合一样。道格拉斯提到"某种性污染，它表达了保持身体（物质的以及社会的）的完整性的欲望"，[59] 这意味着自然化的"定冠词"（"the"）身体之概念本身即是禁忌的一个结果；而禁忌使这个身体凭借着它稳定的疆界而得以清楚确立。此外，管理身体不同孔口的各种生命仪式（rites of passage）预设了以异性恋规范来建构性别化的交换、位置以及情欲的可能性。解除对这些交换的管制，将因此打破那些决定身体的本质为何的疆界本身。事实上，正是追溯这些管控实践——在这些实践中身体的形貌得以建构——的批判性探究，构成了对具有明确性的"身体"的系谱学研究，而这有可能使福柯的理论进一步地激进化。[60]

　　值得注意的是，克里斯特娃在《恐怖的力量》里关于贱斥（abjection）的讨论，首先指出了这个禁忌建立疆界的结构主义概

59　道格拉斯，《纯粹与危险》，第 140 页。

60　福柯的文章《逾越：序言》（*A Preface to Transgression*，收录于《语言，对抗性记忆，实践》）提供了一个有趣的对比，可以与道格拉斯关于乱伦禁忌建构身体的疆界的概念作比较。这篇文章原来是为了纪念乔治·巴塔耶（George Bataille）而写的，其中部分探讨了逾越快感的隐喻性"脏污"（dirt），以及受到禁制的身体孔口与尘土覆盖的坟墓的关联。见第 46—48 页。

念被用来通过排除实践以建构一个明确独立的主体。[61]"贱斥物"（the abject）指的是那些被驱逐出身体、当作排泄物排出、直截了当地被打为"他者"之物。表面上这是将异类元素驱逐出去，但是异类物实际上是通过这个驱逐行为建立的。将"非我"（not-me）建构为贱斥物，这建立了身体的疆界，而身体的疆界也是主体的第一界线。克里斯特娃写道：

> **恶心感**让我对牛奶的乳脂退避三舍，让我跟把它喂给我喝的母亲和父亲有了隔阂。"我"一点都不想要那东西，那是他们的欲望的符号。"我"不想听话，"我"不想消化它，"我"驱逐它。但是，由于这食物不是"我"——只能在他们的欲望里生存——的一个"他者"，我在驱逐**我自己**，我把**我自己**吐出来，通过"我"所宣称建立我自己的那个同样的动作，我贱斥了**我自己**。[62]

身体的疆界以及内部和外部的区分，是通过把原来属于自己

61　克里斯特娃的《恐怖的力量：论贱斥》（*Powers of Horror: An Essay on Abjection*，里昂·卢迪耶译，纽约：哥伦比亚大学出版社，1982年。法文原版 [*Pouvoirs de l'horreur*] 由色伊耶出版社于1980年出版）有一小段讨论到道格拉斯的著作。克里斯特娃吸收了道格拉斯的见解，融入她自己对拉康的重新阐述，她写道："污秽物是从象征体系被丢弃的东西。它逃脱了作为一个社会集体基础的社会理性和逻辑秩序，它后来由个人组成的短暂聚结里分化出来，简而言之，形成了一个分类体系或结构。"（第65页）

62　克里斯特娃，《恐怖的力量：论贱斥》，第3页。

身份一部分的某物排出，将之重新评价为卑污的他者而建立起来的。如同艾里斯·杨运用克里斯特娃的理论分析性别歧视、恐同症与种族歧视时所指出的：因为性别、性欲和／或肤色而对一些身体加以否定，这是一种"驱逐"，它带来"厌恶"的结果；它依照性别／种族／性欲的分化轴线，建立并巩固文化上的霸权身份。[63] 从艾里斯·杨对克里斯特娃理论的挪用，可以看出厌恶的运作如何巩固了各种"身份"，而这些"身份"创建的基础在于通过排除与控制的手段，建制"他者"或一系列"他者"。通过区分而构成主体的"内部"与"外部"世界的边境或边界，因为社会管控和控制的目的而勉强维持着。这内部与外部的边界被那些排泄的通道所打乱：内部的实际上变成了外部的，而这种排出功能（the excreting function）可以说是成为其他身份-分化（identity-differentiation）形式的原型。事实上，这是他者变得屎粪不如的模式。如果内部和外部世界要保持全然的区分，身体的整个表面就必须要达到某种不可企及的无法渗透性。封闭身体表面将形成完整无缝的主体疆界；但是这样的封闭状态总会被它惧怕的那些排泄秽物炸开。

　　不管内部与外部空间区分的隐喻多么具有说服力，它们仍然

63　艾里斯·杨（Iris Young），《贱斥与压迫：无意识种族歧视、性别歧视与恐同症的动力学》（ *Abjection and Oppression: Dynamics of Unconscious Racism, Sexism, and Homophobia* ），此文为 1988 年西北大学现象学与存在主义哲学学会会议上发表的论文。收录于《欧陆哲学的危机》（ *Crises in Continental Philosophy* ），阿林·达勒里（Arleen B. Dallery）、查尔斯·斯科特（Charles E. Scott）与何里·罗伯茨（Holley Roberts）编，奥尔巴尼：纽约州立大学出版社，1990 年，第 201—214 页。

是一些语言上的词语，促进并表达一套惧怕与欲望的幻想。"内部"与"外部"只有与一个中介的、努力寻求稳定的边界联系时才具有意义。而这稳定性、一致性，很大一部分是由那些给予主体认可，并强制主体与贱斥物区分的文化秩序所决定的。因此，"内部"与"外部"构成一个二元的区分，稳定并巩固一致性的主体。当这个主体受到挑战时，这些词语的意义和必要性也因此遭到汰换。如果"内部世界"不再指向一个空间处所（topos），那么自我内在的固定性，甚至性别身份的内在场域，也同样变得可疑。这里关键的问题不在于这身份之前是**如何被内在化**的——就好像内在化是一种过程或机制，可以经由叙述重建似的！我们要追问的应该是，这个内在性的比喻，以及内在／外在的二元分立，是从什么公共话语的策略位置、为了什么理由而扎根的？"内在空间"是用什么语言来表征的？这是一种什么样的表征形式？它又是经由身体的什么形体特征而被意指的？身体如何将它深埋于内的那个不可见性表征于它的表面？

从内在性到性别操演

福柯在《规训与惩罚》一书中对内在化的语言提出疑问，因为它的运作是为那使罪犯臣服（subjection）、模塑其主体（subjectivization）的规训体制服务的。[64] 福柯在《性史》里反对精

64　下面的讨论部分曾发表于我所写的两篇文章里，分别是《性别麻烦、女性（转下页）

神分析信仰之所系的性的"内在"真实，但是在他的犯罪学历史的语境里，福柯却为了一些不同的目的而转向一种内在化学说的批评理论。在某种意义上，《规训与惩罚》可以解读为福柯尝试以**铭刻**的模式，重写尼采在《论道德的谱系》里所提出的内在化学说的一项努力。在囚犯的语境里，福柯写道，所用的策略不是去强行压抑他们的欲望，而是强制他们的身体把禁制的法律意指为他们的本质、风貌和必然性。法律不是直接被内化，而是被合并，其结果是生产了一些身体，而法律在身体上、通过身体而被意指；在这些身体上，法律展现为它们自我的本质、它们灵魂的意义、它们的良心、它们的欲望的法则。事实上，法律既是完全展现，也是完全潜藏的，因为它从来不以外在于它所征服并给予主体性的那些身体的面目呈现。福柯写道：

> 说灵魂是幻觉，或是一个意识形态的结果是不对的。正好相反，它存在，它具有真实性，它经由在那些受惩罚的人们身上所行使的权力的运作，永远**围绕着**身体、**在它之上**、**在它之内**被生产。[粗体为笔者所加][65]

（接上页）**主义理论与精神分析话语**》（*Gender Trouble, Feminist Theory, and Psychoanalytic Discourse*），收录于琳达·尼科尔森（Linda J. Nicholson）编，《女性主义/后现代主义》（*Feminism/Postmodernism*），纽约：劳特利奇出版社，1989年；以及《操演行为与性别建制：论现象学与女性主义理论》（*Performative Acts and Gender Constitution: An Essay in Phenomenology and Feminist Theory*），收录于《剧场杂志》（*Theatre Journal*），卷20，第3期，1988年冬季号。

65　福柯，《规训与惩罚：监狱的诞生》（*Discipline and Punishment: the Birth of the Prison*），艾伦·谢里丹（Alan Sheridan）译，纽约：温提子出版社，1979年，第29页。

被理解为在身体"之内"的这个内在灵魂的表征，是通过它在身体上面的铭刻而被意指的，即使灵魂获得意义的主要模式有赖于它本身的不在场，以及它具有效能的不可见性。这个具有结构作用的内在空间，是通过将身体意指为一个生机勃勃的、神圣的封闭场域而生产的结果。灵魂恰是身体所缺乏者；因此，身体以一种具有意指性的缺乏（a signifying lack）的面目呈现。那缺乏（也就是身体）将灵魂意指为那不可显现者。因此在这层意义上，灵魂是一种表面意指（surface signification），它挑战并置换了内部／外部这个区分本身；它是铭刻于身体之上的一种内在心灵空间的表征，具有一种社会意义，却始终对此加以否认。用福柯的话来说，灵魂不像某些基督教意象所暗示的那样被身体所禁锢或被禁锢在身体内，相反，"灵魂是身体的监牢"。[66]

以身体的表面政治（surface politics）的框架重新描述心灵内的过程，意味着对社会性别也作相应的重新描述：社会性别是通过在身体表面的在场与不在场的运作，对幻想的形象所作的一种规训性生产；它通过一系列的排除和否定、一些具有意指作用的不在场之物来建构性别化的身体。然而，是什么决定了身体政治展现在外的以及隐藏的文本？致使性别在身体上风格化／程式化，以及产生想象的、幻想的身体形态表达的禁制律法是什么？

66　福柯，《规训与惩罚：监狱的诞生》，艾伦·谢里丹译，纽约：温提子出版社，1979年，第30页。

我们已经讨论过，乱伦禁忌以及禁止同性情欲的先在禁忌（prior taboo）是社会性别身份产生的关键点；这些禁忌根据一个文化上可理解的理想化的、强制性的异性恋参照系统生产身份。为了在生殖领域内对性欲实施异性恋的建构和管控，规训性的社会性别生产使性别获得了某种虚假的稳固性。一致性的建构掩盖了在异性恋、双性恋以及男同性恋和女同性恋语境里所充斥的性别不连贯性；在这些语境里，社会性别不一定是得自生理性别，而欲望，或者普遍来说性欲，似乎也并不是得自性别——事实上，这些重要的肉体性的各个维度之间，并不是互相表达或互相反映的。当身体领域的解体和崩溃打破了异性恋一致性的管控性虚构时，表达模式（the expressive model）似乎也失去了它的描述效力。那管控的理想也因而被暴露了它其实是一个规范、一个虚构，它以一种发展的律法伪装自己，对它意图描述的性/性别领域进行管控。

然而，根据认同是一种演绎的幻想或是合并这样的理解，那么很清楚，一致性是被欲望、被渴望、被理想化的，而且这样的理想化是身体意指实践的一个结果。换句话说，行动、姿态与欲望生产了一个内在的核心或实在的结果，但这结果是在身体的**表面**上通过具有意指作用的不在场之物——它们暗示但从不揭露身份的统筹原则是一种原因——的运作而生产的。这些行动、姿态、演绎实践大体都可以解释为**操演性的**，因为它们原本意图表达的本质或身份都是**虚构**，是通过身体符号以及其他话语手段制造并维系的。性别化的身体是操演性的，这表示除了构成它的真实的那些各种不同的行动以外，它没有什么本体论的身份。这也意味着如果那个真实是被虚构为一种内在的本质的话，那内在性本身显然是一种公共和社会话语——通过身体的表面政治对幻想的公共管控；区分内在的和外在的，对社会性别界限进行控制——的结果和作用，由此建制主体的"完整性"。换句话说，各种行动和姿态，以及表达出来和演绎实践的欲望，创造了一个内在的、统筹性的社会性别内核的假象，这假象由话语所维系，为的是把性欲管控在以生殖为中心的异性恋强制性框架内。如果欲望、姿态与行动的"原因"能够落实在行为者的"自我"之内，那么生产那表面上一致的社会性别的政治管控和规训实践，就可以成功地不为人们所察觉。将社会性别身份的政治和话语起源置换为一个心理的"内核"，这排除了我们对性别化主体的政治建构及其虚构的概念——生理性别或真实身份所具有的不可言喻的内在性——进行分析的可能性。

如果社会性别的内在真实是一种虚构，如果真实的社会性别是在身体的表面上建制、铭刻的一种幻想，那么似乎就没有所谓真的或假的社会性别；社会性别只是某种原初的、稳定的身份话语所生产的事实结果。在《敢曝之母：美国反串女子秀艺人》一书里，人类学者以斯帖·牛顿指出，反串的结构透露了性别的社会建构所以发生的一个关键的生产机制。[67]

---

67 以斯帖·牛顿，《敢曝之母：美国反串女子秀艺人》(Mother Camp: Female Impersonators in America, 芝加哥：芝加哥大学出版社，1972年)"角色模范"一章。（译者按："camp""campy"来自法文 se camper，原意是指（转下页）

我也认为扮装（drag）彻底颠覆了内在和外在心灵空间的区分，有力地嘲弄了表达模式的性别论点，以及真实性别身份的概念。牛顿写道：

> 推到最复杂的情况，［扮装］是一种双重的倒错，它告诉人们"表象是假象"。扮装说［牛顿用了奇特的拟人法］："我的'外在'面貌是女性，但是我'内在'的本质［身体］是男性。"它同时象征了反向的倒错；"我的'外在'面貌［我的身体，我的性别］是男性，但是我'内在'的本质［真正的我自己］是女性"。[68]

这两个关于真相的宣称互相矛盾，因此使得整个性别意义的演绎脱离了真实与谬误的话语。

原始的或原初的性别身份的概念，经常在扮装、异／易装（cross-dressing）以及 T/P 身份的性别风格化／程式化等文化实践中被戏仿。在女性主义理论里，像这样的戏仿身份一直以来被认为是在贬低女性，如扮装与异／易装的例子；要不然就是不加批

（接上页）"故作姿态""装腔作势"，在文化现象上，它指向一种着力于表象、矫饰、华美而世俗、夸张恣意的品位和美学风格。此处采用刘瑞琪的译法"敢曝"，取其音意兼顾，且可凸显扮装／戏仿所牵涉的能动性与政治性。见刘瑞琪，《变幻不居的镜像：犹太同女摄影家克劳德·卡恩的自拍像》，载于《台大文史哲学报》，2001 年 11 月，第 55 期，第 165—212 页。）

68　以斯帖·牛顿，《敢曝之母》，第 103 页。

判地从异性恋实践里挪用了性别角色的刻板化形象，特别是在 T/P 女同志身份的例子里。但我认为"仿品"与"真品"的关系比那些批判一般所能想象的要更复杂。此外，它给了一些线索，让我们知道如何对原初的认同——赋予性别的原始意义——与后来的性别经验之间的关系重新予以框架。扮装表演操弄的是表演者解剖学上的身体与被表演的性别之间的差别。但是，我们事实上面对着关于有意义的身体性的三种可能的维度：解剖学上的生理性别、社会性别身份以及性别表演。如果表演者解剖学上的身体跟表演者的社会性别不一样，而两者又都跟被表演的性别有所不同，那么这表演不仅显示了生理性别与表演之间的不一致，也意味着生理性别与社会性别、社会性别与表演之间存在着不一致。如果说扮装创造了一个统一的"女人"形象（这经常是批评者所反对的），那么它同时暴露了性别化经验的各个方面之间的不一致；这些差异的方面通过异性恋一致性的管控虚构而获得某种自然化的统一假象。**在模仿社会性别的时候，扮装隐含透露了社会性别本身的模仿性结构——以及它的历史偶然性**。事实上，表演带来的快感、它令人眼花缭乱的地方，部分就在于面对文化所设定的因果关系上的统一性，而这些统一性在常规下又被认定是自然的以及必然的时候，我们察觉到生理性别和社会性别的关系在根本上是具有偶然性的。我们看到的不是异性恋一致性的律法，相反地，经由公然坦诚生理性别和社会性别的不同，并戏剧性渲染了建构它们的统一性的文化机制的表演，我们看到生理性别和社会性别被卸除了它们自然化的表象。

在此我为性别戏仿（gender parody）的概念辩护，并不是假定存在一个这些戏仿的身份所模仿的真品。事实上，这里**所戏仿的**就是真品这个概念本身；如同在精神分析的概念里，性别认同是由对某个幻想的幻想所构成的，也就是一个他者的变形，而这他者一直就是一个"表征／形象"（figure）——就这个词的双重意义而言；同样地，性别戏仿揭示了性别用以模塑自身的原始身份本身就是一个没有原件的仿品。说得更准确些，它是一种生产，结果——从它的效果来看——却摆出仿品的姿态。这样不断的移置构成了身份的流动性，表明某种可以重新意指以及语境重置（recontextualization）的开放性；戏仿产生的增衍效应使霸权文化以及它的批评者都不能再主张自然化的或本质主义的性别身份。虽然这些戏仿类型所汲取的性别意义明显属于霸权的、厌女症的文化的一部分，然而通过戏仿的语境重置，它们去除了自然化的身份而被人们加以调度。作为有效地移置了原件的意义的仿品，它们模仿了本真性神话本身。如果我们不把原初的认同看作一种决定性的原因，那么性别身份也许可以被重新设想为一种具有既定意义的个人／文化历史，它受到一套模仿实践的左右，而这些模仿实践与其他形式的模仿横向联系，共同建构了一个原初的、内在的性别化自我的假象，或者戏仿了那个建构的运作机制。

根据弗雷德里克·詹姆逊的《后现代主义与消费社会》，嘲弄原件概念的模仿具有更多恣仿（pastiche）而不是戏仿的特点：

> 恣仿如同戏仿一样，是对一种特殊的或独特的风格的模

仿，戴上风格化的面具，说着已经死亡的语言；但是它是一种中性的模仿实践，没有戏仿所有的别有用心的动机，没有讽刺的冲动，没有讥笑，没有隐隐觉得仍然有某种**规范**的东西存在，跟它相比，模仿中的这个简直是滑稽可笑。恣仿是白纸般的戏仿，是失去了诙谐的戏仿。[69]

然而，失掉了"规范"感本身就可以是一个好笑的理由，尤其是当"规范""原件"被揭露其实是件复制品，而且无可避免地是一件失败之作，是没有人**能够**具化的一个理想的时候。在这层意义上，一旦了解原件自始至终就是后天衍生的，我们自然会感到可笑。

戏仿就其本身而言并不构成颠覆，一定有某种方式让我们了解什么使得某些形式的戏仿重复具有破坏性、真正造成困扰，而又有哪些重复形式被驯化，作为文化霸权的工具重新流通。显然，仅仅提出某种行动的类型学是不够的，因为戏仿的移置，更确切地说是戏仿之所以好笑，有赖于一个鼓励颠覆性混淆的语境和接受情境。什么样的表演情境使得内在／外在的区分倒置过来，迫使我们彻底重新思考精神分析有关性别身份和性欲的预设？什么样的表演情境，将迫使我们重新思考男性与女性范畴的**位置**和

69　弗雷德里克·詹姆逊（Fredric Jameson），《后现代主义与消费社会》（*Postmodernism and Consumer Society*），收录于《反美学：后现代文化文集》（*The Anti-Aesthetic: Essays on Postmodern Culture*），哈尔·福斯特（Hal Foster）编，华盛顿州汤森港：海湾出版社，1983年，第114页。

稳定性？什么性质的性别表演能够演绎、揭露性别本身的操演性质，因而使自然化的身份与欲望范畴变得不稳定？

如果身体不是一种"存有"，而是一个可变的疆界；一个表面，它的渗透性被政治地管控；是在一个有着性别等级和强制性异性恋制度的文化场域里的一项意指实践，那么有什么语言是我们可以拿来理解这个在它自己的表面，建构它的"内在"意义的身体演绎实践——性别——呢？萨特也许会把这样的行动称为"存有的风格"（a style of being），福柯也许会称之为"存在的风格学"（a stylistics of existence）。而在稍早对波伏娃的解读中，我指出性别化的身体是许许多多的"肉体的不同风格"（styles of flesh）。这些风格都不是完全由自我形成的风格，因为所有的风格都有某种历史，而这些历史限定并且限制了可能性。我们可以把性别看作，比如说，**一种身体风格**（a corporeal style），就好像一项"行动"一样，它具有意图，同时是操演性质的；而**操演**意味着戏剧化地因应历史情境的改变所作的意义建构。

维蒂格把社会性别理解为"生理性别"的运作结果，而"生理性别"是加诸身体的一道指令，强制身体变成一个文化符号，遵照历史所限定的可能性使身体本身具化成形；而且这行动不是一次两次的事，它是一项持续的、重复的身体志业。然而，"志业"的概念意味着一个根本性意志（a radical will）的创生力量，而鉴于社会性别这个志业是以文化的存续为目的，**策略**这个词比较能够说明性别表演总是而且以各种不同的方式，在一种强迫性的状况下发生。因此，作为在强制性体系里的一个生存策略，性别是一种具有明显的惩罚性后果的表演。在当代文化里，明确的性别是个人之所以"为人"的一个部分；的确，我们惯常处罚那些没能正确实践他们的性别的人。由于并没有一个由性别表达或外现的"本质"，也没有可让性别追求的一个客观的理想，而且由于性别不是一个事实，各种不同的性别行动创造了性别的理念；如果没有那些行为，根本就不可能会有性别。因此，性别是一贯隐藏它自身的创生的一种建构；它是心照不宣的集体协议，同意去表演、生产以及维系明确区分的、两极化的性别的文化虚构，而这协议被那些产物外表的可信度——以及一边等着伺候那些不愿意相信这些产物的人的处罚——所隐蔽；这建构"迫使"我们相信它的必要性和天生自然的本质。通过各种不同的身体风格而具化的历史可能性，不过是一些由惩罚所管控的文化虚构，而这些虚构在强制的情况下交替着具化和转向的过程。

让我们思考一下：性别规范的积淀产生了一些独特的现象，如"自然的生理性别"，或"真正的女人"，或其他许许多多普遍存在的、具有强制性的社会虚构，而随着时间的推移，这积淀生产了一整套体系的身体风格，这些物化了的身体风格，以自然对身体所设计的不同性别的面貌呈现，而这些性别以彼此相对的二元关系存在。如果这些风格是被演绎的，如果它们生产了一致的性别化主体，而这些主体又自命为它们的创始者，那么什么性质的表演也许能够揭露这个表面上的"原因"其实是"结果"？

另外，在什么意义上性别是一种行动？如同其他仪式性的社会戏剧一样，性别的行动也必须有**不断重复**的表演。这重复既是重新演绎，也是重新经验已经在社会中确立了的一套意义；它是这些意义得以正当化的世俗形式以及仪式化的形式。[70]虽然有个人的身体经由风格化/程式化形成性别模式来演绎这些意义，但这"行动"是一种公共的行动。这些行动有着时间以及集体的维度，而它们的公共特性不是没有重要影响的；事实上，表演的实践有着策略性的目的，亦即将性别维持在一个二元的架构里——这个目的不能被归因于一个主体的作为，相反地，它应该被理解为创建并巩固了主体。

性别不应该被解释为一种稳定的身份，或是产生各种行动的一个能动的场域；相反地，性别是在时间的过程中建立的一种脆弱的身份，通过**风格化/程式化的重复行动**在一个表面的空间里建制。性别的效果是通过对身体的风格化/程式化而产生的，因此我们对它的理解应当是，它是使各种不同形式的身体姿态、动作和风格得以构建一个持久不变的性别化自我的假象的世俗方式。这种论点使性别的概念脱离了实在的身份模式，而转向在概念上必须把性别视为一种建构的**社会暂时状态**（social temporality）的模式。值得注意的是，如果性别是通过内在并不具有连贯性的行动而建制的话，那么**实在的表象**就正是一种建

70 维克托·特纳（Victor Turner），《戏剧、领域与隐喻》（*Dramas, Fields and Metaphors*），伊萨卡：康奈尔大学出版社，1974 年。亦见克利福德·吉尔茨（Clifford Geertz），《模糊的文类：思想的重新表征》（*Blurred Genres: The Refiguration of Thought*），收录于《在地知识——再论解释人类学》（*Local Knowledge, Further Essays in Interpretative Anthropology*），纽约：基础图书公司，1983 年。

构的身份，一个操演得来的成果——世俗社会的观众，包括演员本身，都对它深信不疑，并且以信仰的模式表演它。性别也是一种永远无法完全内化的规范；"内在"是一种表面意指，而性别规范最终是幻影，不可能被身体所具化。如果性别身份的基础是经年累月不断重复的风格化／程式化行动，而不是表面上天衣无缝的一个身份，那么"基础"这个空间的隐喻将会被置换，被揭露其实是一种风格化／程式化的设定，更确切地说，它是一种时间性的以性别进行身体具化的过程。恒久不变的性别化自我将因而显示是由重复的行动所结构的，这些重复的行动试图趋近一种实在的身份基础的理想，但是它们偶尔呈现的**不连贯性**，暴露了这个"基础"其实不是什么基础，它是时间性的，具有历史的偶然性。性别改革的可能性，正是要从这样的行动之间的任意性关系、从重复失败的可能性、从某种畸形，或是从揭露了恒久不变的身份这个幻想结果其实是一种脆弱的政治建构的戏仿式重复当中去寻找。

如果性别属性不是表达性而是操演性的，那么这些属性实际上建构了所谓它们表达或展现的身份。表达与操演的区别非常关键：如果性别属性和行动——身体所由以表现或生产其文化意义的各种不同的方式——是操演性质的，那么就不存在一个先在的身份可以作为一项行动或属性的衡量依据；将不会有什么正确的或错误的、真实的或扭曲的性别行为，而真实性别身份的假定将证明只是一种管控性的虚构。当我们说性别真实是通过持续的社会表演创造的，这意味着本质的生理性别，以及真实的或恒久不变的男性特质或女性特质这些概念本身也是建构的，它们是隐藏策略的一部分——掩盖了性别的操演特性，以及操演所具有的可能性，亦即致使性别设定增衍而超越了男权统治和强迫性异性恋的限制框架。

性别既不会是正确的，也不会是错误的；既不是真实的，也不会是表象的；既不是原初的，也不是后天获得的。然而，作为那些属性的可信的承载者，性别也可以变得完全、彻底地**不可信**。

结论：从戏仿到政治

我从女性主义政治是否能够丢开一个妇女范畴的"主体"的设问开始。关键的问题不在于为求能够代表妇女、为她们伸张权利而诉诸妇女范畴——不管是策略上的还是暂时性的——是否仍然可行。女性主义的"我们"一直是，也只是一种幻想的建构；它有着自己的目的，却拒绝接受这个词语内在的复杂性与不确定性，而仅是通过排除这个它同时寻求作为其代表的群体的一部分来建构它自身。然而，"我们"的脆弱或幻想的特质并不构成沮丧的原因，或者至少不是沮丧的**唯一**原因。这个范畴根本上的不稳定性，使得女性主义政治理论建构**基础上的**限制受到质疑，并打开了其他构想的可能性——不仅是有关性别与身体而已，也包括政治本身。

基础主义对身份政治的论述，往往认定必先有身份上的正名，才能够对政治利益作阐发，然后采取政治行动。我的论点是，并不一定要有一个"行为背后的行为者"，"行为者"反而是以不一而足的各种方式在行为里、通过行为被建构的。这不是回归到存在主义所谓自我是通过它的行动而建立的理论，因为存在主义理论主张自我与其行动两者都具有一种前话语的结构。在此让我感兴趣的，正是这两者在彼此中、通过彼此而在话语上具有可变性的互相建构。

设立"能动性"的问题通常与"主体"的可行性相关，而"主体"被理解为具有某种稳定的存在，先于它与之周旋的那个文化领域。或者，如果主体是文化所建构的，它仍被赋予一种能动性，通常被表述为反身中介（reflexive mediation）的能力，这能力没有因为那个主体深嵌于文化之中而有所减损。在这样的模式里，"文化"与"话语"使主体**陷入**其泥淖中，但并非构成了那个主体。为了建立一个不完全被那个文化和话语所**决定**的能动位置，对先在的主体予以限定并使之深陷于话语网罗中的做法似乎是必要的。但是，这样的论述错误地假定了：一、能动性只有诉诸一个前话语的"我"才得以建立，即使那个"我"陷于各种话语的交集里；二、被话语**建构**意味着被话语所**决定**，而被决定排除了能动的可能性。

即使在一些主张高度限定性或情境决定的主体理论里，主体仍然以一种对立的认识论框架与其话语建构环境遭遇。深陷于文化中的主体协商着它的建构，即使那些建构其实是它自己的身份的谓语（predicates）。比如说在波伏娃的理论里，有一个"我"实践它自己的性别，成为它的性别，但是那个"我"虽然总是与它的性别有关联，却是永远无法完全等同于它的性别的一个能动位置。我思故我在的主体，永远不会是它与之周旋的那个文化世界所完全**构成**的，不管那个主体与它的文化谓语之间本体上的距离有多贴近。阐述肤色、性欲、族群、阶级以及身体健全性等谓语的女性主义身份理论，总是在列表的最后加上一个尴尬的"等等"做结尾。通过这些横向并列的形容词，这些理论立场试图含纳一个情境化的主体，但总是无法穷尽。然而这样的失败是发人深省的：从经常在这样的文句结尾出现、愈趋愈烈的这个"等等"，我们可以得到什么政治动力？这是一个耗竭的符号，也是代表无限的意指过程本身的符号。这是一种**增补**（supplément），是企图一劳永逸地设定身份的任何努力必然会带来的过度（excess）。然而，这个无限的"**等等**"为女性主义政治理论的建构提供了一个新的出发点。

　　如果身份是通过一个意指的过程而确立的，如果身份一直是被意指的，而它在流转于各种不同的、坏环相扣的话语间的同时仍持续进行意指，那么要回答能动性的问题，就不能回归一个先于意指过程存在的"我"。换句话说，能够主张一个"我"的条件，是由意指的结构、管控那个代名词的合法与不合法使用的一些规则以及确立那个代名词能够通行的理解框架的一些实践所提供的。语言不是一个**外在的媒介或工具**，让我可以往里头倾注一个自我，并从中拾集那个自我的反射。被马克思、卢卡奇以及许多当代解放话语所挪用的黑格尔的自我认知模式，预设了直面它的世界——包括它的语言，并把世界当作一个客体的"我"，与那个发现自己是那个世界里的一个客体的"我"之间，有潜在的趋同的可能。但是这样主体／客体的二分法是属于西方认识论的传统，它限制了它本身试图解决的身份这个难题。

　　是什么话语传统把"我"和它的"他者"建立为认识论上的一种对立关系，然后这关系又决定了可知性与能动性的问题在何种场合、如何受到限制？当我们假设一种认识论主体的时候，预先支配那个主体的调用、管控它的能动性的规则和实践，被剔除在分析与批判介入的领域之外，那么什么形式的能动性正是因为这样而被排除了？认识论的出发点绝非不可避免，这在一般语言的日常运作中得到了素朴与普遍的证实——这点在人类学里有广泛的记录。在这些语言的运作中，主体／客体的二分被认为是哲学所强加的一个奇怪的、本质具有偶然性的——如果不是暴力的话——概念。像这样与认识论模式密切相关的具有占有性、工具性而且造成隔阂的语言，也属于一种统治策略：把"我"和一个"他者"放在对立的位置，而一旦这样的区隔实现，就会产生一系列有关那个他者是否可知、是否可恢复等伪问题。

作为当代身份政治话语的认识论传承的一部分，这样的二元对立是一套特定意指实践里的一项策略行动，它在这个二元对立中、通过这个二元对立建立"我"，物化这个对立使之具有一种必然性，并隐藏这个二元对立本身所由以建构的话语机制。从一种**认识论**的身份诠释，转向一种将这个论题置于**意指**实践内的诠释，使我们可以把认识论模式本身视为一种可能的、本质为偶然性的意指实践来分析。此外，**能动性**的问题也重新表述为意指和重新意指是如何运作的问题。换句话说，凡被意指为一身份者，不是在某个特定的时间点上被意指完成后就停在那儿，形成一件无活性的实体性语言成品。无疑地，身份**能够**以这么许多无活性的实在面目呈现；事实上，认识论模式往往拿这样的表象作为它们理论的出发点。然而，这个实在的"我"之所以会有这样的表象，完全得自某种试图隐藏它本身的运作并自然化其结果的意指实践。此外，要获得实在身份的资格是一项费劲的工作，因为这些表象是由规则产生的身份，它们的产生端赖对那些限定、限制文化上可理解的身份实践的规则进行前后一贯、不断重复的调用。事实上，把身份理解为一种**实践**、一种意指实践，就是把文化上可理解的主体当作某种受到规则限定的话语所造成的结果，而这话语将自身嵌入语言生活中普遍而寻常的意指行为里。抽象地来想，语言指涉一个开放的符号系统，经由这个系统，可理解性不断地被创造并受到挑战。话语是具有历史特殊性的语言组织，以复数的形式呈现，并存于时间的框架里，创建无法预测、非刻意的各种交集，从中一些独特的话语可能性模式得以产生。

　　意指作为一个过程，它内在蕴含了认识论话语所指涉的"能动性"。那些决定什么是可理解的身份的规则，亦即使得对一个"我"的主张可以被理解，同时对之加诸限制的规则，那些部分依照性别等级和强制性异性恋矩阵建构的规则，它们都是通过**重复**运作的。事实上，当我们说主体是被建构的时候，意思就是指主体是某些受规则所支配的话语的一个结果，这些话语决定了哪些身份的调用是属于可理解的。主体并非被它所由以产生的那些规则所**决定**，因为意指**不是一种创立的行动，而其实是一个受到管控的重复过程**，它正是通过生产一些实在化的结果而自我隐藏，同时强制施行其规则。在某种意义上，所有意指都是在重复强迫症的规律下发生的；因此，"能动性"要从那个重复当中发生变异的可能性里去寻找。如果支配意指的规则不仅仅是限制，而是使我们能够主张一些另类的文化可理解性范畴，亦即足以对等级性二元体系的僵化规条形成挑战的一些新的性别可能性，那么，颠覆身份的可能只存在于重复的意指实践**之内**。必须**成为**某个特定性别的指令必然产生挫败：呈现多元性的各种不一致的设定，超越并违抗了它们所由以产生的指令。此外，必须成为某个特定性别的指令本身，是经由话语的途径下达的：成为好妈妈、成为可欲的异性恋客体、成为合格的工作者，总而言之，回应同时俱来的各种要求而意指多种多样、确保可以达成的结果。这些话语指令的并存或有所交集产生了复杂的重新设定和重新调度的可能性；这不是指有某个超越的主体可以从这样的交集里产生行动。在这些交集之前，或是在进入这个冲突的文化领域之前，没有维持着"完整性"的自我；所有的只能是某种就地取材而已，而能"取"什么还要看有什么材在那儿。

在性别的意指实践里，什么构成了颠覆性的重复？我指出过（这个"我"调用了支配哲学推论文类的文法，但要注意：是文法本身调度这个"我"并使之成为可能，即使坚守在这里的这个"我"重复、重新调用，以及挑战——如批评者将会下的定论——它所由以成为可能并受到限制的那个哲学文法），就如同在生理性别/社会性别区分的这个例子里，生理性别被当作是"真实"和"事实"，是物质或身体的基础，而社会性别在这个基础上以一种文化**铭刻**的行动运作。然而，社会性别被书写于身体之上，并不像卡夫卡《在流放地》里的黥刑工具一样，在受刑人的肉体上镌刻鬼画符式的印记。这里的问题不在于那样的铭刻带有什么内在的意义，而是什么样的文化设置促成了这个工具与身体的相遇，有什么方法可能干预这个仪式性重复。"真实"与"性/性别事实"是幻想的建构——实在的假象，身体被迫去趋近它们，但永远没有可能达成。那么，什么可以使幻想和真实之间的裂缝暴露出来，从而使真实承认它自己是幻想的？这是否提供了某种重复的可能性，它不全然受限于必须一再巩固自然化的身份的这个指令？正如同身体的表面被**当作**自然物来演绎，这些表面也可以成为某种不一致的、去自然化的表演的场域，而这表演揭露了这自然物本身具有操演的性质。

戏仿实践有可能促使某种特权的、自然化的性别设定，与衍生的、幻想的、模仿的性别设定——说穿了就是伪劣仿品——之间的区分再度被活用、被巩固。而戏仿的确被用以助长一种绝望政治（politics of despair），亦即承认边缘性别从自然、真实的领域被排除似乎是无可避免的。然而，我认为无法成为"真实的"、无法肉身具化"自然的"这种挫败，是内置于所有性别演绎的一种挫败，因为这些本体位置从根本上来说是不可能进驻的。因此，那些戏仿实践——在其中原初、本真、真实之物本身被建构为结果——的恣仿作用具有某种颠覆性的笑果（laughter）。失去性别规范的结果将使得性别设定增衍，实在身份变得不稳定，并且使自然化的强制性异性恋叙事失去它们的中心主角："男人"和"女人"。对性别的戏仿重复同时也暴露了误以为性别身份是一种难以究竟的深义（depth）与内在实体（inner substance）的错觉。作为一种微妙的、政治上强制执行的操演的结果，性别可以说是一种"行动"，它接受分裂、自我戏仿、自我批判以及那些对"自然"的夸张展现——夸张到极致的结果是揭露了性别根本上的幻想性质。

我已尝试说明身份范畴经常被认定是女性主义政治的基础，也就是说，为了要以一种身份政治来调动女性主义，这些范畴是必要的，但它们也预先限定、限制了女性主义原本应该要打开的那些文化可能性。对于那些被默许的、生产文化上可理解的"生理性别"的各种限制，我们应该将之理解为生成性的政治结构，而不是自然化的基础。将身份重新设想为一种**结果**，亦即**被生产的**或**被生成**的，这反而打开了"能动"的可能性；而这些可能性一开始就被那些将身份范畴视为基础的以及固定的立场给狡狯地排除了。将身份视为一种结果，意味着身份既不是宿命地被决定的，也不全然是人为的和任意的。身份的**建构**性质因着这两条冲突的思路而遭到误解，这显示关于文化建构的女性主义话语仍然陷于不必要的自由意志与决定论的二元论里。建构并非与能动性对立；它是能动性无可避免的场景，是能动性获得表达、成为文化上可理解的那个框架本身。女性主义的重要任务不是去建立一个超越建构的身份的观点；那是建立一种认识论模式的妄想，这种模式将否定其本身的文化位置，也因此把自身拔高为一个全球性的主体，而这样的一个位置所调用的正是女性主义应该要批判的帝国主义策略。关键的任务反而应该是，找出那些建构所打开的可能的颠覆性重复策略；通过参与那些建构身份的重复实践而肯定局部介入（local intervention）的可能性，并因此展现挑战这些实践的内在可能性。

本文所作的理论探究试图把政治置于那些建立、管控身份，也解除对身份的管控的意指实践当中。然而，这项努力要有所成就，必须引入一套论题，以拓展有关政治的概念本身。如何瓦解那些掩盖了另类的性别文化设定的基础？如何打破身份政治的"前提"的稳定性，使其以幻想的维度呈现出来？

这项工作需要一种批判的系谱学，考察性别和身体在大体上是如何被自然化的。这工作也要求我们重新思考对身体的这一表述：沉默的、先于文化、等待着被意指；这样的表述与对女性／阴性范畴的表述——等待男性／阳性能指的铭刻，作为进入语言与文化的切入口——彼此印证。从对强制性异性恋的政治分析来看，我们已经有必要对生理性别的二元建构——一种等级性的二元体系——予以质疑。而从社会性别是一种演绎实践的观点来看，也出现了对性别身份——所谓经由各种不同的"表现"形式而外现的一种内在深层意义——的固定性的质疑。即使在原初双性情欲这样的模式里，我们也看到某种隐含的以原初异性恋为中心的欲望建构仍持续存在着。我们看到排除和等级的策略仍持续存在于生理性别／社会性别二分的表述及其所诉诸的一些概念中："生理性别"是前话语的；性欲先于文化；特别是，将性欲作为前话语的这个文化建构。最后，假定行为者先于行为的认识论范式建立了一种全球性以及全球化的主体，它否定自身的位置性，也否定局部介入的条件。

如果性别等级和强制性异性恋所造成的这些"结果"被当作是女性主义理论或政治的根据，那么，它们不仅被错误地描述为基础，而且使这个进一步转喻（metaleptic）的错误描述成为可能的那些意指实践，也仍然没有进入女性主义对性别关系的批判范围内。进入这个意指领域的重复实践之内不是一项选择行为，因为那个可能进入的"我"一直都在里面：能动性或真实是不可能外在于给予这些词语它们现有的可理解性的话语实践的。我们面临的任务不在于是否要重复，而在于要如何重复，或者更确切地说，是去重复，并通过激进的性别增衍以**置换**使重复本身得以发生的那些性别规范。没有性别本体的存在，让我们可以立基于它而建立一种政治，因为性别本体总是作为规范性指令在一些已确立的政治语境里运作：决定着什么有资格作为可理解的生理性别；调用并巩固对性欲的生殖性限制；设立一些规定要求，从而使生理性别化或社会性别化的身体可以据此在文化上被理解。因此，本体不是一个基础，而是一种规范性指令，它将自身内置于政治话语中、作为其必要的基础而不为人所察觉地运作着。

解构身份并不是解构政治，相反地，它证实了身份所由以表达的那些框架本身是政治性的。这样的批判质疑了作为一种身份政治的女性主义所由以表达的那个基础主义框架。这个基础主义的内在悖论在于，它假定、固定并限制了它希望能够再现以及解放的那些"主体"本身。在此，我们的任务不是对一个个新的可能性就它们作为一种可能性而予以颂扬，而是去重新描述那些**已经**存在，却存在于被指定为文化上不可理解的和不可能发生的文化领域里的可能性。如果身份不再被定为一个政治三段论的前提，而政治也不再被理解为一套实践，衍生自所谓从属于一个既有群体的主体的利益，那么一定会有一种新的政治设定从旧有的废墟中浮现。生理性别和社会性别的文化设定可能因而增衍，或者更准确地说，它们现有的增衍因而可以在那些确立何谓可理解的文化生活的话语里得到表达，由此而打乱生理性别的二元分立结构，并且暴露它根本上的非自然性。还有什么其他的运用"非自然"的局部策略，可能同样导致性别的去自然化呢？

修订版译后记
十五年的开枝散叶、披荆前行

2021年秋，上海浦睿文化出版公司来信，意欲再版《性别麻烦》。谢谢浦睿文化给了充裕的时间，我得以从容利用闲暇，重新就英文文本进行校对，历时一年有余。修订版预计2024年左右出版，与初版相隔十五个年头。

十五年间变化不可谓不大。大社会的变迁超乎我们的想象，有的带来希望，令人振奋；有的令人不免感到挫折，但也给了人们继续努力的动因。而我个人在2014年9月离开中山大学教职，告别自2003年起，互相支持、一起推动多元性别平等倡议行动的同事和伙伴。回到台湾以后，离开讲台，转而沉浸于舞、鼓、戏剧等表演艺术，2017年起陆续参与不同艺术团体制作的演出，这也可以算是从某个方面"颠覆"个己身份的想象和框架。

说起来这转向的因缘，其种子在2003年我赴大陆工作之初就埋下了。2003年12月7日中山大学"性别教育论坛"师生在艾晓明教授的带领下，于广东美术馆推出中国大陆中文版《阴道独白》首演，这出戏开启了中国大陆艺术参与性别平等倡议行动新的一页。而通过2004年问世的《阴道独白·幕后故事》纪录片的传播，更多的校园加入这个行动中。2013年，为纪念《阴道独白》中文版首演十周年，我带着学生制作本土的"阴道独白"：

《将阴道独白到底》，着眼中国妇女的处境，呈现在我们近旁发生的中国女性和性少数群体的故事。此剧还获邀到香港大学、香港中文大学演出。此外，我们也带着这剧的部分段子到周边乡村展演。不论是在广东美术馆、校园，还是村里的聚会堂，演后座谈总是如此热烈、真诚。艺术行动者和观众一起，或检视自我的处境，或与他人的命运共感，共同叩问当下的现实，寻求改变的可能。我深深感受到艺术感动人、凝聚勇气的能量。不想，这种子在我人生下半场另外开花结果。

2003 年到 2014 年，以高校为基地，可以说是大陆两性平等与多元性别平等行动如火如荼开展的一个黄金十年，我有幸身在那个历史当中。

在广州，我们的行动和策略从一开始就是兼容并蓄，杂糅了不同女性主义流派的思考。性别教育论坛在 2002 译介了《女性主义思潮导论》(Rosemarie P. Tong)，2004 年出版《语言与性别导论》(Mary Talbot)，2007 又相继完成《女权主义理论读本》(Peggy McCracken)、《激情的疏离：女性主义电影理论导论》(Mary Talbot) 二书的翻译。不同世代女性主义思潮的核心议题和论述几乎同时进入我们的视野，对教学、研究、行动实践都有长足的影响。此外，性别教育论坛积极推动与海外学者的交流，也拓展了我们理论的光谱、关注的议题。2003 年，性别教育论坛邀请台湾性权派代表何春蕤教授及其同事来中大密集讲学，这可以说是广州本土女性主义学者与酷儿理论的首度相遇。

2005 年，性别教育论坛成立两年即设立"酷儿读书小组"，

2006 年成立中国高校第一个关注 LGBTQ 等性少数群体的社团"彩虹社"。虽然一年后因多家媒体的报道，引起校方关注，彩虹社没能维持其注册社团身份，但它一直存在，转以"彩虹小组"之名持续联结高校与 LGBTQ 社群，推动多元性别平等，活力不减。

《性别麻烦》就在这样的背景下于 2009 年进入中国语境，开展它在本土的生命。我们也许尚无法对它的影响理出清晰的脉络，但它在那儿，与中国大陆的思考者、行动者相遇交锋，成为改变这个语境的主体/性别/身份/情欲认知地貌的竞逐元素之一。

2012 年，我在中大开设"社会文化与多元性别"公选课，助教大半来自彩虹小组成员。不少其他高校的学生和 LGBTQ 社群人士前来旁听，除了多元性别教育的普及、相关议题的探讨，这门课也发挥了某种理论与行动基地的功能。巴特勒对本质主义的质疑，对主体、身份/认同、性/性别、权力/政治、语言/话语的思考，提醒我们在身份政治的行动中保持清醒和自省；而"性别操演""戏仿政治"等开创性概念也对我们的行动策略有所启发，激励新的可能性。

逝者如斯！《性别麻烦》中文版迎来它的再版之际，我离开中大已近十年。这十年，对中国大陆的妇女与酷儿行动来说，我不"在场"。十年，世界的性/性别认识论和制度面貌也在悄然改变。海峡这边的我，在 2019 年 5 月 17 日这天见证了台湾同性婚姻的合法化，此举开亚洲先例。而海峡那头，我原来工作的地方，艾晓明老师和我相继离开后，妇女与性别研究专业点不再招收研究生。所幸，从我们教研室毕业出来的学生，优秀、敏锐、富社会责任感，开枝散叶，在各地大学任教，或参与非政府组织，投身社会服务，运用不同契机、不同策略传递薪火，继续披荆前行。

而我指导的两个学生团体彩虹小组和性别教育剧场（从《将阴道独白到底》剧组衍生出来的一个戏剧行动小组），在我离开中大后也不负期待，甚至远远超乎预期，完全由年轻人撑起担子，做到自主筹款、营运、行动；而且因应大环境的改变，采取更加灵活的策略。为这些年轻人喝彩！

我要感谢上海浦睿文化再版《性别麻烦》，让我有机会对一版译文的错漏、译名不一致之处做修正。谢谢编辑廖玉笛在校订过程中给予我的建议。重新阅读《性别麻烦》的过程，也是回顾的过程。巴特勒在序文中说，《性别麻烦》不仅是从学院里，也是从她"参与其中、风云际会的各种社会运动里……生产的"。对我来说，此书的翻译和接受也在不同层次与我们本土的行动联系一起。

我也要感谢那些年与我一起共事、一起努力的所有伙伴们。离开中大的送别会上学生送了我一幅油画，画中的情景是2014年5月17日我最后一次与学生们一起扬起巨幅彩虹旗后，在中大永芳堂前阶梯的大合照。每一张面庞如此神采奕奕，眼里带着希望和勇气的光芒，鲜活地留在我的记忆里。

《性别麻烦》的再版，印证了其历久弥新的生命力。不论大环境宽松还是紧缩，性 / 性别永远会有不同的麻烦、新形式的麻烦。麻烦出现的语境和形式或有不同，但巴特勒自觉的边缘置位，对"真理体制"的质疑，对解决性 / 性别困境提供的思路，仍然深具启发性。

修订版在即，欣见经典生命力不坠之余，也借此机会，记我走过的那一场盛事 / 盛世。

宋素凤

2023 年 4 月于台北

初版译后记

2005 年春夏之交接到徐冬的电话，表明上海三联书店将出版一套性别研究的重要学术译作，询问我是否愿意接下《性别麻烦》的翻译工作。当时我不无犹豫，因为自忖时间有限，而且《性别麻烦》从理论和文字上来说都属艰深之作，需要投入相当的精力，我没有把握能在有限的时间交出一个比较满意的成果。但稍作思量我最后还是接下了这个翻译的工作，我之所以不揣浅陋，其中一个重要的原因还是考虑到妇女与性别研究在国内的发展问题。

过去几年我教授妇女与性别研究方面的课程一直遇到中文教材有限的问题。研究生的课可以要求学生阅读英文材料，但很难对本科生作同样的要求。妇女与性别研究在国内起步较晚，不仅专业点少，各方面包括中文书籍的资源也不多，学科的发展相对需要克服比较多的困难。这个领域急需更多的人投入对一些重要理论书籍的译介。译介的工作需要顾及专业和外文两方面的能力，并不是所有的翻译都能尽如理想。如徐冬所说，学术著作的译介工作经常遇到的情况是找不到合适的学者来译，符合条件的学者多忙于自己的研究和教学，腾不出时间。而交与一般意义上的译者，有时候又因为专业知识上的不对口，可能会因为对理论的了解不够而发生译文上的错误。

朱迪斯·巴特勒的《性别麻烦》出版十八年，可以说是她影响最巨、被援引最多的著作。《性别麻烦》从后结构主义的立场，对作为女性主义基础的妇女主体的一致性、对女性主义普遍存在的异性恋假设、对生理性别与社会性别的区分提出疑问，开拓了女性主义理论本身的思考和政治行动的可能性。而巴特勒结合她对结构主义、精神分析和女性主义理论的批判性重读以及福柯对主体、话语与权力的洞见提出性别操演与性别戏仿等概念，更是带动了酷儿理论的发展。《性别麻烦》被誉为开创酷儿理论的奠基之作，而此书的中文译本却迟迟未见出版，不能不说是一件憾事。不论从教学上还是从学科建设来说，我自己也一直期待国内能够尽快出版一系列性别研究领域的重要著作，而巴特勒的《性别麻烦》怎么说都要排在译介的首选书目之列；所以当上海三联书店邀请我担任此书的翻译，对从事妇女与性别研究的我来说似乎也是一件责无旁贷的事，没有什么推托的理由。

在着手《性别麻烦》翻译后，间或接到一些直接、间接的探询，希望知道此书的翻译什么时候能够完成。我了解一些妇女与性别研究领域的教师和研究者对《性别麻烦》的中文译本是有所期待的，但一来我只能在教学和其他工作之余进行翻译，二来我认为学术著作的译介影响比较大，因为一本翻译书籍出来以后，是会有许多的研究以此为基础的，因此不敢掉以轻心。《性别麻烦》所涉及的理论领域甚广，包括女性主义、哲学、精神分析、人类学、语言学甚至细胞生物学。为求严谨，我在2006年至2007年间于美国伊利诺伊大学香槟分校的一年访学期间，借图书资源之便，对《性别麻烦》一书里所援引的一些理论或小说文本进行原典的查阅，希望能对巴特勒的论述有比较准确的把握。这些阅读不仅对此书的翻译有重要的帮助，我自己也受益良多。

　　除了理论涉及甚广，朱迪斯·巴特勒的文字风格也增加了翻译的难度。巴特勒也知道自己的文字的艰涩与文法上的"出格"为一些论者所诟病，她在1999年二版的序言里提出自辩，说明文字的艰涩在她对身份与性别的"规范文法"的质疑和挑战上，如何具有内在的必然性，并且也带有某种政治姿态。她认为文法规范本身是性别规范的一个征候，也是性别规范获得自然化的场域。因此对文法的违犯、制造读者阅读的麻烦，从某个层次来说是从根本的认识论上，挑战建立在整齐的二元结构、主语与谓语的一致性以及明确的单一意义性之上的性别文法规范。当然，这样的文字操作是在颠覆规范的愿景与丧失语言表达的"可理解性"的夹缝间走着钢索，而所谓的政治姿态也不能完全从主体的自由选择来理解，因为正如巴特勒对"大写的我"的悬置所显示的一样，这个"大写的我"是不可能外在于这个文法结构的，既不先于也不超越这个文法结构，而只能在这个文法结构里寻求意义增衍与能指、所指重新调度的可能性。

　　姑且不论巴特勒是否如一些论者所说有点自圆其说的意味，但她提出的说法是与《性别麻烦》的思考和策略一致的。可惜中文翻译无法如巴特勒的行文那样，从文体、语法上"体现"这层政治姿态。如果在译文上求文体、语法上贴近原来的文本，那么在概念和论述的表达上就无法尽量做到清晰；当然，"清晰"在

《性别麻烦》的语境中是属"错误命名"，如巴特勒提醒我们注意的，不要忘记表面"清晰"的观点，背后暗渡的总是某些利益维护的考量和伎俩。这个提醒立意甚好，但对像这样的理论著作的译介，观点、论述的清晰表达还是需要考虑，因此在忠于巴特勒的文字以及思考的原则下，译文在一些地方将巴特勒有时候显得一发不可收的长句、复杂并列的关系从句以断句和次序重整的方式表达，以求读者不至于看了中文跟看外文一样，如坠五里云雾。当然，这是我翻译意图达到的理想，不敢说达到目标有多少，只能做到尽量趋近。

《性别麻烦》一书写成的文化社会语境或与当代中国有所差异，但它提出的诸多洞见仍对中文语境下的读者具有激进的思考价值。而《性别麻烦》的写作动机和目的，对在理论与实践之间寻求平衡的妇女与性别研究领域的学者也极具启发性。如巴特勒所自述的，《性别麻烦》是结合她对她所投身的社会运动与学术领域上的思考而写就的一本著作，她的质疑来自个人以及与她同样遭遇过性别规范的暴力，体会到什么叫"被排除的""不可能的"生命的人的经验，她的论述有具体明确的针对性，指向文化社会问题的解决。另外，从理论的翻译来看，《性别麻烦》一书所提出的一些概念的传播与接受，也有许多有趣而值得探讨的地方。比如说，性别操演与性别戏仿已是性别研究领域里广受引用的概念，但据我的观察，国内对"操演"（performativity）的引用更偏向了"表演"（performance）的意涵，似乎性别身份多了几分"自由意志抉择"的味道，这其实是与巴特勒对主体的论述有一些矛盾的。此外，由巴特勒与其他学者所带动发展的酷儿理论的"酷儿"（queer）一词，在中文的语境下多了几分"酷异""潇洒""嘉年华"的味道，少了几分英文词语所同时承载的同志压迫记忆。

此书译稿工作断断续续历时两年多才完成，为求完善，除了通校以外，我对著作的主体部分作了三次的中英文校对和改稿。我要谢谢徐冬向我发出翻译邀请，我们在一些想法上是很一致的，认为学术著作的翻译求快不是第一，严谨才是要务，她也因此承受了出版延后的压力。我也要谢谢上海三联书店对出版性别研究系列译著的支持。我感谢中山大学中文系比较文学与世界文学教研室以及性别教育论坛主任艾晓明教授与其他老师、同学等工作伙伴们，在拓展妇女与性别研究的这条道路上，我们志同道合、彼此支持。我也要感谢美国伊利诺伊大学香槟分校的 Freeman Fellow 基金提供给我一年访学的奖学金，让我对专业领域有进一步研修的机会，这对我的翻译工作有莫大的助益。最后，我也要感谢在翻译过程中所有曾经提供过协助的朋友，同时希望这本译著能对国内妇女与性别研究的拓展有所助益。妇女与性别研究在国内尚待更多的译介与研究投入，期待未来与有志一同的朋友们彼此切磋，为这个领域的发展共尽一己绵薄之力。

宋素凤

2008 年 5 月于广州

图书在版编目（CIP）数据

性别麻烦 /（美）朱迪斯·巴特勒著；宋素凤译
. — 长沙：岳麓书社，2024.3
ISBN 978-7-5538-1983-9

Ⅰ.①性… Ⅱ.①朱… ②宋… Ⅲ.①性别差异-研究
Ⅳ.①C913.14

中国国家版本馆CIP数据核字（2023）第235748号

著作权合同登记号：18-2022-017
XINGBIE MAFAN
性 别 麻 烦

作 者 ［美］朱迪斯·巴特勒
译 者 宋素凤
责任编辑 刘丽梅
装帧设计 凌 瑛
责任印制 王 磊

岳麓书社出版发行
地 址 湖南省长沙市爱民路47号
直销电话 0731-88804152 0731-88885616
邮 编 410006

2024年4月第1版第2次印刷
开 本 880 mm × 1230 mm 1/32
印 张 10
字 数 199千字
书 号 978-7-5538-1983-9
定 价 59.00元
承 印 河北鹏润印刷有限公司

出 品 人：陈　垦
出版统筹：胡　萍
监　　制：余　西
策划编辑：廖玉笛
装帧设计：凌　瑛
营销编辑：哈　哈　阿　七

欢迎出版合作，请邮件联系：insight@prshanghai.com
新浪微博@浦睿文化